U0499996

国家社科基金
GUOJIA SHEKE JIJIN HOUQI ZIZHU XIANGMU
后期资助项目

基于多变量影响的异质性
企业贸易理论及中国贸易实践

尹斯斯 著

中国财经出版传媒集团

经济科学出版社
Economic Science Press
北京

国家社科基金后期资助项目
出版说明

　　后期资助项目是国家社科基金设立的一类重要项目，旨在鼓励广大社科研究者潜心治学，支持基础研究多出优秀成果。它是经过严格评审，从接近完成的科研成果中遴选立项的。为扩大后期资助项目的影响，更好地推动学术发展，促进成果转化，全国哲学社会科学工作办公室按照"统一设计、统一标识、统一版式、形成系列"的总体要求，组织出版国家社科基金后期资助项目成果。

全国哲学社会科学工作办公室

前　言

异质性企业贸易理论以梅里兹（2003）中提供的理论模型作为开山之作，在其对社会福利效应的分析机制中，包含了对企业选择、产品多样性以及社会福利三个方面的研究，这三个方面也构成了异质性企业贸易理论研究的核心内容。从异质性企业贸易理论的发展过程来看，对异质性企业贸易理论的社会福利效应的研究可从多角度、多变量进行分析。事实上，异质性企业贸易理论在理论方面的特点以及在实践方面出现的一系列问题，使得对异质性企业贸易理论的相关问题亟须从其他角度来解释，这也是本书从多变量角度对异质性企业贸易理论进行社会福利分析的理论动机。进一步的，如何根据异质性企业贸易理论的相关理论机制研究中国问题，并与中国的企业选择、产品多样性结合，同时分析中国的贸易福利增长机制是本书的现实动因。

本书在对梅里兹模型深入研究的基础上，从生产率与可变贸易成本联合异质性以及企业选择多元化（国内生产、对外贸易以及对外直接投资）的视角，探讨异质性企业贸易理论的企业选择、产品多样性以及社会福利增长机制。并且本书从理论角度尝试对"出口—生产率悖论"的现象进行解释，利用中国企业微观数据对相关结论进行实证分析。

目　　录

第1章 导　　言

1.1　问题的提出与选题意义

异质性企业之间在进行对外贸易时会对产品多样性及社会福利产生显著的作用，但是会受到多种因素的制约和影响，需要从多变量角度进行分析探讨。异质性企业贸易理论以梅里兹（Melitz，2003）[1] 提供的理论模型即相关结论为起点，在最近十几年间取得了巨大的进展，围绕着异质性企业贸易理论关于企业选择、产品多样性与社会福利的探讨也逐渐深入。这其中既有围绕着消费者层面，在效用函数、消费者异质性等方面的拓展，也有围绕着生产层面，在企业生产的技术特征（规模报酬递增、规模报酬不变）、企业生产的产品质量异质性、企业生产多产品等方面进行研究。另外，异质性企业贸易理论也将金融约束、汇率变化、对外直接投资（OFDI）等因素纳入其分析框架，当然，这些对异质性企业贸易理论的外延拓展，主要是用来解决企业的生产方式选择问题。围绕着梅里兹（2003）模型所展开的所有讨论，可以认为是对异质性企业贸易理论本身的调整与超越，并且有不断深入的发展趋势。

同时，随着国际贸易理论在国家层面不断细化的发展趋势，对异质性企业贸易理论的批判性研究也在不断进行，最为典型的就是阿克拉基斯、科斯蒂诺和罗德里格斯·克莱尔（Arkolakis，Costinot and Rodriguez – Clare，2012）的社会福利的分解模型。[2] 他们认为，社会福利的增加与具

---

[1]　Melitz M. J. , The Impact of Trade on Intra – Industry Reallocations and Aggregate Industry Productivity. *Econometrica*, Vol. 71, No. 6, November 2003, pp. 1695 – 1725.

[2]　Arkolakis C. , Costinot A. , Rodríguez – Clare A. , New Trade Models, Same Old Gains? *American Economic Review*, Vol. 102, No. 1, February 2012, pp. 94 – 130.

体的贸易理论形式无关，并给出了严格的证明，即在三个相关宏观条件的约束之下，新贸易理论（Krugman，1980）、异质性企业贸易理论（Melitz，2003）以及传统贸易理论（以李嘉图模型为代表）的社会福利的增加均来自国内支出份额以及贸易弹性两个参数的统计。

　　总的来说，异质性企业贸易理论的发展与批判基本是在同时进行，这里既有对异质性企业贸易理论微观结构的调整，也有对于异质性企业贸易理论贡献度的质疑，并且异质性企业贸易理论也有向宏观层面研究的趋势，如在异质性企业贸易理论的分析框架下，探讨生产率的波动与经济增长周期性波动之间的关系研究等。事实上，尽管异质性企业贸易在理论上已经进行了大量的突破，但是当异质性企业贸易理论的相关研究方法与结论放到中国背景下进行研究时，却出现了与传统异质性企业贸易理论极大的不同，例如，以李春顶、汤二子等人提出的中国的"出口—生产率悖论"现象，成为异质性企业贸易理论在中国发展的主要研究对象之一。由于企业选择作为异质性企业贸易理论研究最主要的三个结论之一，一旦与传统的结论相悖，有可能直接引起其余两个结论即产品多样性与社会福利的结论也产生差异。这就需要对异质性企业贸易理论在中国的适用性，甚至对梅里兹（2003）模型进行适当的调整，才能对这个现象进行更加深入的解释，本书也是出于对"出口—生产率悖论"行为在中国存在的现象的解释与探讨，尽管国内已有很多学者从各个方面对悖论现象进行过解释，但是从研究的内容看，还主要是从中国本身的贸易实践进行解释的多，缺乏对悖论现象的理论解释，正基于此，本书在对异质性企业贸易理论的发展脉络进行系统梳理，并对悖论现象进行实证研究与解释的基础上，从各个方面对悖论现象进行解释，其中既包括对异质性企业贸易理论本身的探讨，也有从其他的分析框架进行的探讨。并对产品多样性以及社会福利的增长机制进行重新分析。

　　本书试图对以梅里兹（2003）为代表的异质性企业贸易理论进行全面深入的梳理，对于异质性企业贸易理论的三个基础方面，即企业选择、社会福利与产品多样性进行进一步的探讨，并对"出口—生产率悖论"的现象进行回顾与理论解释，并构建一个生产率—可变贸易成本联合异质性的模型，同时构建一个企业出口、对外直接投资、国内市场的多策略模型。在理论层面分析完之后，本书也尝试从实证方面对联合异质性模型进行实证检验，并对异质性企业贸易理论在中国的适用性问题（产品质量异质性、多产品等方面）提出一些建议。综上，笔者尝试将异质性企业贸易理论的发展与中国贸易实际相结合，并从理论和现实层面对异质性企业贸易理论的"本土化"做出一点贡献。

异质性企业贸易理论天然地与中国的改革开放、中国加入 WTO、中国构建以国内大循环为主体，国内国际双循环相互促进的新发展格局等结合在一起。对异质性企业贸易理论的深入研究有助于理解中国企业的诸多现实表现，如企业的创新行为、进出口行为、嵌入全球价值链的程度以及位置等，对异质性企业贸易理论的研究不仅有助于解释企业的表现，还能够区分企业产生这些表现的异质性根源，异质性企业的企业选择行为天然地与市场竞争行为结合在一起，并进而导致中国行业多样性、贸易福利的变迁。因此，对企业异质性行为的研究将始终伴随中国进一步扩大对外开放，助力中国实现经济高质量发展。

1.2　本书的主要内容

本书的结构安排如下。

第 1 章：解释本书的选题背景与选题意义、全书框架及研究方法、创新与结论。

第 2 章：相关概念的界定、文献综述及述评，本章将对异质性企业贸易理论的内涵、弹性的相关概念、异质性企业贸易理论关于社会福利的概念进行界定。本章对国际贸易理论的文献梳理将从传统贸易理论（李嘉图模型、两要素模型）、新贸易理论、内生贸易理论与异质性企业贸易理论四个方面展开论述，各相关贸易理论的文献众多，本章对于国际贸易理论的文献梳理，将在一般均衡的分析框架的基础上展开。特别的，本章对异质性企业贸易理论在中国的贸易实践产生的"出口—生产率悖论"现象进行文献梳理。通过对国际贸易理论的文献梳理，尝试对未来国际贸易理论的相关议题进行展望。

第 3 章：关于异质性企业贸易理论与生产率悖论问题的提出与解释。这一章将对以梅里兹（2003）为代表的异质性企业贸易理论的主要研究内容及结论进行详细的论述，并对异质性企业贸易理论的三个基础方面，即企业选择、产品多样性及社会福利深入梳理，从中发现可能存在的问题及相关的解释，笔者发现异质性企业贸易理论存在理论上的挑战与实践上的挑战。由此，引出对"出口—生产率悖论"现象的探讨，主要从该现象的产生及发展对该问题进行回顾，同时，对于"出口—生产率悖论"现象从梅里兹模型本身的参数限制区间、出口固定成本的异质性、出口的战略性延迟理论以及内生贸易理论的角度对"出口—生产率悖论"现象进行系统性的理论解释。

第4章："出口—生产率—可变贸易成本"模型。生产率与可变贸易成本联合异质性的模型比较符合贸易理论实践，在理论上，企业除了面临生产率的异质性之外，每个企业由于自身的情况以及所处地域的不同，具有异质性的可变贸易成本也是很容易理解的，这样一来，原异质性企业贸易理论在生产层面上除了生产率的异质性之外，还将面临可变贸易成本的异质性。另外，可变贸易成本主要包含诸如保险费、包装费、商品维修费、运输费等成本，对于每个企业而言，其面临的可变贸易成本自然是不同的。因此双重异质性的假定既符合理论也符合贸易实践。在双重异质性分析的基础上，我们将重新对异质性企业贸易理论分析框架下的企业选择、产品多样性与社会福利的增长机制进行分析，并进行数值模拟，同时，本章所构建的生产率与可变贸易成本联合异质性的模型也为双重异质性的模型提供了一个一般化的表达式，对于诸如生产率与生产的固定成本异质性、生产率与出口的固定成本异质性等模型都具有一定的借鉴意义。

第5章：基于多变量影响的异质性企业贸易理论的研究。具体的，本章在生产率与可变贸易成本双重异质性分析框架下的社会福利分析与梅里兹模型分析框架下的社会福利分析存在差异。社会福利效应的综合评述，包含企业出口、OFDI、国内市场的企业多策略模型，具体的，将企业的策略选择不再局限于国内市场与出口。同时，我们引入企业进行 OFDI 的比较优势参数，在该参数以及企业 OFDI 策略下，国际贸易对产品多样性、社会福利的影响途径是市场规模、可变贸易成本影响临界边际成本进而决定了市场竞争强度，事实上市场竞争强度将受到国内生产安排、产品出口与对外直接投资三种行为的共同影响，这是与梅里兹（2003）为代表的异质性企业贸易模型不太一样的地方。具体而言，附加企业对外直接投资（OFDI）的企业生产方式将使得市场竞争强度更加激烈，市场也更加活跃（以潜在进入者数量作为衡量标准），同时导致更多的产品多样性与社会福利。本章构建了产品质量及多产品条件下的异质性模型用以解释企业的多产品配置如何导致其平均出口质量的变化，企业的核心生产力如何在产品种类递增的过程中变化以及企业如何在出口的行为中进行产品配置。本章还构建了一个包含企业技术升级的异质性贸易模型，用来解释企业面临的贸易自由化如何影响企业的技术升级行为。

第 6 章：研究结论、对策建议与研究展望。本章对异质性企业贸易理论的发展进行了较为详细的论述，按照对异质性企业贸易理论的批判与调整同时进行的角度展开，同时结合异质性企业贸易理论在中国的发展现状，指出异质性企业贸易理论在中国的适用性及其调整。同时，尝试对异质性企业贸易理论在中国未来的发展趋势做一个简单的设想。本书的研究启示在于，以梅里兹模型为代表的异质性企业贸易理论实际上在中国的适应性仍然需要探讨，基于中国大国效应的国内贸易的市场分割所导致的贸易成本的差异性，是不容忽视的事实，另外基于中国本身贸易结构所产生的异质性与西方主要发达国家贸易实践的偏离也有待大量研究。本书的研究实际上还揭示了另外一个重要的事实，市场分割的存在所导致的可变贸易成本的分布性与完全市场所形成的同质性贸易成本的比较是模糊的，相关学者的研究也表明存在市场分割未必就一定对经济增长产生反作用。

1.3　研　究　方　法

本书的研究涉及对目前贸易理论最新进展的研究，因此注重历史性与继承性相统一的原则，同时为了保持逻辑上的严谨，本书主要包括以下几个研究方法。

（1）历史性及逻辑性相一致的研究方法。本书对异质性企业贸易理论的发展从其理论的源头、发展的过程进行详细的梳理，从该理论的历史发展的角度指出异质性企业贸易理论的继承性与批判性，并对异质性企业贸易理论发展演变的内在逻辑进行概括。尤其是在国际贸易理论的研究中，关于社会福利演变的内在机制的分解。

（2）定性分析与定量分析相结合的研究思路。本书主要采用一般均衡分析框架下建立数理模型来对异质性企业贸易理论的相关发展进行定性分析，同时建立双重异质性模型来对异质性企业贸易理论的相关结论进行重新梳理，得到异质性企业贸易理论在中国或者一些发展中国家可能存在的问题，并且本书利用了中国工业企业数据库对相关结论进行验证。

（3）比较分析及综合归纳相结合的分析方法。本书在对国际贸易理论的相关文献进行整理的时候，注重贸易理论发展的历史性以及传承性，并按照这个逻辑梳理出各个贸易理论之间的共同点以及差异性，并进行比较分析，尤其是新贸易理论与异质性企业贸易理论在关于产品多样性以及社会福利的比较，同时总结出这些主要贸易理论的一些共同点。

1.4　主要结论及可能的创新之处

1.4.1　主要结论

通过对异质性企业贸易理论的系统研究，并结合中国的贸易实践以及多变量影响下的异质性企业贸易理论的发展，本书得到以下结论。

第一，本书认为梅里兹模型所代表的异质性企业贸易理论在发展中国家尤其是中国的适用性是存在一定的问题的，中国学术界对于"出口—生产率悖论"的研究实际上从实践上对这一问题进行了解答，即有些企业虽然生产率高却并没有出口。本书对于"出口—生产率悖论"的理论解释主要从多变量造成的多重异质性、生产率的内生性、出口的战略性延迟等角度对"出口—生产率悖论"进行理论解释。尤其是基于中国的非完全市场经济造成的多重异质性是普遍存在的情况。

第二，本书构建了一个可变贸易成本与生产率的联合异质性模型，可变贸易成本的异质性主要由企业所处的空间异质性以及产品异质性造成，同一个行业内部，企业生产的产品由于所处的地理位置不同会造成价格差异以及在出口时产品本身的异质性也会造成每单位产品的损失有差异，可变贸易成本与生产率的双重异质性更加符合贸易现实，并且能够对现实的企业选择进行新的解释。在理论上我们假设其他变量是同质的，同一行业将被划分为"异质性企业集团"，每一个集团内部只有生产率与可变贸易成本是异质性的，临界可变贸易成本是对一个集团内部的可变贸易成本空间的衡量，该值越大代表该集团内部的可变贸易成本的生存空间越大。

第三，在多变量影响下，社会福利以及产品多样性将出现与梅里兹模型不一致的地方，主要原因在于，社会福利的增长机制除了与国家规模、竞争效应有关外，还与临界可变贸易成本相关。企业的出口行为受到国内市场竞争环境的影响，而对外直接投资由于在国外（境外）开设工厂等行为，必然会受到东道国的市场环境的影响，从异质性企业贸易理论的分析框架上来讲，企业的出口行为受到本国的临界生产率或边际成本的影响，而企业对外直接投资的行为受到东道国的临界生产率或边际成本的影响，也就是说企业的出口行为与对外直接投资的行为受到的影响机制不同。本书还构建了一个包含企业技术升级的异质性贸易模型，用来解释企业面临的贸易自由化如何影响企业的技术升级行为，企业创新的最主要的原因是降低边际成本（或者提高价格加成），企业层面的生产技术面临两种异质性，其一，企业具备不同的边际成本或者生产率水平；其二，基于生产率基础上的不同创新选择，即创新选择的异质性。因此企业的创新水平与贸易自由化有关，同时也与企业的异质性生产率有关。

第四，在实证上，本书利用中国工业企业数据库、中国海关贸易数据库以及中国专利数据库对相关核心结论进行验证，研究发现对外直接投资有助于贸易福利的增加，同时多产品配置的生产方式容易造成企业平均出口产品质量的下降，企业技术升级与贸易自由化程度也会同时受生产率水平的影响。最后，本书还对相关结论进行了稳健性检验和内生性分析。

第五，本书对多变量情况下异质性企业贸易理论的研究也说明了另外一个问题，即异质性企业贸易理论在用于中国贸易实践时需要具体情况具体分析，如中国的大国情况以及国内贸易壁垒的存在造成的市场分割，都是造成可变贸易成本异质性的原因。因此异质性企业贸易理论与中国的具体贸易实践相结合时，要具体问题具体分析，要考虑到市场分割、地方贸易壁垒以及非完全市场经济等因素造成的与原来的分析框架不一致的地方。

1.4.2　可能的创新及不足之处

本书按照异质性企业贸易理论发展的历史性以及传承性，将传统贸易理论、新贸易理论、新新贸易理论以及内生贸易理论从一般均衡的角度出发进行梳理，从而研究了国际贸易理论在技术上以及实践上发展的脉络，同时重点研究异质性企业贸易理论的批判性与发展性。对异质性企业贸易理论的企业选择、产品多样性以及社会福利进行较深入的研究。从而发现异质性企业贸易理论在理论上可能存在的问题，以及异质性企业贸易理论的企业选择理论在中国所面临的"出口—生产率悖论"这一命题。与以往的研究不同的是，本书在对国际贸易理论的梳理过程中，从需求价格弹性是否内生的角度展开，这是因为需求价格弹性内生与否与相关国际贸易理论的演进是密切结合在一起的，以需求价格弹性作为理论梳理的脉络，能够更加明晰目前国际贸易理论的演进与批判性进展。本书构建了"出口—生产率—可变贸易成本"的联合异质性模型，并且这个联合异质性模型也给了双重异质性一个一般化的形式，为其他双重异质性诸如生产率与出口的固定成本的异质性提供了依据，这也是本书的边际贡献之一。在双重异质性模型下，企业的选择问题不仅与生产率相关，还与其他诸如贸易成本等因素相关，进而相关结论也与梅里兹模型的均衡存在差异。本书在获得临界可变贸易成本之后，又对双重异质性模型下的社会福利与产品多样性进行了探讨，并与生产率异质性模型进行对比分析。

此外，本书还通过多种理论对异质性企业贸易理论所出现的"悖论"问题进行研究，对企业选择问题进行多维度探讨，通过对梅里兹模型的参数限制空间的探讨、构建一个简化的内生贸易理论、构建动态博弈模型等理论对企业选择问题深入挖掘。这是本书的另一个边际贡献。

同时，本书还研究了企业的多策略选择行为、多产品生产事实、产品质量异质性、贸易自由化与企业创新等，用理论分析与经验分析相结合的方式对相关结论进行验证。本书在中国工业企业数据库、海关贸易数据库、中国专利数据库等微观数据库基础上，对中国企业选择行为、企业创新问题、产品多样性问题以及中国贸易福利增长机制问题进行验证。这些针对中国问题的理论与实证相结合的研究，也是本书的贡献之一。

总体来说，目前异质性企业贸易理论在中国的发展还主要集中在实证检验方面，围绕着异质性企业贸易理论的几个主要方面，即企业选择、产品多样性与社会福利的研究也主要是在企业选择上，对于异质性企业贸易的理论研究还有待深入，尤其是对于中国贸易实践所出现的"出口—生产率悖论"现象还缺乏理论解释。另外，笔者也尝试对异质性企业贸易在理论方面的发展脉络做一个较详细的梳理，尤其是异质性企业贸易理论在技术层面的差异，例如，效用函数的差异所造成的需求价格弹性的不同进而引起的企业利润最大化问题的差异，以及在生产层面由于企业生产的技术特征所引起的利润最大化的差异，这些问题都需要进一步梳理，本书的研究也尝试去解决这一问题的发展脉络。最后，本书最大的创新还在于将异质性企业贸易理论的发展与中国的贸易实践相结合并提出一些更加符合中国贸易现实的问题与对策建议。

尽管本书对于异质性企业贸易理论的发展及其拓展有一定的创新意义，但鉴于本人对相关问题的理解并不是十分的透彻，对于一些问题的解释可能并不到位，在理论建模方面尽管不会出现本质的错误，但是对于相关指标的解释可能需要更加深入，如临界可变贸易成本指标。

第 2 章   相关概念界定与异质性企业贸易理论的发展脉络

2.1   相关概念的界定

2.1.1   异质性企业贸易理论的内涵

实际上，国内包括国外的相关文献很少出现对异质性企业贸易理论的相关定义，本书只能按照异质性企业贸易理论的发展脉络来尝试对异质性企业贸易理论进行定义，在这里本节首先要区分的概念就是异质性企业贸易理论与新新贸易理论之间的内在关系。国外对异质性企业贸易理论的研究中基本上很少用到新新贸易理论的概念，其中包括梅里兹本人也对异质性企业贸易理论的表述为新贸易模型（new trade model）。[①] 国外最早使用新新贸易理论概念的应该是鲍德温等（Baldwin et al.，2004），[②] 提出梅里兹（2003）中的模型是新新贸易理论的理论基础。因此，从新新贸易理论的渊源来讲，新新贸易理论就是异质性企业贸易理论，只不过这个新是相对于以克鲁格曼（Krugman）等学者为代表的新贸易理论而言，当然也有学者[③]认为异质性企业贸易理论可以分为两个主要方向，一个是探讨企业的跨国方式选择问题，一个是沿着梅里兹模型[④]进行的拓展，探讨企业的选择、产品多样性以及社会福利。但是无论是探讨企业的内生边界问题还是探讨贸易自由化，都是基于梅里兹模型的拓展，因此我们将这些问题统

---

① 见梅里兹（2015）。

② Baldwin R.，Forslid R.，Trade Liberalization with Heterogenous Firms. CEPR Discussion Papers，2004.

③ 崔凡等（2014）以及国内其他学者。

④ 本书以后所说的梅里兹模型统称为梅里兹（2003）。

称为异质性企业贸易理论。

异质性企业贸易理论以梅里兹（2003）为开山之作，其主要理论渊源来自对企业异质性的深入思考，异质性企业贸易理论与企业异质性实际上又是不同的概念，我们可以认为异质性企业贸易理论诞生于2003年，以梅里兹（2003）为代表作，但是企业异质性早在20世纪90年代甚至更早就提出了，异质性企业贸易理论实际上是对新贸易理论的进一步细化，在技术手段上实际上是加上了企业异质性（基于生产率差异）的因素探讨国际贸易及企业的选择问题，另一条线路是研究企业的内生边界问题，从而探讨企业的全球生产决策安排。新新贸易理论的逻辑起点应当是对异质性企业的探讨，异质性实际上也就构成了新新贸易理论的内核，在这方面主要有贝纳德和詹森（Bernard and Jensen，1995、1997、1999）、克莱里季斯等（Clerides et al.，1996）等的研究，[1] 这一阶段主要关注的是企业生产率的不同与出口方式的选择的经验研究方面，并没有形成正式的理论模型。只是梅里兹（2003）在生产率异质性的基础上形成的对贸易自由化、再分配以及社会福利等相关问题进行统一分析的规范文本。还有就是关于异质性企业贸易理论中对于生产率异质性的假设不同，在相关的文献研究中，生产率的异质性也并没有一个统一的规定，当然大多数文献采用的是行业内的生产率服从帕累托分布，这里对于帕累托的分布也分为两种情况，一种是有上界的帕累托分布，一种是无上界的帕累托分布，[2] 芬斯特拉（Feenstra，2014）对这个问题进行了深入的研究，并指出了这两种不同生产率分布下所造成的不同结果。[3] 也有其他文献并没有采用帕累托分布，如黑德等（Head et al.，2014）认为对数正态分布（log-normal distribution）更加符合企业生产率的实际，认为对数正态分布才是对生产率异

---

① Bernard A. B., Bradford Jensen J., Exceptional Exporter Performance: Cause, Effect, Or Both? *Journal of International Economics*, Vol. 47, No. 1, January 1999, pp. 1 – 25; Bernard A. B., Jensen J. B., Exporters, Skill Upgrading, and the Wage Gap. *Journal of International Economics*, Vol. 42, No. 1, February 1997, pp. 3 – 31; Bernard A. B., Jensen J. B., Lawrence R. Z., Exporters, Jobs, and Wages in U. S. Manufacturing: 1976 – 1987. *Brookings Papers on Economic Activity Microeconomics*, Vol. 1995, 1995, pp. 67 – 119; Clerides S., Lach S., Tybout J., Is "Learning-by – Exporting" Important? Micro – Dynamic Evidence from Colombia, Mexico and Morocco. NBER Working Paper, No. 5715, 1996.

② 梅里兹（2003）中模型没有对生产率的分布性进行具体的说明，只是说服从伽马分布。由于帕累托分布是伽马分布的一族，因此大多数文献假定行业内的生产率服从帕累托分布。

③ Feenstra R. C., Restoring the Product Variety and Pro – Competitive Gains from Trade with Heterogeneous Firms and Bounded Productivity. NBER Working Paper, No. 19833, 2014.

质性的近似估计。① 理论上来讲，生产率究竟服从什么样的分布特征对于异质性企业贸易理论的结论不会存在较大的影响，但是在技术上，无上界的帕累托分布确实极大地降低了对梅里兹模型分析框架的难度，并且从相关的研究也很容易看出，尽管异质性企业贸易理论在贸易自由化等宏观层面不会发生较大的影响，但是基于其他生产率分布特征的分析结果又确实会有一些影响，即有可能使得梅里兹模型原来的分析结果存在依参数空间的变化而变化的情况，而这又是不得不考虑的，因为一个真实的行业内生产率的分布特征是异质性企业贸易理论分析的逻辑起点，甚至是做经验研究的充分条件。

异质性企业贸易理论发展到现在，已经有不少文章不仅从生产层面，也从需求层面对异质性企业贸易理论进行拓展，在相关的异质性研究中包括了产品质量异质性、企业生产的产品种类异质性、消费者异质性等。当然，由于在一般均衡的分析框架下，需求层面与生产层面又不能完全割裂，因此有些方面的异质性又同属生产层面与需求层面。

基于上述分析，我们认为异质性企业贸易理论的概念为，在一般均衡的分析框架下，假设消费者需求或者企业生产方面存在非同质性，并求得非同质性的最优解，以此来分析企业行为以及国际贸易的相关问题。

其中，一般均衡一般为静态分析，非同质性的最优解有时需要求出保留价格，有时需要求出临界生产率或者临界边际成本，企业行为一般需要解决企业的选择问题或者企业的全球决策安排，国际贸易的相关议题主要包括贸易自由化、产品多样性以及社会福利的有关问题。

2.1.2　弹性的相关概念

本章所说的弹性指的是需求的价格弹性，在垄断竞争的市场假说下，需求的价格弹性对于一般均衡起到至关重要的作用，这对异质性企业贸易理论的分析框架而言一样重要，需求的价格弹性与企业的利润最大化条件直接相关，因此需求的价格弹性对异质性企业贸易理论的分析将至关重要，在这里我们列举以下几种主要的需求价格弹性。

$$\sigma = \frac{1}{1-\rho} \qquad\qquad (2-1)$$

$$\sigma = \frac{1}{1-\rho} + (1-\sigma)\left(\frac{p_i}{P}\right)^{1-\sigma} \qquad\qquad (2-2)$$

---

① Head K., Mayer T., Thoenig M., Welfare and Trade without Pareto. *The American Economic Review*, Vol. 104, No. 5, May 2014, pp. 310 – 316.

$$\sigma = \frac{p_i}{p_{max} - p_i} \qquad (2-3)$$

$$\sigma = \frac{p_i}{p_{max} - p_i}\Big[1 - \frac{\gamma}{(M\gamma + \beta)\beta}\Big] \qquad (2-4)$$

$$\sigma = 1 - r + \frac{r}{2}\left[\frac{\left(\frac{p_c}{p_i}\right)^{\frac{r}{2}}}{\left(\frac{p_i}{p_c}\right)^{\frac{r}{2}} - 1}\right] \qquad (2-5)$$

其中，σ 为弹性，p_{max} 和 p_c 为保留价格，M 代表了产品多样性，p_i 为典型消费品的价格，其他变量均为参数。上述五种需求价格弹性的表达式中，基本上代表了目前主流的国际贸易理论对弹性的表达，其中式（2-1）所代表的弹性为常替代弹性（CES）效用函数下的弹性表达式，而式（2-2）为修正的 CES 效用函数表达式，修正的 CES 需求价格弹性表达式最早由杨小凯等（Yang et al.，1993）完成证明，主要基于原来的分析框架中假设了产品多样性趋于无穷大，进而其他项为 0，从而得到需求价格弹性。之所以存在内生的需求价格弹性，原因在于，在外生的需求价格弹性问题中，产品多样性的无穷大假设并不合理，因为在迪克西和斯蒂格利茨（Dixit and Stiglitz，1977）的垄断竞争与最优产品多样性一文中，最优的产品多样性是需要内生的，也就是说产品多样性本身是需要求解的一个内生变量，因此修正的 CES 需求价格弹性问题考虑了这种情况。以梅里兹模型为代表的异质性企业贸易理论以及克鲁格曼（1980）为代表的新贸易理论用到的需求价格弹性均为常替代弹性，目前还鲜有将修正的 CES 效用函数的需求价格弹性运用到异质性企业贸易理论的一般均衡的分析框架中。

式（2-3）为二次拟线性效用函数的需求价格弹性表达式，二次拟线性效用函数的表达式见式（2-6）。

$$U_{max} = q_s + \alpha \int_{i\in\Psi} q_i di - \frac{1}{2}\beta \int_{i\in\Psi}(q_i)^2 di - \frac{1}{2}\gamma\Big(\int_{i\in\Psi} q_i di\Big)^2 \qquad (2-6)$$

其中 q_s 代表价格为 1 的计价产品（标准产品），q_i 为多样性产品。参数 α、γ 表示了多样性产品与标准化产品之间的替代程度，α 的递增或者 γ 的递减，消费者会增加对多样性产品的需求量；α 的递减或者 γ 的递增，消费者会降低对多样性产品的需求量，增加对计价产品的需求量。β 代表了多样性产品的差异化水平。

式（2-6）在约束条件下可以得到式（2-3）所表示的需求的价格

弹性，在这个表达式中，需求价格的弹性将与保留价格有关，保留价格也是一个内生变量，但是式（2-3）本身是一个并没有考虑到产品多样性的需求价格弹性，并且基于拟线性效用函数的一般均衡的分析框架，也不再要求企业的生产具备具体的生产技术。因此，并不影响企业利润最大化的求解。式（2-4）为考虑到产品多样性的情况下二次拟线性效用函数的需求价格弹性。目前还没有相关文献在式（2-4）的基础上进行异质性企业贸易理论的均衡分析。

式（2-1）~式（2-4）所代表的需求价格弹性也是现在主流文献使用较多的，梅里兹模型以及基于梅里兹模型的拓展模型，对于社会福利的研究基本上都符合以下结论，也就是说，在异质性企业贸易理论的分析框架中，社会福利与市场规模正相关，与促竞争效应正相关，而实际上，产品多样性的研究目前来讲还没有一个统一的结论，尤其是贸易自由化对产品多样性的影响还存在一定的"暧昧"。

式（2-5）为 r 阶二次平均支出方程（Quadratic Mean of Order R，QMOR，expenditure function）的需求价格弹性表达式，芬斯特拉（2014）将 r 阶二次平均支出方程的表达式表述为：

$$e(P) = (\sum_i \sum_j b_{ij} p_i^{r/2} p_j^{r/2})^{1/r}, \ r \neq 0 \qquad (2-7)$$

其中，b_{ij} 和 r 均为参数，当假设 b_{ij} 为对称性问题时，式（2-7）可以转化为：

$$e(P) = [\alpha \int p_\omega^r d\omega + \beta (\int p_\omega^{r/2} d\omega)^2]^{1/r}, \ r \neq 0 \qquad (2-8)$$

式（2-8）表述的是获得单位效用的花费，实际上较早使用 r 阶二次平均支出方程的是迪沃特（Diewert，1976），并且从式（2-5）的弹性表达式中，可以看出来，r 阶二次平均支出方程为需求的价格弹性提供了更为一般的表达式，当 $1-r=\sigma$ 的时候，式（2-5）退化为 CES 效用函数，并且在芬斯特拉（2014）利用式（2-5）的需求价格弹性的分析框架中，其社会福利的增长机制也出现了与经典异质性企业贸易理论不同的地方，即社会福利的表达式中，出现了集中度的项，也就是说在芬斯特拉的分析框架中，社会福利的增长机制除了与市场规模、促竞争机制等有关外，还与赫芬达尔指数相关，低赫芬达尔指数意味着更低的社会福利，芬斯特拉等（2010）认为这是产品空间的过度拥挤效应，也就是说产品多样性越多，越有可能造成社会福利的损失。

2.1.3 异质性企业贸易理论的社会福利

目前对于异质性企业贸易理论的社会福利的分析基本上有两种方式，一种方式是直接用典型消费者的效用（$W = U$）作为社会福利的代表；另一种方式是利用工人真实工资（$W = w/P$）作为社会福利的表示方式，其中名义工资，一般可以标准化为 1，而 P 为内生的价格指数，也就是说社会福利将与价格指数反相关，而在异质性企业贸易理论的分析框架中，对内生的价格指数的分析也是关键和难点。

2.2 异质性企业贸易理论的发展脉络

本节对国际贸易理论的文献梳理将对传统贸易理论（李嘉图模型、两要素模型）、新贸易理论、内生贸易理论与异质性企业贸易理论四个理论按照其产生的时间顺序展开论述。由于各相关贸易理论的文献众多，本节对国际贸易理论的文献梳理，将在一般均衡的分析框架的基础上展开。

一般均衡理论最早由法国古典经济学家瓦尔拉斯提出，后经阿罗、萨缪尔森等人发展成为微观经济学的重要理论基础，20 世纪 70 年代以后成为国际贸易理论的基石。例如，克鲁格曼（1979、1980、1981）的新贸易理论，迪克西和诺曼（Dixit and Norman，1980）将传统贸易理论与产业内贸易置于同一框架下进行分析，杨小凯（1992、1994、2003）为代表的内生贸易理论及梅里兹（2003、2014、2015）为代表的新新贸易理论。这些贸易理论的产生与发展都建立在一般均衡的理论基础之上，除了新贸易理论、内生贸易理论及新新贸易理论之外，从目前对国际贸易理论研究的技术手段来看，传统贸易理论的最新发展也试图用一般均衡理论去解释传统贸易理论的相关结论。由于一般均衡自动成为连接生产者与消费者的纽带，从而为国际贸易发生、贸易利得及其他主要变量的解释构建一个稳定的系统，因此一般均衡自身的发展及各贸易理论在自身一般均衡框架内的拓展将长期推动贸易理论的发展，对国际贸易一般均衡进行深层次的比较分析及未来贸易理论的拓展探究成为必要。

相较于国内外其他国际贸易理论的文献综述，本节对国际贸易理论的文献综述主要是基于微观视角，在一般均衡分析框架下对国际贸易理论中的贸易方式、贸易利得等进行更深层次的理解，本节选取与各贸易理论相关的代表性文献，虽然不能够对各个贸易理论作出全面总结，但是基本上涵盖了各贸易理论的核心观点及最新进展。文献综述安排如下：首先，对国际贸易理论演变及最新进展进行文献的概览；其次，介绍国际贸易的一般均衡理论，包括阿明顿方程、D－S 模型及 D－S 模型的扩展、一般均衡的超边际分析方法，这一部分构成了国际贸易理论的理论基础；再其次，介绍国际贸易一般均衡分析框架下的相关假设与主要结论，在相关代表性文献基础上计算整理参数区间与贸易发生、贸易利得之间的关系；最后，通过在一般均衡分析框架下的文献综述进行总结，在总结国际贸易理论发展的基础上，尝试对未来国际贸易理论的发展方向进行展望。

2.2.1　国际贸易理论演变及最新进展

2.2.1.1　传统贸易理论

传统国际贸易理论主要包括斯密的绝对优势理论、李嘉图的比较优势理论以及赫克歇尔—俄林的要素禀赋理论。传统贸易理论的出现在一定程度上反映并解释了国际贸易实践，尤其是李嘉图（1817）的比较优势理论在一定历史阶段很大程度上解释了国际贸易发生的现实，赫克歇尔—俄林的要素禀赋理论（新古典贸易理论）对要素禀赋差异及要素价格的探讨即使在当代也一直是学术界讨论的热点。但是，一方面，随着国际贸易理论与实践的发展，传统的国际贸易理论越来越难以解释贸易现实；另一方面，随着垄断竞争理论（Chamberlin，1933；迪克西和斯蒂格利茨，1977）与规模经济理论（Balassa，1967；Grubel，1967；Krugman，1979）的发展，传统贸易理论也得到相应拓展：迪克西和诺曼（1980），认为两产品两要素（two-by-two）的分析方法将使得均衡分析在向前拓展时变得十分困难，因此他们设定了一个特别的一般均衡模型对传统贸易理论涉及的相关问题进行探讨；① 维纳布尔斯（Venables，1987）在标准产品（完全竞争）规模报酬不变与差异化产品（垄断竞争）规模报酬递增的假设基础上，发展了一个张伯伦—李嘉图的一般均衡模型，并分析了技术进步、国家规模、要素禀赋等因素的变化对贸易

---

① Dixit A. K., Norman V., *Theory of International Trade.* Cambridge：Cambridge University Press，1980.

利得的影响;① 与维纳布尔斯 (1987) 的研究结果相反,杰米多娃和克里希纳 (Demidova and Krishna, 2007) 在张伯伦—李嘉图模型中引入出口固定成本,发现一国技术进步不会损害另一国福利,但是在引入企业异质性后,得到的结果便与维纳布尔斯 (1987) 一致;② 菊池百合子等 (Kikuchi et al. , 2008) 在张伯伦—李嘉图模型的基础上,证明了产业间技术的异质性将在贸易方式中起到非常重要的作用,这与克鲁格曼 (1979) 所阐述的技术异质性对贸易中性的结果矛盾;③ 杨小凯 (2003) 利用超边际的分析方法将比较优势理论以及要素禀赋理论置于同一均衡分析框架下进行分析,将个人分工与贸易方式内生化,杨小凯对比较优势理论与要素禀赋理论的探讨也属于内生贸易理论的一个研究方向;④ 藤原和下村 (Fujiwara and Shimomura, 2005) 在不完全竞争与规模报酬递增的基础上对要素禀赋理论进行拓展,证明了在规模报酬递增与不完全竞争假设下,要素禀赋理论仍然能够解释不断发展的国际贸易实践;⑤ 舒马赫和西里维斯托夫 (Schumacher and Siliverstovs, 2006) 探讨了如何在引力模型下估计本国市场效应,以及本国市场效应与传统贸易理论之间的关系;⑥ 马尔吉特等 (Marjit et al. , 2014) 在赫克希尔—俄林—萨缪尔森—瓦内克 (HOSV) 框架下,基于国家间要素禀赋差异,探讨腐败与国际贸易之间的关系,并认为腐败对贸易开放度的影响大小取决于相对要素的充裕程度;⑦ 拜曼 (Baiman, 2010) 证明了李嘉图比较优势解的超限制条件,即一般意义上的比较优势模型无解,自由贸易主导下的各国贸易所得并非如

---

① Venables A. J. , Trade and Trade Policy with Differentiated Products: A Chamberlinian – Ricardian Model. *Economic Journal*, Vol. 97, No. 387, September 1987, pp. 700 – 717.

② Demidova S. , Krishna K. , Trade and Trade Policy with Differentiated Products: A Chamberlinian – Ricardian Model. A Comment. *Journal of International Trade & Economic Development*, Vol. 16, No. 3, September 2007, pp. 435 – 441.

③ Kikuchi T. , Shimomura K. , Dao – Zhi Z. , On Chamberlinian – Ricardian Trade Patterns. *Review of International Economics*, Vol. 16, No. 2, May 2008, pp. 285 – 292.

④ 杨小凯:《发展经济学:超边际与边际分析》,社会科学文献出版社 2003 年版。

⑤ Fujiwara K. , Shimomura K. , A Factor Endowment Theory of International Trade Under Imperfect Competition and Increasing Returns. *Canadian Journal of Economics*, Vol. 38, No. 1, February 2005, pp. 273 – 289.

⑥ Schumacher D. , Siliverstovs B. , Home – Market and Factor – Endowment Effects in a Gravity Approach. *Review of World Economics/Weltwirtschaftliches Archiv*, Vol. 142, No. 2, July 2006, pp. 330 – 353.

⑦ Marjit S. , Mandal B. , Roy S. , Trade Openness, Corruption and Factor Abundance: Evidence from a Dynamic Panel. *Review of Development Economics*, Vol. 18, No. 1, February 2014, pp. 45 – 58.

李嘉图所描述的那样;① 科斯蒂诺等（2012）构建了一个李嘉图的预测模型，并将预测数据与实际数据进行对比，认为李嘉图比较优势理论的正确与否不能仅仅依赖于数学证明，在做实证检验时，它还与所获得的数据及解释力有关。②

2.2.1.2　新贸易理论

随着产业内贸易的实践发展，传统的基于国与国之间的比较优势或要素禀赋差异的理论越来越难以解释贸易现实，新贸易理论正是发端于此。构成新贸易理论内核的规模经济、产品多样化与不完全竞争等概念最早可以追溯到格鲁贝尔（Grubel，1967、1975）、巴拉萨（Balassa，1967）、克拉维斯（Kravis，1971）。迪克西和诺曼（1980）认为产业内贸易只是国际贸易的一个新特征，而在他们所得到的一般均衡的均衡解中，仍然可以用罗布津斯基的处理方法来解释产业间贸易。克鲁格曼（1979、1980、1981）将产业内贸易机制模型化，即典型的产业内贸易的一般均衡解内生了产品多样化的数量，并解释了贸易发生方式、贸易所得与相关参数之间的关系，得出以下结论：一是国际贸易的主要方式为产业内贸易；二是国际贸易利得与国家之间要素禀赋差异成反比；三是产业内贸易并没有造成收入再分配的困境。③④⑤ 克鲁格曼（1991）认为为了实现规模经济、将运输成本最小化，企业倾向于在市场需求较大地区进行生产，但需求本身又依赖于制造业的分布，"核心—边缘"的出现与规模经济、运输成本以及制造业在本国的地位相关，由此也开创了经济地理的研究先河;⑥ 克鲁格曼和维纳布尔斯（1995）将规模经济与垄断竞争引入一个南北贸易模型，在一般均衡的分析框架下，解释了贸易成本变动对"核心—边缘"地带真实收入的影响，即贸易成本很高时，核心地带与边缘地带的真实收入

---

①　Baiman R., The Infeasibility of Free Trade in Classical Theory: Ricardo's Comparative Advantage Parable Has No Solution. *Review of Political Economy*, Vol. 22, No. 3, July 2010, pp. 419 – 437.

②　Costinot A., Donaldson D., Ricardo's Theory of Comparative Advantage: Old Idea, New Evidence. *The American Economic Review*, Vol. 102, No. 3, May 2012, pp. 453 – 458.

③　Krugman P. R., Increasing Returns, Monopolistic Competition, and International Trade. *Journal of International Economics*, Vol. 9, No. 4, November 1979, pp. 469 – 479.

④　Krugman P., Scale Economies, Product Differentiation, and the Pattern of Trade. *The American Economic Review*, Vol. 70, No. 5, December1980, pp. 950 – 959.

⑤　Krugman P., Intraindustry Specialization and the Gains from Trade. *Journal of Political Economy*, Vol. 89, No. 5, October 1981, pp. 959 – 973.

⑥　Krugman P., Increasing Returns and Economic Geography. *Journal of Political Economy*, Vol. 99, No. 3, June 1991, pp. 483 – 499.

都是降低的，即高成本对核心地带与边缘地带的影响是对称的，但是随着成本的降低，边缘地带的真实收入会上升，核心地带的真实收入可能降低。① 此外，新贸易理论还探讨了理论本身的分析框架：墨菲、施莱弗和维什尼（Murphy，Shleifer and Vishny，1989）的大推进工业化模型，将生产技术分为规模报酬递增与规模报酬不变两大类，从而改变了之前的一般均衡分析框架，该模型中存在多重均衡，企业数量在相关参数的变动下会出现非连续跳跃；② 格罗斯曼和赫尔普曼（Grossman and Helpman，1991）对 D – N 模型的方法进一步深化，用以解释内生增长的问题。③ 总体上来讲，新贸易理论基于规模经济（内部）、垄断竞争等假设，将产品数量内生化，其一般均衡的解是规模经济与多样化消费权衡的结果，贸易带来的福利增加源于多样化消费。

2.2.1.3   内生贸易理论

内生贸易理论认为，新贸易理论仍然是在分工既定的假设基础上，来探讨资源配置问题，内生贸易理论实际上是将斯密关于分工的思想进行模型化。以杨小凯、博兰、萨克斯等为代表的新兴古典经济学学者主张将分工、贸易、经济增长、货币、企业等因素置于同一分析框架下，而这个内核便是交易效率的存在。杨小凯与博兰（Yang and Borland，1991）运用超边际的分析方法，建立动态一般均衡模型并从分工的角度解释贸易发展与经济增长；④ 博兰与杨小凯（1992）探讨了交易效率高低、专业化水平及分工水平这三者之间的关系，并得出交易效率与专业化水平正相关，社会分工水平、国内贸易与国际贸易的程度也与交易效率及专业化水平正相关；杨小凯和史鹤凌（1992）运用超边际分析方法证明了分工与消费多样化可以同时演进，从而同时将产品种类及个人专业化水平内生化，这种分析方法说明，和新贸易理论相比，内生贸易理论对贸易现实的解释更进一步；⑤ 杨小凯等（1993）在对垄断竞争与最优产品多样化的述评中，对

---

①   Krugman P. , Venables A. J. , Globalization and the Inequality of Nations. *The Quarterly Journal of Economics*, Vol. 110, No. 4, November 1995, pp. 857 – 880.

②   Murphy K. M. , Shleifer A. , Vishny R. W. , Industrialization and the Big Push. *Journal of Political Economy*, Vol. 97, No. 5, October 1989, pp. 1003 – 1026.

③   Grossman G. M. , Helpman E. , *Innovation and Growth in the Global Economy*. Cambridge：MIT press, 1991.

④   Yang X. K. , Borland J. , A Microeconomic Mechanism for Economic Growth. *Journal of Political Economy*, Vol. 99, No. 3, June 1991, pp. 460 – 482.

⑤   Yang X. K. , Shi H. , Specialization and Product Diversity. *American Economic Review*, Vol. 82, No. 2, May 1992, p. 392.

D – S 模型进行了批判，认为 D – S 模型的解必须在产品数量趋于无穷大进而产品的自弹性与产品数量无关（外生）的前提下得到，但是产品数量本身是需要 D – S 模型内生求解的，因此这种前提假设并不合理，更进一步，他们研究发现产品数量在合适范围的前提下，一个 C – D 效用函数（CES 函数的极限形式）确实与 D – S 模型的解有所差异，因而 D – S 的解本身具有不稳定性，从而贸易方式可能并不像新贸易理论描述的那样进行；① 杨小凯等（1994）在相关假设的基础上，利用超边际的分析方法，对内生比较优势与外生比较优势及规模经济与专业化经济进行比较研究，研究表明用超边际分析方法所求得的内生比较优势能够解释整个经济社会的分工水平，并且专业化经济的概念更能够解释生产率的提高及贸易方式的动态演进，因此相对于新贸易理论，内生贸易理论在对贸易现实的解释方面具有更大优势。② 萨克斯、杨小凯和张定生（Sachs，Yang and Zhang，2002）在垄断竞争假设的基础上，利用一般均衡的超边际比较静态分析阐释了在相关参数空间的约束下，贸易与经济发展的演进机制，并将赫克歇尔—俄林定理、斯托波萨缪尔森定理等相关概念置于该框架下进行比较分析，③ 实际上，该模型为经济增长与贸易方式的转变寻找到同一个微观解释，即交易效率的演进会自发地促进分工的发展，从而使经济由自给自足向国内贸易再向国际贸易跳跃，经济发展是交易效率演进的必然结果。

2.2.1.4　异质性企业贸易理论

异质性企业贸易理论实际上是对新贸易理论的进一步细化，在技术手段上引入企业异质性（基于生产率差异）来探讨国际贸易及企业选择问题，另一条线路是研究企业的内生边界问题，从而探讨企业的全球生产决策安排。新新贸易理论的逻辑起点是对异质性企业的探讨，异质性实际上也就构成了新新贸易理论的内核，这方面的研究主要有贝纳德和詹森、克莱里季斯等，这一阶段的研究主要关注企业生产率的不同与出口方式选择的经验研究方面，并没有形成正式的理论模型。

梅里兹 2003 年的文章被公认为异质性企业理论的开山之作，也被鲍

① Yang X. K.，Heijdra B. J.，Monopolistic Competition and Optimum Product Diversity：Comment. *The American Economic Review*，Vol. 83，No. 1，December 1993，pp. 295 – 301.

② Yang X. K.，Endogenous V. S. Exogenous Comparative Advantage and Economies of Specialization Vs. Economies of Scale. *Journal of Economics*，Vol. 60，No. 1，July 1994，pp. 29 – 54.

③ Sachs J.，Yang X. K.，Zhang D. S.，Pattern of Trade and Economic Development in a Model of Monopolistic Competition. *Review of Development Economics*，Vol. 6，No. 1，February 2002，p. 1.

德温认为是新新贸易理论的理论基础，[①] 梅里兹（2003）认为自由贸易会通过选择效应以及产出的再分配效应促进产业生产率的提高，进而提高社会福利水平；[②] 安特拉斯（Antràs，2003）将格罗斯曼—哈特—摩尔的企业不完全契约理论与赫尔普曼—克鲁格曼的国际贸易理论置于同一框架内，构建一个模型探讨国际贸易的方式与企业的边界问题；[③] 耶普尔（Yeaple，2005）从同质性企业出发，逐渐引入不同竞争技术、异质性劳动力，在均衡时，这些生产要素的差别最终将会引起企业的异质性并决定国际贸易各方面的特征；[④] 马诺娃（Manova，2008）在梅里兹（2003）的基础上引入异质性企业，探讨金融市场不完善对国际贸易的影响，认为金融方面的因素将对金融脆弱型部门产生放大作用；[⑤] 比尔比伊、吉罗尼和梅里兹（Bilbiie，Ghironi and Melitz，2012）用 DSGE 模型将企业进入、产品种类在商业周期波动下的变动内生化，并研究经济的这种波动对总生产率的影响；[⑥] 梅耶尔、梅里兹和奥塔维亚诺（Mayer，Melitz and Ottaviano，2014）在奥塔维亚诺等（2002）及梅里兹等（2008）的基础上对异质性企业模型进行拓展，发展了一个混合产品贸易模型，他们研究了市场规模及其他条件的不同对企业出口的影响，具体而言，市场竞争强度的提高，将使得企业在产品选择上更倾向于增加较高生产率产品的相对份额；[⑦] 安东尼亚德斯（Antoniades，2015）同样沿着奥塔维亚诺等（2002）及梅里兹等（2008）的分析思路，认为产品的质量阶梯高度也与产品生产率相关，即生产率高的企业会选择更高层次的产品质量差异化，因此在他的一般均衡分析中不仅阐释了生产率异质性、价格加成异质性、企业对市场竞

[①] 虽然鲍德温提出梅里兹（2003）是新新贸易理论的基础（"new new" trade theory），但是梅里兹本人及其他学者仍然称异质性企业贸易理论属于新贸易理论。当然我们可以认为新新贸易理论是针对传统贸易理论而言，而新新贸易理论（异质性）是新贸易理论（同质性）的对称。

[②] Melitz M. J. , The Impact of Trade on Intra - Industry Reallocations and Aggregate Industry Productivity. *Econometrica*, Vol. 71, No. 6, November 2003, pp. 1695 – 1725.

[③] Antràs P. , Firms, Contracts, and Trade Structure. *Quarterly Journal of Economics*, Vol. 118, No. 4, November 2003, pp. 1375 – 1418.

[④] Yeaple S. R. , A Simple Model of Firm Heterogeneity, International Trade, and Wages. *Journal of International Economics*, Vol. 65, No. 1, January 2005, pp. 1 – 20.

[⑤] Manova K. , Credit Constraints, Heterogeneous Firms, and International Trade. NBER Working Paper, No. 14531, 2008.

[⑥] Bilbiie F. O. , Ghironi F. , Melitz M. J. , Endogenous Entry, Product Variety, and Business Cycles. *Journal of Political Economy*, Vol. 120, No. 2, April 2012, pp. 304 – 345.

[⑦] Mayer T. , Melitz M. J. , Ottaviano G. I. P. , Market Size, Competition, and the Product Mix of Exporters. *The American Economic Review*, Vol. 104, No. 2, February 2014, pp. 495 – 536.

争强度反应的异质性，而且特别分析了产品质量的异质性。[①] 上述代表性文献主要是从新新贸易理论的一般均衡的决定方式，即理论基础层面进行探讨。另外，随着新新贸易理论的发展，关于异质性企业贸易所得的研究成为近年来学界关注的热点。阿克拉基斯、科斯蒂诺和罗德里格斯·克莱尔认为无论采取哪种贸易方式，贸易所得的预测水平都可以依靠两个参数的充分统计：一是国内市场支出份额，二是贸易弹性（进口关于可变贸易成本）。因此，他们认为对各种贸易模型进行标准化（同样的国内市场份额和同样的贸易弹性）后，贸易利得是相等的，[②] 也就是说，ACR 模型提供了一种与异质性企业贸易理论不一样的衡量贸易利得的方式，这种衡量方式将与具体的贸易理论形式无关，并且在他们的研究中，将以李嘉图模型代表的传统贸易理论、以克鲁格曼（1980）为代表的新贸易理论以及以梅里兹模型为代表的异质性企业贸易理论置于同一个分析框架内，验证了其结论，但是，梅里兹和雷丁（Melitz and Redding，2014）将一个生产率内生改变的模型所代表的贸易所得与在阿明顿方程基础上的贸易所得进行比较，他们认为贸易能够引致生产的再组织从而提高国内生产率，最终证明，这种贸易所得是足够大的。[③] 梅里兹和雷丁（2015）将以梅里兹（2003）为代表的异质性企业贸易理论和以克鲁格曼（1980）为代表的同质性企业贸易理论进行比较，研究发现，在一些参数的严格假定下，异质性企业贸易理论的贸易所得确实大于同质性企业贸易理论的贸易所得（在没有贸易成本时二者相等），并且在相关参数假定相同以及在相关正效应参数变化相等的情况下，异质性企业贸易理论贸易所得增加得更多，并且在面临外生变量的冲击时，异质性企业贸易理论利得更加具有稳定性。[④]

2.2.2　国际贸易中一般均衡理论

一个标准的一般均衡理论一般是建立在典型消费者追求效用最大化、生产者基于技术约束追求利润最大化的基础上，在市场机制的作用下实现

---

① Antoniades A., Heterogeneous Firms, Quality, and Trade. *Journal of International Economics*, Vol. 95, No. 2, March 2015, pp. 263 – 273.

② Arkolakis C., Costinot A., Rodríguez – Clare A., New Trade Models, Same Old Gains? *American Economic Review*, Vol. 102, No. 1, February 2012, pp. 94 – 130.

③ Melitz M. J., Redding S. J., Missing Gains from Trade? *The American Economic Review*, Vol. 104, No. 5, May 2014, pp. 317 – 321.

④ Melitz Marc, Stephen J Redding, New Trade Models, New Welfare Implications. *American Economic Revien*, Vol. 105, No. 3, 2015, pp. 1105 – 1146.

经济系统稳定的一般结构，并对一般均衡的解进行静态或动态分析。关于一般均衡理论解的存在性的讨论，既可以将生产者与消费者分开进行研究（新贸易理论），也可以将二者置于同一经济系统中研究（内生贸易理论）。将一般均衡引入对国际贸易方式选择的分析中，其实质是在相关假设基础上，如何实现两难冲突的平衡。例如，新贸易理论实际上就是在一般均衡的基础上解决规模经济与消费多样性的两难冲突。利用一般均衡解的比较静态分析，以及相关变量的变动对系统的反馈，可解释贸易发生与贸易利得。另外需要说明的是，本书对一般均衡理论的探讨主要基于静态分析，这既符合目前国内贸易理论研究的主要方向，也符合国际贸易理论研究的现实：动态一般均衡理论依赖更加苛刻的条件，[①] 且未必比静态一般均衡解释力度强。接下来我们将逐一探讨目前主流国际贸易理论关于一般均衡的技术手段，包括阿明顿模型、D－S 模型及其扩展、一般均衡的超边际分析。

　　阿明顿模型以阿明顿假设为基础建立，即进口产品与国内生产产品（同类）存在非完全替代性（Armington，1969）。阿明顿模型属于可计算一般均衡体系的一部分，因此，阿明顿模型较国际贸易理论的其他模型而言，对贸易的研究偏向于宏观层面。在一般均衡的构建上，阿明顿将产品设定为国内生产产品与进口产品相结合的一种复合产品，这就意味着阿明顿模型将贸易发生视为外生，一般均衡的解主要用于探讨贸易政策、贸易条件及社会福利等问题。阿克拉基斯、科斯蒂诺和罗德里格斯·克莱尔实质上是对阿明顿模型进行了扩展，略去了对贸易动机的探讨，将李嘉图模型与梅里兹模型在同一框架下分析，他们认为：第一，微观数据对贸易利得的估计是非必要的；第二，贸易利得的统计依赖于国内产品支出份额和贸易弹性这两个参数，而与具体贸易理论（李嘉图贸易理论、新贸易理论、新新贸易理论）参数设置无关。[②]

　　D－S 模型是新贸易理论的理论基础，迪克西和斯蒂格利茨（1977）[以下简称 D－S（1977）] 在模型中将典型消费者效用函数设定为 CES 形式（离散型），并且 CES 在线性约束下严格拟凹，因此利用拉格朗日乘子

　　① 梅里兹和波拉克（2015）运用动态的方法对奥利和佩克斯（Olley and Pakes，1996）的生产率分解的方法进行了拓展，在他们的分析中，在对生产率变动影响因素中加入了企业的进入与退出，并且经验研究表明这种估计方法更加具有优势，从而使得这种方法能够适应更高层次的分解模型，但是梅里兹和波拉克（2015）的动态分析并没有在一般均衡的框架下进行。

　　② Arkolakis C．，Costinot A．，Donaldson D．，Rodríguez－Clare A．，The Elusive Pro－Competitive Effects of Trade．*The Review of Economic Studies*，Vol. 86，issue 1，January 2019，pp. 46－80．

方法所求得的最大值是稳定的、唯一的。在约束条件下利用 CES 函数形式可求得商品的自弹性，产品市场（垄断竞争）均衡时，长期利润为零；利用已求商品自弹性及长期利润为零这两个条件，可以得到生产均衡的均衡解，最后利用市场出清条件求得一般均衡的均衡解。[1] 杨小凯和海依德拉（1992）对 D – S 模型进行了拓展，他们认为，商品的自弹性为：

$$e_i = -\frac{1}{1-\rho} + g(n) \qquad (2-9)$$

其中，e_i 是商品的自弹性，ρ 是 CES 函数中衡量商品替代程度的系数，$g(n)$ 为内生的产品多样化程度 n 的函数，在 D – S（1977）中 $g(n)$ 是不存在的，因为他们假设了 n 趋于无穷大，但是这种假设又与 n 的内生性相矛盾，因此杨小凯和海依德拉对 D – S 模型进行了拓展，将效用函数设定为 C – D 效用函数形式（CES 效用函数的极限），在式（2 – 1）的基础上对 D – S 的相关结论重新探讨发现，在市场均衡条件下（ME），D – S 低估了产品多样化、低估了价格、高估了代表性企业产量。并且在约束最优化与无约束最优化条件中，杨小凯和海依德拉（1993）[2] 与 D – S（1977）所得到的参数区间也有所不同，进而各自区间内的产品多样化的大小也不同，但这并不影响 D – S（1977）模型整体的稳定性。此后的学者在探讨国际贸易的一般均衡理论时，在 D – S 模型的运用上，基本上是基于 D – S（1977）的分析框架，如克鲁格曼（1979、1980、1981）、梅里兹（2003）等。另外，也有学者将 D – S 模型的扩展直接运用到贸易理论研究上，如奥塔维亚诺等（2002）、梅里兹和奥塔维亚诺（2008）、梅耶尔等（2014）都尝试在一个修改的效用函数下重新探讨贸易的一般均衡及贸易决定问题。梅耶尔等（2014）在需求偏好层面，将效用函数变为一个二次效用函数表示的拟线性效用函数（Ottaviano et al. , 2002），得出商品的自弹性不再是一个常数，而是一个类似于式（2 – 1）的受产品多样化及平均价格影响的函数形式；在生产方面，企业不再表现为无止境的规模报酬递增，而是呈现出混合产品的特征，但产品市场仍然采取边际成本加成定价的原则。另外，需要指出的是，虽然 D – S（1977）对可变弹性问题、非对称问题都进行了探讨，而基于可变弹性的论述可对均衡解的参数变化

———————

① Dixit A. K. , Stiglitz J. E. , Monopolistic Competition and Optimum Product Diversity. *American Economic Review*, Vol. 67, No. 3, June 1977, pp. 297 – 308.

② Yang X. K. , Heijdra B. J. , Monopolistic Competition and Optimum Product Diversity: Comment. *The American Economic Review*, Vol. 83, No. 1, December 1993, pp. 295 – 301.

（商品的可替代性参数）在一般均衡自身的框架内解决,[①] 但是非对称的问题处理起来难度更大甚至很难用一般均衡的理论范畴 [D-S (1977) 中是用纳什均衡解来解决的] 解决,因此国际贸易理论的一般均衡分析一般是在对称性假设下进行。[②]

内生贸易理论是新兴古典经济学的一个重要组成部分,笔者以杨小凯利用超边际分析方法发展出的斯密模型为基础,对内生贸易理论进行探讨。在斯密模型中,超边际的分析方法、交易效率直接进入效用函数是内生贸易理论的内核。我们把这两个特征作为内生贸易理论的内核是相对于该理论的其他一般均衡解而言。杨小凯和史鹤凌 (1992) 将市场完全竞争和生产者—消费者事前同质作为假设前提,[③] 而萨克斯、杨小凯和张定胜 (2002) 在垄断竞争和消费者—生产者分离的情况下,仍然利用超边际分析方法,以及交易效率存在,来解释交易效率的演进与贸易模式进而与经济增长之间的关系。超边际分析作为内生贸易理论最重要的分析工具,主要在于去除经济现实中存在的不现实的角点解,使得均衡分析能够简化。[④] 而交易效率的引进,如果仅从模型的技术手段上来讲,可以使得在交易效率外生时,内生解释其他变量,因此可解释内生贸易理论关于个人的专业化分工水平的问题,而个人专业化分工水平与产品的迂回程度又是内生贸易理论所要解决的核心问题。另外,可以看出,内生贸易理论天然与杨小凯所说的内生经济增长相关,也就是说交易效率的改变自然地引起贸易方式的转变并促进经济增长。

2.2.3 国际贸易理论的相关结论与参数区间

2.2.3.1 相关假设与主要结论

我们首先对国际贸易理论微观机制的一般均衡理论进行梳理,接下来我们针对传统贸易理论、新贸易理论、内生贸易理论与异质性企业贸易理论的一般均衡的具体假设及主要结论进行梳理,见表 2-1。

---

① 例如,克鲁格曼 (1981)、梅里兹 (2015) 等对贸易利得的探讨,都用到了弹性的比较静态分析。

② 梅耶尔等 (2014) 的非对称分析基于国家层面。

③ Yang X. K. , Shi H. L. , Specialization and Product Diversity. *American Economic Review*, Vol. 82, No. 2, May 1992, p. 392.

④ Sachs J. , Yang X. K. , Zhang D. S. , Pattern of Trade and Economic Development in a Model of Monopolistic Competition. *Review of Development Economics*, Vol. 6, No. 1, February 2002, p. 1.

表 2 - 1　　　　　　　　　　　国际贸易理论的主要假设及主要结论

假定	传统贸易理论①	新贸易理论	内生贸易理论	异质性企业贸易理论
消费者假定	CES 效用函数②；存在交易条件；消费品以同一形式进入效用函数	CES 效用函数；消费品以同一形式进入效用函数	CES 效用函数；存在交易效率（或管理费用）；消费品以同一形式进入效用函数	CES 效用函数；消费品以同一形式进入效用函数
生产者假定	与消费者同质且与消费者未分离；外生比较优势与禀赋优势进入效用函数	规模报酬递增；不变的生产规模企业同质	与消费者同质且与消费者未分离文氏定理③	规模报酬递增；不变的生产规模企业异质
市场假定	产品市场与要素市场完全竞争；市场出清	产品市场垄断竞争，劳动力市场完全竞争；市场出清	产品市场与要素市场完全竞争；市场出清（劳动力市场出清的条件直接嵌入约束函数）	产品市场垄断竞争，劳动力市场完全竞争；市场出清
均衡的相关结论	在相关参数区间满足的情况下，按照比较优势与比较禀赋理论，贸易的发生会促进福利增长	要素禀赋相近的国家间贸易以产业内贸易进行且产业内贸易带来的市场扩大效应可抵消再分配负向效应	交易效率的改进将使得贸易从国内贸易转向国际贸易、专业化与多样化同时演进	企业生产率不同导致企业不同的选择（国内市场与国际市场），自由贸易通过选择作用提高国内生产率，同时解释了公司内贸易、产业内贸易与产业间贸易

注：本表为笔者根据相关文献整理所得。

表 2 - 1 基本上涵盖了各贸易理论在一般均衡分析框架内的基本假设与主要结论。对于各贸易理论中细节性的设定，如一些具体参数冰山成本、④ 固定

---

① 本书对传统贸易理论的论述是在杨小凯（2003）基础上概括的，主要基于一般均衡的分析框架对传统贸易理论进行梳理。

② 有些学者将效用函数设置为 C－D（柯布道格拉斯）效用函数，由于 C－D 函数是 CES 函数的极限形式，在求一般均衡的均衡解时性质一样，因此都归于 CES 效用函数类别。

③ 不同时买和卖同一种产品；不买和自给自足同一产品；最多卖一种产品。

④ 目前学术界缺少对冰山成本的精确定义，并且在经验分析上的测算方法也较多，在模型中冰山成本也就是可变贸易成本，在实证上可变贸易成本需要用其他指标进行替代检验，在这方面也有许多文献进行了此类研究，徐蕾等（2014）利用单位销售费用对贸易成本进行替代，只不过这个单位销售费用的衡量方式既包括了固定贸易成本也包含了可变贸易成本，显然在具体的企业生产与出口的过程中可变贸易成本主要包含保险费、包装费、商品维修费用与运输费用等费用，在经验研究中很难对可变贸易成本进行精确的测度况且目前的微观企业数据库也较少有将所有的可变贸易费用完全分离的，理论模型中梅里兹等（2015）的研究认为可变贸易成本指的是引起企业生产率的单位"耗损"的成本，这个成本会造成对企业生产价格的直接加成，这个单位耗损可能由很多原因造成，杨小凯在新兴古典经济学的分析框架中对交易效率概念的提炼某种程度上就是对可变贸易成本的替代，基于交易效率天然包含制度性交易效率与非制度性交易效率，国内外关于这方面的研究文献也有很多，不再一一列举，制度性交易效率主要包含基础设施的建设对交易效率的影响，而非制度性交易效率损失主要在于非完全市场经济造成的单位耗损，如产权保护不到位、企业注册手续繁琐等。

成本等不再赘述。另外，对于一般均衡的其他隐性假设（如对完全信息的设定），由于各贸易理论设定不一，也不在本书讨论之列。从表 2 - 1 可以看出，新贸易理论与新新贸易理论最大的差异就是关于企业异质性的假定，梅里兹（2015）在与克鲁格曼（1980）比较分析中，也以异质性企业与同质性企业作为比较分析的核心，由于新新贸易理论所要解决的最重要的问题是企业生产率的内生决定问题，因此，产业内贸易似乎并不是新新贸易所要关注的核心。① 对传统贸易理论的论述，分析框架有很多，表 2 - 1 中的分析框架实际上是沿着杨小凯（2003）得到的结果，菊池百合子等（2008）和杰米多娃等（2007）用张伯伦—李嘉图模型论证李嘉图模型，迪克西和诺曼（1980）证明，在同质的技术与偏好下，贸易确实会按照传统贸易理论所论述的那样进行；萨克斯、杨小凯和张定胜（2002）用 D - S 模型的分析框架也得到了内生贸易理论的一般均衡解，且内生贸易理论试图在一个分析框架内（杨小凯，2003），运用超边际的分析方法验证交易效率的演进与传统贸易理论、新贸易理论的相关结论之间的关系，甚至一定程度上解释了新新贸易理论。② 从国内外相关研究来看，国际贸易理论的进展在方法上有相互借鉴与融合的趋势，从传统贸易理论、新贸易理论、内生贸易理论与新新贸易理论的演进过程来看，国际贸易理论的发展有不断细化的趋势。

2.2.3.2　贸易发生、贸易利得与参数区间

上一部分我们介绍了贸易理论的相关假设与主要结论，这一部分我们主要将国际贸易理论在一般均衡框架内贸易发生、贸易利得与参数区间之间的关系做一个梳理，具体见图 2 - 1 至图 2 - 3。③

其中，ρ 表示商品替代弹性参数［替代弹性 $e = 1/(1 - \rho)$］，Z 表示产

---

① Melitz M. J., Redding S. J., New Trade Models, New Welfare Implications. *American Economic Review*, Vol. 105, No. 3, March 2015, pp. 1105 - 1146.

② 杨小凯和史鹤凌（1992）的模型中（$X_i + X_i^S$）/L_i（其中，$X_i + X_i^S$ 表示 i 产品的产出，L_i 表示 i 产品劳动投入）本身表示的就是劳动生产率，并且由交易效率、商品替代参数及其他相关参数内生决定，只是劳动生产率是贸易转变与经济增长的一个侧面反映。

③ 图 2 - 1 ~图 2 - 3，由作者根据克鲁格曼（1979、1980、1981），萨克斯、杨小凯和张定胜（1999），杨小凯和史鹤凌（1992），杨小凯（2003），梅里兹（2003、2015）计算整理所得。由于基于一般均衡分析框架下的传统贸易理论的方法较多，诸如基于内生贸易理论的超边际分析、基于 D - S 模型的分析且各个模型的参数变化维度较大，实际上，内生贸易理论内嵌劳动生产率的差异、新贸易理论充分考虑要素禀赋之间的差异，都可以回归到对传统贸易理论的探讨，因此本书不再赘述。

业 2 的劳动投入（$0 < Z < 1$，产业 1 的劳动投入为 $2 - Z$），①　Δu 表示从封闭经济向开放经济的转变带来的贸易利得。由于 Δu 由 ρ 和 Z 同时决定，为了简化分析，我们将 ρ 视为控制变量来研究 Δu 与 Z 之间的关系。当 $\rho < 0.5$，Δu 恒大于 0（再分配效应与市场扩大效应的综合作用），即只要按照产业内贸易模式进行，贸易利得总是提高的，而与国家之间的禀赋差异无关，但是贸易利得的增加度是与禀赋差异相关的，当 $Z_0 < Z < 1$，贸易利得随国家之间要素禀赋差异度的降低而升高，当 $0 < Z < Z_0$，贸易利得随国家间要素禀赋差异度的降低而降低；当 $\rho > 0.5$，Δu 与 Z 正相关，可以证明临界值 Z_E 是存在的，$Z_E < Z < 1$ 时，再分配效应与市场扩大效应的合力会使得贸易利得为正。并且存在拐点 $Z = Z_g$，②　Z_g 与 ρ 相关，因此 Z_g 的具体位置不确定，但是不影响产业内贸易的相关结论，即国家之间的要素差异度愈小，产业内贸易所占的份额就会越大，只是贸易份额增加度的速度会随着要素差异度的减小趋于收敛。以上分析证明，两个要素禀赋接近的国家会按照产业内贸易方式进行，并且产业内贸易并没有造成严重的收入分配困境，市场扩大带来的多样性的正效应会弥补收入分配造成的损失，从而整体的贸易利得是增加的。

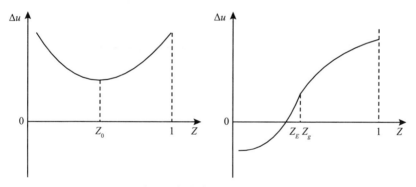

图 2 - 1　贸易利得与参数区间（新贸易理论）

图 2 - 2 中，k 表示交易效率，K_0 表示经济从自给自足③状态向贸易状

---

①　外国是本国的"镜像"，因此外国产业 1 的劳动力是 z，产业 2 的劳动力是 $2 - z$，z 越接近于 1 表示两国要素禀赋越接近。

②　克鲁格曼（1981）认为在 $\rho > 0.5$，$0 < z < 1$ 区间上，拐点不存在。

③　自给自足的状态不同于新贸易理论与新新贸易理论中的自给自足状态，内生贸易理论的自给自足状态假定经济系统中不存在国内贸易（生产者—消费者同质），新贸易理论与新新贸易理论假定经济的起始状态是国内贸易（生产者与消费者是分离的），也就是说，内生贸易理论所说的贸易状态天然包括了国内贸易与国际贸易。

态转变的临界值，分工水平与交易效率 k 在自给自足阶段之间的关系是曲线 $0K_0$（图 2 – 2 中的左图粗线所示），由于超边际分析的存在，经济由自给自足向专业化分工水平转换的过程中，效用函数的形式也会发生变化，也就是说经济从自给自足向专业化分工会出现跳跃现象。因此专业化的分工水平与交易效率之间的关系为曲线 L，本书证明了 L 曲线在资源约束下趋于收敛的特性。由于交易效率的动态演进特征，会使得均衡的分工水平（n）不断变大，从而会将经济自发地由自给自足的状态推向国内贸易，再由国内贸易推向国际贸易，因此国际贸易的发生是一个内生决定的过程。间接效用函数始终与交易效率正相关，因此贸易利得必然也与交易效率正相关。由于贸易发生的内生性，所以我们可以用图 2 – 2 中的右图来表示贸易利得与交易效率之间的关系，即只要交易效率提高，贸易利得就一定增加。当然，我们仍然证明了经济的收敛特征，同时保证了经济从自给自足（$k > K_0$）开始，以保证 u 的连续性。同时，需要指出的是，由一般均衡分析框架得到的均衡解由替代弹性参数 ρ、交易效率 k、专业化的学习费用 A（或者衡量规模报酬的系数 a）、可获得产品总数 m 共同决定，并且有些均衡解的存在性很可能需要在其他参数区间同时满足的情况下才能成立（杨小凯和史鹤凌，1992），因此内生贸易理论对全部参数区间的探讨将非常复杂，对此我们尽量简化而不失去内生贸易理论的内核：即交易效率的演进将内生决定贸易发生，并促进贸易利得的提高。

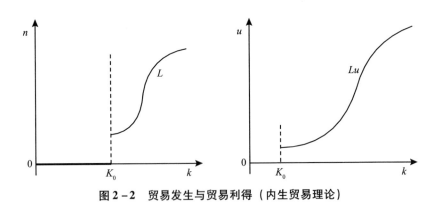

图 2 – 2   贸易发生与贸易利得（内生贸易理论）

图 2 – 3 的左图表示企业选择与企业生产率之间的关系，φ_a 表示封闭经济临界生产率，φ_o 表示开放经济临界生产率，φ_x 表示出口临界生产率，φ_s 表示企业选择的临界生产率。可以证明，即使企业达到出口临界生产率（φ_x），这时的利润变化仍然为负。因为经济由封闭转向开放的过程中，各

自利润的表达式并不是统一（参数不同）的过渡。当然，一个正的临界出口的生产率是存在的，即 φ_s。通过左图可以看出，企业出口的生产率区间必须是 $\varphi > \varphi_s$，因此，企业的利润变化与生产率之间的关系为曲线 L，但是企业的实际选择的出口曲线是 $O\varphi_s L$，即 $\Delta\pi \geqslant 0$ 的部分。企业的出口所带来的市场份额的再分配作用，在竞争的作用下总体上提高了生产率。梅里兹（2003、2015）均可以证明，经济由封闭向开放的转变会使得贸易利得总为正，且与平均生产率的变化（相对于封闭经济平均生产率）正相关,[①] 即为 Lu 曲线。

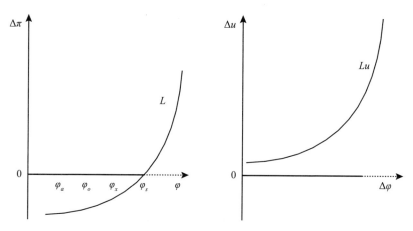

图 2-3　企业选择与贸易利得（异质性企业贸易理论）

2.3　异质性企业贸易理论在中国的发展
——基于"出口—生产率悖论"视角

异质性企业贸易理论在这十几年间取得了巨大的发展，一方面，异质性企业贸易理论在理论上取得了多方面的突破，当然也包括对异质性企业贸易理论的批判，这种批判从本质上来讲可以看作对异质性企业贸易理论的完善；另一方面，异质性企业贸易理论在实践上也取得了长足的进步，但是无法否认的现实是，尽管围绕着异质性企业贸易理论在企业选择方面的实证研究越来越多，并且在对西方国家的检验符合异质性企业贸易理论

①　实际上，贸易利得的变化与开放经济平均生产率严格正相关，我们说与平均利润率的变化正相关只是一种近似的结果，只是为了更加明确经济由封闭向开放转变对贸易利得的影响。

的结论的同时，利用中国的数据验证出现并不相符的情况却也越来越显著，本书把异质性企业贸易理论在中国的贸易实践所产生的"出口—生产率悖论"单列进行说明具有必要性。

"出口—生产率悖论"现象最早由李春顶、汤二子等人提出，也有人将这种现象描述为"生产率之谜"①，目前国内大多数文献还是使用"出口—生产率悖论"概念，因此，本书将此现象定义为"出口—生产率悖论"，生产率悖论的现象指的是：在利用中国的工业企业数据库验证企业生产率与出口概率之间的关系时发现，出口企业的生产率并不比内销企业的生产率高，或者高生产率企业出口的概率更低。

企业出口概率与生产率之间关系的验证国内外有过很多的文献支撑，除了中国之外基本上国外的经验研究都支持了高生产率企业出口，低生产率企业内销的结论。李春顶（2015）对出口生产率悖论的相关文献进行了系统的梳理，在其研究中，将国家类型划分为发达国家、新兴工业化国家和地区、拉美新兴市场国家、东欧转型国家、非洲欠发达国家以及中国六种类型，其中前五种类型国家的相关经验研究基本上佐证了异质性企业贸易理论的企业选择方面的结论，只有在运用中国工业企业数据库验证异质性企业贸易理论的企业选择方面的基本结论时，才会出现"出口—生产率悖论"，并且出口生产率的悖论现象在中国有大量的事实证据，有些是通过基本的描述性统计分析就能得出的结果，同时运用二值选择模型进行回归的结果也能验证高生产率企业内销，低生产率企业出口概率更高。② 并且这个分析结果一般都比较显著，这方面国内有大量的文献支撑，如李春顶等（2009）利用中国工业企业数据库（1998～2007 年）的数据得到细分行业的出口生产率普遍低于内销企业生产率，且出口概率与生产率显著负相关；③ 李春顶（2010）对上述工业企业数据库进行更加详细的划分，细分到行业、地区、地区所有制以及具体分析加工贸易的情况，发现仍然存在出口生产率悖论；④ 汤二子等（2011）认为中国企业的出口选择情况区别于国外纯熟的市场，认为中国企业出口与内销的情况与生产率之间并

---

① 戴等（2011）、于春海等（2013）及其他相关作者。

② 李春顶：《中国企业"出口—生产率悖论"研究综述》，载《世界经济》2015 年第 5 期。

③ 李春顶、尹翔硕：《我国出口企业的"生产率悖论"及其解释》，载《财贸经济》2009 年第 11 期。

④ 李春顶：《新－新贸易理论文献综述》，载《世界经济文汇》2010 年第 1 期。

无太大关系;① 盛丹（2013）利用中国工业企业数据验证说明外资企业出口存在"出口—生产率悖论"，而国内的本土企业并不存在"出口—生产率悖论"的情况。②

事实上，国内外对于中国的"出口—生产率悖论"的经验研究特别多，而且对于悖论产生的原因的解释也众多，并没有一个统一结论。从国内外对于悖论的原因解释来看，本书将对贸易的解释总结为两个方面，第一个方面为贸易本身，包括贸易本身的结构原因和贸易品的原因；第二个方面是制度层面导致的"出口—生产率悖论"。

（1）中国的贸易本身导致的出口生产率悖论。

加工贸易的特殊情况导致的出口生产率悖论，由于加工贸易企业产品的"两头性"，其产品本身就是要出口的，而且对于加工贸易的企业生产率要求并不高，因此，总体上来讲会拉低行业生产率，并且对于中国来讲，这部分贸易所占的比例还相对较重。这部分的文献主要有李春顶（2010）、戴觅和余淼杰（2013）等。

中国出口贸易的企业结构也是造成出口生产率悖论的另一个原因。这方面的研究主要集中在中国的外资企业存在出口生产率悖论，而本土企业并不存在出口生产率悖论，主要原因在于，外资企业在运营上较为成熟，并且在产品出口的时候面临较低的市场准入成本，而且在国外有较为成熟的分销渠道，因此并不需要很高的生产率就能完成出口行为，而在剔除掉外资企业之后，出口生产率悖论现象消失，佐证了这一类研究的结论。这方面的研究如陆毅等（Lu et al. , 2010）使用中国工业企业数据库（1998～2005 年）的数据验证了这个结论，盛丹（2013）利用中国工业企业数据库（1998～2006 年）的数据验证了外资企业存在出口生产率悖论，而本土企业的企业选择情况符合异质性企业贸易理论的基本结论。

要素密集度的原因导致的出口生产率悖论。中国的出口企业大多为出口密集型产业，这种产业在国内可能面临比出口更加激烈的竞争，导致国内生产率更高，而出口的企业生产率相对较低。并不符合梅里兹模型的企业选择的基本结论。当然这种现象在资本密集型产业中并不会出现，也就是说出口生产率悖论的现象将随着要素密集度的变化而变化。这方面的研

---

① 汤二子、刘海洋：《中国出口企业的"生产率悖论"与"生产率陷阱"——基于 2008 年中国制造业企业数据实证分析》，载《国际贸易问题》2011 年第 9 期。

② 盛丹：《地区行政垄断与我国企业出口的"生产率悖论"》，载《产业经济研究》2013 年第 4 期。

究主要有：李建萍等（2014）使用上市公司数据验证了出口生产率悖论现象的存在，并且这种情况会随着要素密集度的变化而发生变化。[①] 梁会君等（2014）利用中国工业企业数据库（2003～2007 年）的数据验证了企业生产率与不同资本密集型产品密切相关，进而也与企业的进出口行为相关，因此生产率悖论也会根据资本密集度的变化而有所差异。[②]

出口密度的差异也是造成出口生产率悖论的一个原因。出口密度差异主要是指，有些企业出口密度较高，有些企业出口密度较低。出口密度较高的企业由于在出口上有更多的经验，更成熟的分销渠道，因此进入成本相对较低，需要克服较小的出口固定成本即可出口，因此并不需要很高的生产率，也就是说，出口密集度的不同将导致不对称的进入成本，从而并不存在符合异质性企业贸易理论企业选择上的基本结论。

（2）制度原因造成的出口生产率悖论。

孙楚仁等（Sun et al.，2013）对梅里兹模型在无上界的帕累托分布的参数限制空间进行探讨时，结合数据验证了中国的贸易实践并不满足梅里兹模型所需要的参数空间，因此中国的贸易现实并不满足异质性企业理论的基本要求。[③] 紧接着他们对产生这种现象的原因进行探讨时，将原因归结于中国的制度非完全性以及扭曲的大量存在。第一个原因在于，中国的贸易存在大量的"劣币驱逐良币"现象，即"格雷欣法则"。政府缺乏对企业的保护机制，使得企业之间的竞争存在大量的不对称现象，以致有些企业在低生产率情况下却能出口，而有些企业虽然生产率很高，却不能出口。第二个原因在于，政府管理机制的扭曲，政府为了增加当地的业绩，采取了一系列的措施，包括补贴、退税、低价土地等政策，这些政策本身会产生寻租现象以及市场分割。最终会导致低效率的企业进入国际市场，而高生产率企业却有可能会排除在外，也就是说在政府管理机制扭曲的情况下，企业的出口选择行为已经与企业生产率并无太大关系，企业自身也并无动力去改善生产率条件。第三个原因是产业垄断，尤其是国有企业的大量存在，政府有意或者无意设置了大量的进入与退出壁垒，出于保护国有企业的动机，使得整个产业处于并不对称的竞争地位。徐蕾等（2012）

[①] 李建萍、张乃丽：《比较优势、异质性企业与出口"生产率悖论"——基于对中国制造业上市企业的分析》，载《国际贸易问题》2014 年第 6 期。

[②] 梁会君、史长宽：《中国制造业出口"生产率悖论"的行业分异性研究》，载《山西财经大学学报》2014 年第 7 期。

[③] Sun C.，Tian G.，Zhang T.，An Application of the Melitz Model to Chinese Firms. *Review of Development Economics*，Vol. 17，No. 3，August 2013，pp. 494 – 509.

从贸易成本的角度解释了中国企业的出口生产率悖论，由于中国非完全市场的存在导致不对称的出口固定成本，从而形成的出口生产率悖论。[①]

事实上对于出口生产率悖论产生的原因，究竟是中国的实际情况造成的还是异质性企业贸易理论本身存在缺陷，目前还不能得到统一的结论。但是可以肯定的是，异质性企业贸易理论在考虑其他变量同质性的情况下，确实是一套精美的衡量企业出口的体系，如果仅从理论上来对出口生产率悖论所产生的现象进行解释，我们只能说，无论是否是制度的原因，它确实造成了不同质的成本，包括可变成本与出口成本，这些都有可能形成出口生产率悖论的原因。况且制度原因与贸易本身的原因所造成的出口生产率悖论之间也并无精确的界限。

2.4　小　　结

从国际贸易的理论与实践的发展来看：第一，虽然异质性企业贸易理论在这一二十年间取得了重大的进展，并表现出旺盛的生命力，但是通过比较异质性企业贸易理论与新贸易理论的内在逻辑与研究方法，可以看出，本质上异质性企业贸易理论是对新贸易理论的进一步拓展与细化，解决新贸易理论遗留的内生生产率与内生企业选择的问题。第二，在内生生产率决定内核的基础上，异质性企业贸易理论在方法上存在与新贸易理论相关假设相背离的趋势，梅里兹和雷丁（2014）利用阿明顿模型阐释了内生企业生产率对贸易利得的影响，梅耶尔、梅里兹和奥塔维亚诺（2014）的多产品贸易[②]模型解释了内生生产率对贸易的影响，因此在方法上，异质性企业贸易理论与新贸易理论保持着一定的独立性。第三，由于引入交易效率的存在，以及超边际分析方法的使用，使得内生贸易理论较其他贸易理论有更强的独立性，内生贸易理论解释了关于专业化与多样化同时演进、个人专业化分工的问题，并且贸易的发生被内生决定。内生贸易理论在方法上有更强的延展性，无论是在完全竞争（Yang X. K. and Shi H. L.，1992）条件下讨论还是利用 D - S 模型分析（Sachs，Xiaokai Yang and

---

[①]　徐蕾、尹翔硕：《贸易成本视角的中国出口企业"生产率悖论"解释》，载《国际商务》2012 年第 3 期。

[②]　多产品模型实际上是与新贸易理论的无止境的规模报酬递增相对，梅耶尔等（2014）的企业生产可数产品（a countable number of products）在有止境的规模报酬递增基础上才能实现，无止境的规模报酬递增具体解释见杨小凯（2003）。

Dingsheng Zhang，2002），都能对贸易方式的演进以及对经济增长做出较好的解释。第四，由于 D－S 模型的运用及专业化经济的存在，内生贸易理论又与新贸易理论及异质性企业贸易理论存在直接或间接的联系，因此在某些特殊的情况下，它们之间是可以相互解释的。第五，需要指出的是，传统贸易理论在国际贸易理论与实践的冲突，以及贸易理论之间的相互融合中不断向前发展，国际贸易理论的一般均衡分析经历了劳动生产率（宏观层面）差异与要素禀赋差异、企业生产率差异（Melitz，2003、2015）、产品质量差异（Mayer et al.，2014）等，从这个角度看，国际贸易理论研究有不断细化的趋势。第六，异质性企业贸易理论在中国的贸易实践所出现的出口生产率悖论还有待深入研究，实际上对于出口生产率悖论的经验介绍已经有很多，目前对于出口生产率悖论的理论研究还相对较少，例如，如何界定非完全市场所导致的企业出口成本异质性（可变成本或者出口固定成本）与生产率本身异质性所形成的多重异质性的研究还有待深入。

基于以上分析，本书认为，未来国际贸易理论的研究将呈现以下趋势：第一，对异质性分析的进一步细化，例如，由生产率异质性、产品异质性到消费函数的异质性（消费者异质），甚至在生产者内部进一步区分哪些方面存在异质性，哪些方面存在同质性，这些都可以作为未来进一步研究的方向。第二，对效用函数的进一步延展，以使得均衡的决定更加简便可行并更加符合经济现实，在这方面梅耶尔等（2014）的拟线性效用函数的设置以用来分析多产品贸易模型已有先例。第三，内生贸易理论的进一步发展，虽然在 21 世纪初之后，内生贸易理论没有出现重大突破，但是基于内生贸易理论天然与新新贸易理论在内生生产率决定方面、与新贸易理论在经济地理方面存在直接或间接的联系，因此，关于内生贸易理论的研究仍大有可为。第四，异质性企业贸易理论的分析框架能否解释传统贸易理论并且其解释力度如何仍有待研究，而内生贸易理论与新贸易理论关于这方面已有研究。[1][2]第五，可计算的一般均衡（CGE）虽然没有对贸易动因进行解释，但是CGE 对于社会福利的估计却是对国际贸易理论一般均衡分析的重要补充与反馈，因此 CGE 在 D－S 模型及与其他模型结合下的发展，以及 CGE 自身的发展是对国际贸易理论的重要补充，也是未来进一步研究的方向。第六，异质性企业贸易理论在中国的适用性及拓展性有待大量研究。

---

[1]　杨小凯：《发展经济学：超边际与边际分析》，社会科学文献出版社 2003 年版。

[2]　Krugman P.，Intraindustry Specialization and the Gains from Trade. *Journal of Political Economy*，Vol. 89，No. 5，October 1981，pp. 959 – 973.

第3章 异质性企业贸易理论与生产率悖论：问题及理论解释

3.1 异质性企业贸易理论模型假设与均衡方程

以克鲁格曼（1980）为代表的新贸易理论从规模经济、产品多样化及贸易方式的角度建立产业内贸易模型，指出传统的贸易理论难以适应国际贸易的现实问题。随着国际贸易的发展，国际贸易的微观企业主体在国际贸易选择问题上需要进一步细化，即产业内贸易理论虽然解释了规模经济对社会福利的增长方式，但是它无法解释贸易过程中，为何有的企业可以进行产业内贸易，而有的企业却不可以进行产业内贸易。这时便有了梅里兹（2003）的异质性企业贸易理论，异质性企业贸易理论研究了产业内贸易与公司内贸易，在理论上，异质性企业贸易理论继承了不完全竞争市场的有关分析（张伯伦的垄断竞争以及 D－S 模型），认为基于生产率差异的企业的异质性是导致企业选择的动因，同时国际贸易会将低生产率企业淘汰出市场，从而整体上提高企业生产率，促进社会福利的增长，并且贸易自由化最终会导致均衡生产率的提高，进一步增加社会福利，以梅里兹（2003）为代表的新新贸易理论虽然探讨了企业的选择问题，但是经验研究表明，确实有一些企业存在"生产率悖论"，即出口未必就一定能提高企业生产率，并且生产率高的企业未必就一定出口。我们将沿着两条线路来解释"生产率悖论"：第一条线路是我们试图从梅里兹（2003）模型本身出发，对梅里兹（2003）模型的完全信息做出改变，并对某些结论做一些完善，探讨"生产率悖论"这一问题；第二条线路是从完全竞争市场出发以杨小凯的斯密模型为代表的内生贸易理论从交易效率角度来解释"生产率悖论"问题。

3.1.1　模型的主要假设

梅里兹（2003）的模型实际上继承了迪克西和斯蒂格利茨（1977）及克鲁格曼（1980）的部分分析框架，并结合贝纳德（1995、1997）、克莱里季斯（1996）、詹森（1999）等的异质性企业理论的规范化分析。我们认为梅里兹模型的主要假设见表3-1。

表3-1　　　　　　　　　　　　梅里兹模型主要假设

主要假定	假定内容
消费者假定	1. 效用函数是 CES 形式，满足替代弹性为常数，且 CES 函数线性约束下严格拟凹，因此 U 的稳定值是满足约束的绝对极大值
	2. 无储蓄，因此不存在跨期选择
	3. 消费品同质
生产者假定	1. 边际成本加成定价法则
	2. 厂商之间垄断竞争
	3. 在位企业面临的不确定性冲击为 δ 且外生给定，自由进入企业概率为 $1-G$（G 为连续分布函数）
生产要素市场	1. 生产要素市场完全竞争
	2. 生产要素只有劳动总量为 L，并且外生不变，劳动力同质
其他假定	1. 不变的生产规模，因此长期利润为 0
	2. 完全信息，不存在不确定性（除了 δ）
	3. 国家之间是对称的

注：本表为笔者根据相关文献整理所得。

除了上述的主要假设，模型中的一些变量，诸如企业固定成本 f，沉没成本 f_s，出口的固定成本 f_o，在位企业总数 M，冰山成本 τ 外生给定，不再一一赘述。上述假设构成了梅里兹模型研究的起点与基础。

3.1.2　需求方程

梅里兹（2003）模型中典型消费者的效用最大化问题可由以下数学语言表述：

$$\max: U = \left(\int_{\Psi \in \Omega} q(\Psi)^{\rho} d_{\Psi} \right)^{1/\rho} \qquad (3-1)$$

$$st: \int_{\Psi \in \Omega} p(\Psi) q(\Psi)^{\rho} d_{\Psi} = I \qquad (3-2)$$

$$P = \left(\int_{\Psi \in \Omega} p(\Psi)^{1-\alpha} d_{\Psi} \right)^{1/(1-\alpha)} \qquad (3-3)$$

显然，U 是 CES 效用函数的形式，Ψ 代表一个连续的商品集，Ω 代表总的可获得的商品数，这些商品的替代弹性为 $\alpha = 1/(1-\rho)$，在该函数形式及线性收入约束下为严格拟凹，所求得的解为 U 的极大值解。在对 U 做简单的单调变换之后很容易求得梅里兹模型中，产出和收益的表达式为：

$$q = \frac{I}{P} \left(\frac{p(\Psi)}{P} \right)^{-\alpha}$$

$$r = R \left(\frac{p(\Psi)}{P} \right)^{1-\alpha} \qquad (3-4)$$

并且将式（3-4）的 q 表达式代入 U 并在 P 的定义下，可证明 $U = Q$。另外，在一个对称分析中，若假设 $p(\Psi) = p$，则 $q(\Psi) = q$，利用式（3-1）和式（3-2），可求得 $U = n^{1/(1-\alpha)} \dfrac{I}{P}$，若其他变量外生不变，则 U 与 P 反向相关，这说明在封闭经济下总价格指数越低，社会福利水平越高。

3.1.3　生产及市场均衡

根据梅里兹（2003）对生产者利润最大化的相关表述，笔者将最大化问题统一为式（3-5）：

$$\max: \pi(\varphi) = r(\varphi) - c(\varphi)$$

$$c(\varphi) = wl(\varphi) = wf + qw/\varphi$$

$$r(\varphi) = p(\varphi) q(\varphi) \qquad (3-5)$$

其中，f 代表企业生产的固定成本，φ 代表企业生产率水平，显然，不同企业由于生产率不同将导致边际成本不同，即企业边际成本与企业生产率水平反向相关。式（3-5）显然可以转化成一个无约束最优化问题。且很容易证明 π 的二阶条件 $\pi_{qq} < 0$（严格拟凹），因此 π 的稳定值为唯一绝对极大值，此时 $p(\varphi) = 1/\varphi\rho$（工资水平标准化为 1）。

利用式（3-4）及 $p(\varphi)$ 的表达式，可得到如下的比例关系：

$$\frac{q_1}{q_2} = \left(\frac{\varphi_1}{\varphi_2} \right)^{\alpha} \qquad (3-6)$$

$$\frac{r_1}{r_2} = \left(\frac{\varphi_1}{\varphi_2} \right)^{1-\alpha} \qquad (3-7)$$

3.1.4 封闭经济均衡（临界生产率的确定）

临界生产率 φ_c 表示企业在 φ_c 的生产率水平上，利润为 0；当企业生产率水平 $\varphi > \varphi_c$，所获得利润为正；当企业生产率水平 $\varphi < \varphi_c$，所获得利润为负，企业将立即退出并停止生产。我们假设生产率水平在整体经济下服从一个分布函数 $v(\varphi)$，因此临界生产率 φ_c 是一个与整体生产率相关的概念，并可定义如下加权平均生产率水平：[1]

$$\bar{\varphi} = \left[\int_0^{\infty} \varphi^{\alpha-1} v(\varphi) d\varphi \right]^{1/(\alpha-1)} \qquad (3-8)$$

$$\bar{\varphi} = \left[\frac{1}{1 - G(\varphi_c)} \int_{\varphi_c}^{\infty} \varphi^{\alpha-1} g(\varphi) d\varphi \right]^{1/(\alpha-1)} \qquad (3-9)$$

式（3-8）是对整体经济的描述，这里并没有考虑企业的退出与进入，因此这里是一个纯静态分析，其中总收入 R，总价格水平 P，总产量 Q，总利润 π_g 便可由式（3-9）的 $\bar{\varphi}$ 表示，在此不再一一赘述。而式（3-9）中的 $\bar{\varphi}$ 便是考虑到企业的进入与退出对总体生产率的影响的一种加权平均表达式，很显然，$\pi(0) = -f < 0$，$\pi(\varphi_c) = 0$，涉及企业的自由进入与退出时，$v(\varphi)$ 变为条件分布，G 代表一个连续累加函数，因此企业自由进入的概率为 $1 - G$。

利用式（3-5）、式（3-6）、式（3-7）及 $p(\varphi)$ 的表达式，可得到基于梅里兹（2003）中 φ 的平均利润的表达式：

$$\bar{\pi} = \bar{\pi}(\bar{\varphi}) = \left[\frac{\bar{\varphi}(\varphi_c)}{\varphi_c} \right]^{\alpha-1} \frac{r(\varphi_c)}{\alpha} - f \qquad (3-10)$$

其中，$\pi(\varphi_c) = 0$，再利用式（3-9）及 $r(\varphi)$ 的表达式，可求得，$\bar{\pi} = ft(\varphi_c)$，$t(\varphi_c) = [\bar{\varphi}(\varphi_c)/\varphi_c]^{\alpha-1} - 1$。另外，企业若每一期面临的不确定性冲击为 δ（预期的、外生的），进入者沉没成本为 f_s，假定企业存续期趋于无穷大，在进入者的期望净现值为 0 的假设下，由 $V_E = \frac{1 - G(\varphi_c)}{\delta} \bar{\pi} - f_s = 0 \Rightarrow \bar{\pi} = \frac{\delta f_s}{1 - G(\varphi_c)}$。因此，临界生产率由以下方程决定：[2]

$$\bar{\pi} = \frac{\delta f_s}{1 - G(\varphi_c)} \qquad (3-11)$$

$$\bar{\pi} = ft(\varphi_c) \qquad (3-12)$$

---

[1] 式（3-8）和式（3-9）的详细解释可参见梅里兹（2003）。
[2] 式（3-11）的详细解释见梅里兹（2003）。

3.1.5 均衡的存在性及唯一性

笔者对于均衡的存在性及唯一性的求解与梅里兹（2003）的方式存在差异：方程的解由 $\frac{\delta f_s}{1 - G(\varphi_c)} = ft(\varphi_c)$，即 $\frac{\delta f_s}{f} = t(\varphi_c)[1 - G(\varphi_c)]$ 确定，在梅里兹（2003）的论文中，默认了零利润条件 ZCP（Zero Cutoff Profit）曲线单调递减（事实上 ZCP 函数特征难以证明该特征），虽然并不影响整个模型的稳定性，但是毕竟没有严格地证明 ZCP 曲线的单调递减的特征，因此本书证明了我们并不通过 ZCP 曲线的特征即可证明方程有解并且唯一，事实上，令 $T(\varphi_c) = t(\varphi_c)[1 - G(\varphi_c)] - \frac{\delta f_s}{f}$，显然我们要证明 $T(\varphi_c) = 0$ 的解及其解的特征问题。$T(\varphi_c)$ 与 φ_c 之间的关系见图 3 – 1。

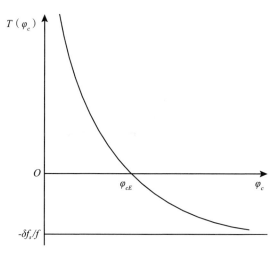

图 3 – 1 临界生产率的确定

在 $\varphi_c \rightarrow +\infty$ 时，$T(\varphi_c) \rightarrow -\frac{\delta f_s}{f}$；$\varphi_c \rightarrow 0$ 时，$T(\varphi_c) \rightarrow +\infty$，且很容易证明 $T(\varphi_c)$ 在 $\varphi_c \in (0, +\infty)$ 上连续、可导，且在该定义域上单调递减，因此根据零值定理可知，函数 $T(\varphi_c) = 0$ 有解且有唯一解，其中图 3 – 1 所示 φ_{cE} 即为所要求的解。

对封闭经济的比较静态分析可由 $F = t(\varphi_c)[1 - G(\varphi_c)] - \frac{\delta f_s}{f}$ 确定，根据隐函数定理，可知 $\partial \varphi_c / \partial f = -F'(f)/F'(\varphi_c)$，我们已经证得 $F'(\varphi_c) < 0$，

且易证 $-F'(f) = -\dfrac{\delta f_s}{f^2} < 0$，因此 $\partial \varphi_c / \partial f > 0$，也就是说"临界生产率"与企业生产的固定成本正相关，这也容易理解，对于在位企业而言，一个较大的 f 必然需要较高的生产率（较低的边际成本）来抵消固定成本的负效应。同理，我们容易验证，$\partial \varphi_c / \partial f_s < 0$，即企业进入前需要的一个投资成本 f_s（之后沉没）越大，"临界生产率"越低，因为要抵消一个较大的 f_s，需要提高企业进入的可能性，因此 $1 - G(\varphi_c)$ 需要提高，所以 φ_c 要降低。

至此，封闭经济均衡及"临界生产率"φ_c 决定的分析过程基本完善，需要指出的是，梅里兹（2003）模型（包括开放经济）并没有对"临界生产率"动态演进及其对经济的影响作出分析，但是并不影响整个系统的稳定性。

3.2 开放经济及其均衡决定

开放经济与封闭经济相比多了一个"出口的临界生产率"φ_o，企业的生产率与处于开放经济中国家的"临界生产率"φ_c 与"出口的临界生产率"φ_o 之间的关系决定企业的进入、退出与出口。$\varphi < \varphi_c$ 企业退出，$\varphi_c < \varphi < \varphi_o$ 企业在国内生产，$\varphi > \varphi_o$ 企业选择出口，开放经济均衡由下列方程式决定：

$$\overline{\pi} = ft(\varphi_c) + p_o n f_o t(\varphi_o) \qquad (3-13)$$

$$\overline{\pi} = \frac{\delta f_s}{1 - G(\varphi_c)} \qquad (3-14)$$

其中，p_o 为成功进入的企业并出口的概率，$p_o = [1 - G(\varphi_o)]/[1 - G(\varphi_c)]$，$t(\varphi) = [(\overline{\varphi})/\varphi]^{\alpha-1} - 1$，式（3-14）与式（3-11）一样，没有发生变化，n 代表贸易伙伴数量（不需国家之间是对称的），f_o 表示出口的固定成本。由 $\pi(\varphi_c) = 0$，$\pi(\varphi_o) = 0$ 及式（3-5）、式（3-7）、式（3-10）可得：$\varphi_o = \varphi_c \tau \left(\dfrac{f_o}{f}\right)^{1/(\alpha-1)}$（$\tau > 1$ 为标准化的冰山成本）。

开放经济的"临界生产率"φ_c 由下列方程求得：

$$T(\varphi_c) = [ft(\varphi_c) + p_o n f_o t(\varphi_o)][1 - G(\varphi_c)] - \delta f_s = 0 \qquad (3-15)$$

$$\varphi_o = \varphi_c \tau \left(\frac{f_o}{f}\right)^{1/(\alpha-1)} \qquad (3-16)$$

利用式（3-15）和式（3-16）能够证明"临界生产率"φ_c 的存在

且唯一，我们在这里仍要说明，梅里兹（2003）没有给出 ZCP 曲线单调递减的证明，虽然梅里兹在论文中说明了某些特定的 $g(\varphi)$ 函数形式，能够在整体上拟合 ZCP 曲线的单调递减特性，但我们认为一个特定的 $g(\varphi)$ 对于 φ_c 的存在性、唯一性不是充分的。由式（3 - 16）可知 φ_o 与 φ_c 是倍率关系，因此基于同一函数形式的 φ_o 与 φ_c 变化方向一致，令 $L(\varphi) = t(\varphi)[1 - G(\varphi)]$，易证 $L'(\varphi) < 0$。利用极限的相关性质，以及零值定理可证明，$T(\varphi_c) = 0$ 有解且有唯一解，$T(\varphi_c)$ 与 φ_c 之间的关系见图 3 - 2。

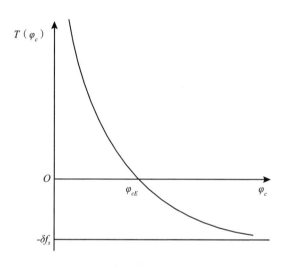

图 3 - 2　开放经济临界生产率的确定

其中，图 3 - 2 所示 φ_{cE} 即为所要求的解，且易证开放经济的每个工人的社会福利水平 $U = \rho \left(\dfrac{L}{\alpha f} \right)^{1/(\alpha - 1)} \varphi_{cE}$，在开放经济中 φ_{cE} 显然大于"封闭经济的临界生产率" φ_A，因此福利水平提高。开放经济的比较静态分析较封闭经济复杂，但我们仍可以根据隐函数定理的相关内容来确定，比较静态分析由以下两个方程决定：

$$F_1 = [ft(\varphi_c) + p_o \, nf_o t(\varphi_o)][1 - G(\varphi_c)] - \delta f_s = 0 \qquad (3 - 17)$$

$$F_2 = \varphi_o - \varphi_c \tau \left(\frac{f_o}{f} \right)^{1/(\alpha - 1)} = 0 \qquad (3 - 18)$$

由 F_1，F_2 确定的雅克比行列式 $|J|$ 为：

$$\begin{vmatrix} \partial F_1/\partial \varphi_c & \partial F_1/\partial \varphi_o \\ \partial F_2/\partial \varphi_c & \partial F_2/\partial \varphi_o \end{vmatrix} = f\,L'(\varphi_c) + nf_o L'(\varphi_o)\tau \left(\frac{f_o}{f} \right)^{1/(\alpha - 1)} \qquad (3 - 19)$$

根据克莱姆法则有 $\partial\varphi_c/\partial n = |J_{\varphi c}|/|J| = \dfrac{-f_o L'(\varphi_o)}{fL'(\varphi_c) + nf_o L'(\varphi_o)\tau\left(\dfrac{f_o}{f}\right)^{1/(\alpha-1)}}$,

显然，$|J| < 0$，从而 $\partial\varphi_c/\partial n > 0$；$\partial\varphi_o/\partial n = |J_{\varphi o}|/|J| = \dfrac{-f_o L'(\varphi_o)\tau\left(\dfrac{f_o}{f}\right)^{1/(\alpha-1)}}{fL'(\varphi_c) + nf_o L'(\varphi_o)\tau\left(\dfrac{f_o}{f}\right)^{1/(\alpha-1)}}$，显然 $\partial\varphi_o/\partial n > 0$；同理可证，$\partial\varphi_c/\partial\tau < 0$，

$\partial\varphi_o/\partial\tau > 0$；$\partial\varphi_c/\partial f_o < 0$，$\partial\varphi_o/\partial f_o > 0$，$\partial\varphi_c/\partial f > 0$（与封闭经济的分析一致）[1]；$\partial\varphi_c/\partial f_s < 0$（与封闭经济分析一致），$\partial\varphi_o/\partial f_s < 0$。涉及开放经济的变量是 f_o、τ 和 n。从上面的分析可以知道，"临界生产率" φ_c 将随着贸易伙伴 n 的增加而变大，即自由贸易增加的贸易伙伴将迫使生产率低的企业退出市场（剩下的企业加权平均生产率变大），并且使"出口的临界生产率" φ_o 提高，从而使得一些企业退出国际市场回归国内市场；很显然冰山成本 τ 降低将使得 $T(\varphi_c)$ 曲线右移，使得"临界生产率" φ_{cE} 变大，[2]一个较低的冰山成本 τ 使得以前不能进入国际市场的企业可以进入，因此 φ_o 降低（可理解为新进入国际市场的企业生产率拉低了平均水平）；φ_c、φ_o 与出口的固定成本之间关系的分析方式与冰山成本的改变对其影响的分析方式类似；φ_c 与企业生产的固定成本 f 之间的关系与封闭经济的分析基本一致，虽然我们基于非特定形式的函数无法证明 φ_o 与 f 是正相关的，但是并不影响我们分析的系统的整体稳定性，尤其是当我们认为 f_o 是某种标准化处理方式从而保证 $0 < f_o < 1$ 的情况下，显然 $\partial\varphi_o/\partial f > 0$，并且如果我们从经济现实来考虑也很容易得到这样的结果，即由于 f 的增加从而导致"临界生产率" φ_c 的增加，最终会导致"出口的临界生产率" φ_o 的增加；

---

① 可以证明 $\partial\varphi_o/\partial f = \dfrac{\dfrac{\varphi_o}{\varphi_o f_o}[1-G(\varphi_c)][t(\varphi_c)+1] - \dfrac{\varphi_o}{\varphi_c}[1-G(\varphi_c)]t(\varphi_c)}{|J|}$，很显然，分子与 0 的关系是未知的，因此 φ_o 与 f 的关系是不确定的，即开放经济条件下的"出口临界生产率"与企业生产固定成本的关系随函数形式的变化而变化。

② 需要指出的是，梅里兹对于冰山成本 τ 与 φ_c 之间的关系只用了 ZCP 曲线的移动来解释[本书用的是 $T(\varphi_c)$ 曲线]，即 ZCP 的右移使得 φ_c 变大，但是并没有给出很好的经济学解释，本书认为，由于冰山成本 τ 的降低，将使得企业出口变得容易（以前的高冰山成本使得企业难以出口），新进入出口市场的企业将由于收入的再分配效应在国内市场产生激烈的争夺，最终迫使生产率低的企业退出，产生一个新的均衡"临界生产率" φ_{cE}（事实上，我们说贸易伙伴的增加如果不从曲线的移动方面来考虑，仅从经济学角度来考察仍然是竞争的驱动力使得低生产率企业退出）。

φ_c 与沉没成本 f_s 之间的关系分析与此类似，不再赘述。

上述的比较静态分析基于影响模型稳定的所有变量，从上面的论述及证明可以看出，该模型对于开放经济的主要变量的分析结果是显著的，而对于企业生产的固定成本的影响分析是模糊的（至少模型的证明如此），当然我们说，这并不影响模型系统的稳定性，但是当企业从封闭经济走向开放经济从而决定是否进行跨国交易时，基于企业自身偏好、评估标准不同所面临的不同交易成本会影响企业选择。

3.3　企业的选择、产品多样性与社会福利

3.3.1　企业选择

事实上，对于任何企业而言，如果在经济从封闭状态走向开放状态之后，企业出口的利润为小于封闭经济的利润，至少说明梅里兹模型的分析是不稳定的。实际上在梅里兹（2003）中，我们可以证明，在企业的生产率 $\varphi = \varphi_o$ 时，企业利润从国内市场转向国际市场将使得利润变化 $\Delta\pi = \varphi_o^{\alpha-1}f\left(\dfrac{1}{\varphi_c^{\alpha-1}} - \dfrac{1}{\varphi_A^{\alpha-1}}\right) - nf < 0$，其中 φ_o 为"出口的临界生产率"，φ_c 为"开放经济临界生产率"，φ_A 为"封闭经济临界生产率"，说明即使企业生产率达到了 φ_o 的水平，出口将会使利润降低，这样显得出口得不偿失。可以证明一个使得 $\Delta\pi > 0$ 的正的生产率水平 φ 是存在的，这个正的生产率水平 φ 在完全信息下将由式（3-20）决定：

$$\Delta\pi = \pi(\varphi) - \pi_A(\varphi) = \varphi^{\alpha-1}f\frac{(1+n\tau^{1-\alpha})\varphi_A^{\alpha-1} - \varphi_c^{\alpha-1}}{(\varphi_A\varphi_c)^{\alpha-1}} - nf_o = 0$$

$$(3-20)$$

I：$(1+n\tau^{1-\alpha})\varphi_A^{\alpha-1} - \varphi_c^{\alpha-1} \leq 0$ 时，方程无正解或无解，无论企业生产率是多少都不会选择出口。[①]

II：$(1+n\tau^{1-\alpha})\varphi_A^{\alpha-1} - \varphi_c^{\alpha-1} > 0$，$\varphi = \varphi_A\varphi_c\left\{\dfrac{nf_o}{f[(1+n\tau^{1-\alpha})\varphi_A^{\alpha-1} - \varphi_c^{\alpha-1}]}\right\}^{1/(\alpha-1)} = \varphi_z$，称 φ_z 为"企业选择的临界生产率"，因此 $\varphi > \varphi_z$ 时有 $\Delta\pi > 0$（易证

---

① 然而从式（3-20）我们很容易看出，$(1+n\tau^{1-\alpha})\varphi_A^{\alpha-1} - \varphi_c^{\alpha-1} \leq 0$ 一般不存在，因为我们假设了本国与所有贸易伙伴之间是对称的，因此 n 充分大，可以保证式（3-20）大于 0。

$\Delta\pi$ 是 φ 的增函数），企业将选择出口。

　　笔者将对企业的选择进一步细化，首先对以上关于临界生产率的概念做一个梳理，"封闭经济临界生产率" φ_A（梅里兹模型中称之为自给自足临界生产率），"开放经济临界生产率" φ_c，"开放经济出口临界生产率" φ_o，"企业选择的临界生产率" φ_z，令 φ 为企业生产率，因此如果我们沿着梅里兹（2003）的思路进行拓展，在开放经济中可以得到如下结论：

　　（1）若 $\varphi < \varphi_c$ 企业无利可图，利润为负，将退出市场。

　　（2）若 $\varphi_c \leqslant \varphi < \varphi_o$，企业将选择国内市场。

　　（3）若 $\varphi_o \leqslant \varphi < \varphi_z$，企业虽然达到"开放经济出口的临界生产率" φ_o，但由于出口的固定成本 f_o、冰山成本 τ 的存在，企业的生产率如果置于这个区间仍然难以弥补经济由封闭向开放转变过程中国内市场份额的下降，因此企业仍会留在国内市场。

　　（4）若 $\varphi \geqslant \varphi_z$，企业生产率 φ 已经达到"企业选择的临界生产率" φ_z，在这个区间内，企业通过贸易所获得的利润已经足够弥补国内市场份额的下降，因此 $\Delta\pi > 0$，企业将选择出口。

　　上面分析的企业选择，是基于梅里兹模型系统稳定性的一种分析，假定贸易确实是有好处的，也就是说在封闭经济向开放经济过渡时企业的选择。当然，目前对于企业选择的分析大多数不需要考虑这一前提，而是直接将出口临界生产率与国内临界生产率置于开放经济中进行分析，这样一来。本书认为企业选择，或者说在梅里兹模型中的企业出口或生产方式在存在临界生产率 φ_c 与出口的临界生产率 φ_o 的情况下，梅里兹模型的企业选择结论的成立依托于以下几个条件：

　　（1）$\varphi_o = \varphi_c \tau \left(\dfrac{f_o}{f}\right)^{1/(\alpha-1)}$ 严格成立，换句话说，$\varphi_o > \varphi_c$ 严格成立，进一步 $\tau \left(\dfrac{f_o}{f}\right)^{1/(\alpha-1)} > 1$ 成立。

　　（2）所有的参数限制空间必须满足，对于整个问题的研究可以采用参数估计的方式，如在无上界的帕累托的情况下，最重要的参数限制区间是 $\kappa + 1 - \alpha > 1$ 大于 0 严格成立，孙楚仁等（2013）就是沿着一思路，利用中国的企业数据验证了该限制区间不满足，这样一来，梅里兹模型企业选择方面的结论在中国的适用性就值得探讨。对这一问题，我们将在下文继续探讨。

　　（3）由于梅里兹模型企业利润表达式 $\pi(\varphi)$（国内利润、出口利润）与生产率严格正相关，因此才有高生产率企业出口，较低生产率企业内销，低于临界生产率的企业退出市场的选择。由于利润表达式中，成本表达式含有出口固定成本或者企业生产的固定成本，因此企业选择的基本结论必须假定这些成本甚至可变贸易成本都必须是同质的，否则多变量情况下对企业利润的选择将是不定的。

3.3.2　产品多样性与社会福利

在异质性企业贸易理论的假设中，其中一个重要的假设就是规模报酬递增，并且这种规模报酬递增是无止境的。由于模型假设企业只生产单一产品，因此，产品多样性的值也是企业数目的衡量方式。梅里兹模型中产品多样性的公式为：

$$M = R/\bar{r} = L/\left[\alpha(\bar{\pi} + f + p_o\, nf_o)\right] \tag{3-21}$$

其中，L 为产品多样性，同时也代表了在位企业数量，R 代表市场规模，并且等于劳动力人口，当然，在异质性企业贸易理论中，劳动力一般假设为无弹性，因此是个外生变量，$\bar{\pi}$ 为平均利润，f 为企业生产的固定成本，p_o 为在位企业出口的概率，n 代表贸易伙伴，f_o 为出口的固定成本，为了简化分析，我们假设两国对称开放经济模型的时候，$n=1$。

梅里兹模型中社会福利的公式为：

$$W = M_t^{1/(\alpha-1)} \rho\, \overline{\varphi_t} \tag{3-22}$$

其中，W 代表社会福利（$W = w/P$，w 标准化为 1），M_t 代表总的产品多样性，$M_t = M + p_o M$，代表一国所能消费的总的产品多样性，$\overline{\varphi_t}$ 代表加权平均生产率。为了便于后面进行比较静态分析，我们将梅里兹模型中的分布假设为具体的无上界的帕累托分布，无上界的帕累托分布见式（3-23）。

$$G(\varphi) = \begin{cases} 1 - \dfrac{1}{\varphi^k}, & \varphi > 1 \\ 0, & \text{else} \end{cases} \tag{3-23}$$

这样一来，帕累托分布的密度函数就为：

$$g(\varphi \mid 1,\ k) = \begin{cases} \dfrac{k}{\varphi^{k+1}}, & \varphi > 1 \\ 0, & \text{else} \end{cases} \tag{3-24}$$

式（3-23）为无上界的帕累托分布表达式，其中，我们把下界生产率假设为 1，因此，在无上界帕累托分布假设下，我们可以得到临界生产率、产品多样性以及社会福利的表达式为：

$$\varphi_c = \left\{ \frac{1}{f_s(k+1-\alpha)} \left[f(\alpha-1) + f_o \tau^{-k} \left(\frac{f}{f_o} \right)^{\frac{k}{(\alpha-1)}} (\alpha-1) \right] \right\}^{\frac{1}{k}} \quad (3-25)$$

$$\varphi_o = \varphi_c \tau \left(\frac{f_o}{f} \right)^{1/(\alpha-1)} \quad (3-26)$$

$$M_t = L \left[1 + \tau^{-k} \left(\frac{f_o}{f} \right)^{\frac{k}{1-\alpha}} \right] / \left[\sigma \left(f_s \varphi_c^k + f + f_o \tau^{-k} \left(\frac{f_o}{f} \right)^{\frac{k}{1-\alpha}} \right) \right] \quad (3-27)$$

$$W = \rho \left\{ \frac{L}{\left[\sigma \left(f_s \varphi_c^k + f + f_o \tau^{-k} \left(\frac{f_o}{f} \right)^{\frac{k}{1-\alpha}} \right) \right]} \left[\left(\varphi_c^{\alpha-1} \frac{k}{k+1-\alpha} \right) \left(1 + \tau^{-k} \left(\frac{f_o}{f} \right)^{\frac{k+1-\alpha}{1-\alpha}} \right) \right] \right\}^{\frac{1}{\alpha-1}}$$

$$(3-28)$$

式（3-25）为临界生产率的表达式，式（3-26）为出口的临界生产率的表达式，式（3-27）为一国总的产品多样性的表达式，式（3-28）为社会福利的表达式，其中各变量所代表的含义在前文已有说明，不再赘述。这样一来，可以对临界生产率、社会福利以及产品多样性进行更加细致的比较静态分析。显然，对临界生产率、社会福利作比较静态分析可以得到：社会福利与临界生产率正相关，而临界生产率又与可变贸易成本反相关，也就是说，贸易越开放社会福利越大，同时，也能得到另外一个关系就是国家规模越大，社会福利越大，而临界生产率是与国家规模无关的，国家规模对社会福利的影响实际上是与新贸易理论的相关结论一致的。

3.4　梅里兹模型的述评

以克鲁格曼（1980）为代表的新贸易理论虽然对产业内贸易进行了系统的解释，但是在其模型中由于并没有对进行产业内贸易的主体——企业进行仔细的研究，因此以克鲁格曼（1980）为代表的新贸易理论虽然能够对产业内贸易进行解释，但是它难以解释虽然产业内贸易可以发生，但是更加微观的行为如在产业内贸易的过程中为什么有的企业能够出口有的企业却不能出口，也就是说产业内贸易内部本身存在淘汰机制，新贸易理论无力解释此现象，以梅里兹（2003）为代表的异质性企业贸易理论应运而生。异质性企业贸易理论在将企业的生产率进行分布性假设之后，进一步研究了企业的出口行为、产品多样性与社会福利。

以梅里兹（2003）为代表的异质性企业贸易理论模型开创了国际贸易理论研究的新方向，目前也逐渐成为对贸易研究的重点与难点，异质性企业贸易理论对贸易理论与实践的贡献主要体现为以下几个方面。

其一，异质性企业贸易理论实现了对新贸易理论的突破，新贸易理论虽然从产业内对贸易的动因、贸易模式以及贸易利得等贸易相关问题作出了解释，但是新贸易理论无法解释在产业贸易之内，贸易主体——企业在出口行为上的差异性，即虽然都是产业内贸易，但是有的企业可以出口有的企业不能出口，因此，以梅里兹（2003）为代表的异质性企业贸易理论模型实现了贸易理论在微观上的突破，在假设企业生产率服从某一分布的基础上，详细探索了企业的进入、退出与竞争机制，并内生了企业在国内生产的临界生产率以及出口的临界生产率，并在此基础上详细分析企业选择行为、产品多样性与社会福利，以及贸易自由化、多边贸易带来的影响。

其二，异质性企业贸易理论由于其精巧的模型，在生产率异质性基础上为国际贸易理论向更加微观的基础拓展提供了新的技术路线，相关学者在原有的分析框架基础上开始向多产品、产品质量异质性以及多变量联合异质性模型扩展，使异质性企业贸易理论成为更加符合贸易实践的国际贸易理论。例如，马诺娃（2008）在梅里兹（2003）分析框架的基础上加入了企业异质性的概念，探讨金融市场不完善对国际贸易可能造成的影响，认为金融方面的因素将对那些对金融脆弱性比较敏感的部门产生放大作用；比尔比伊、吉罗尼和梅里兹（2012）用 DSGE 模型将企业进入、产品种类在商业周期波动下的变动内生化，并在此基础上研究了经济波动对总的生产率的影响，某种程度上实现了从异质性企业贸易理论向宏观经济领域的一个过渡性研究；梅耶尔、梅里兹和奥塔维亚诺（2014）在奥塔维亚诺等（2002）以及梅里兹等（2008）的基础上利用二次拟线性效用函数对异质性企业模型进行拓展，同时将企业生产的技术特征进行变更，进而发展了一个多产品贸易模型，① 他们研究了市场规模、贸易自由化以及其他条件的变化对企业出口行为、产品多样性以及社会福利的影响并且将模型拓展为双边贸易以及不对称的多边贸易自由化，具体而言，市场竞争强度的提高，将使得企业在产品选择上更倾向于增加较高生产率产品的相对份额，市场竞争强度作为临界边际成本的倒数会增加产品多样性以及社

---

① 由于企业不再继承无止境的规模报酬递增，因此企业成为可以生产可数产品的主体。

会福利，而市场竞争强度又与市场规模正相关；安东尼亚德斯（2015）同样沿着奥塔维亚诺等（2002）、梅里兹等（2008）以及梅耶尔等（2014）的研究方向，认为产品的质量阶梯高度也与产品生产率相关，即生产率高的企业会选择更高层次的产品质量差异化，因此在他的一般均衡分析中不仅阐释了生产率异质性、价格加成异质性、企业对市场竞争强度反应的异质性，而且特别强调分析了产品质量的异质性在异质性企业贸易理论中的作用；尹斯斯等（2016）在梅里兹等（2008）的基础上引入了比较优势参数的概念，研究了企业多策略选择条件下，一国或者地区的市场竞争强度的决定问题，即将企业的出口与在国内生产的行为转变为企业在国内生产、产品出口以及对外直接投资（OFDI）三种策略选择下的临界边际成本、产品多样性以及社会福利的影响及决定问题，同时将模型由双边贸易自由化拓展到多边贸易自由化，并分析在不对称的贸易政策下可能引起的"以邻为壑"的社会福利的变化。

其三，在以克鲁格曼（1979、1980、1981）为代表的新贸易理论模型基础上产生了新经济地理学，因此在以梅里兹（2003）为代表的异质性企业贸易理论分析框架的基础上是很有可能产生新新经济地理学的，也就是说，异质性企业贸易理论虽然现在分属国际贸易理论研究的范畴，但是由于其模型具有较强的延展性，异质性企业贸易理论将逐渐向区域经济学领域、宏观经济学领域以及经济增长领域拓展，如比尔比伊、吉罗尼和梅里兹（2012）用 DSGE 模型内生了企业进入与退出机制，以及在商业周期波动条件下的产品多样性，并在此基础上重点探讨了商业周期波动对总的生产率的影响，某种程度上实现了从异质性企业贸易理论向宏观经济领域的研究过渡。

异质性企业贸易理论虽然在近十几年呈现出突飞猛进的态势，但是从异质性企业贸易理论的发展历程来看，在理论上对异质性企业贸易理论的调整与批判是同时进行的：黑德等（2014）在对企业生产率的分布性进行研究时不采用生产率的帕累托分布特征，他的研究认为对数正态分布才是对生产率分布的合适估计，并在此基础上研究了异质性企业贸易理论的相关问题，这实际上是对异质性企业贸易理论的微观结构在分布特征上的进一步调整；芬斯特拉（2014）以及韦恩斯坦（Weinstein，2010）在研究社会福利的问题时并没有假设企业的分布特征，并在此基础上利用美国的数据也验证了贸易利得的问题；阿克拉基斯等在阿明顿模型的基础上，发展了一个贸易模型并认为在国际贸易的过程中，衡量国际贸易社会福利的增加在三个宏观层面的约束条件之下，社会福利只与贸易弹性以及国内支出份额相关，具体而言，社会福利将与国内支出份额正相关而与贸易弹性反相关，并且该结论适应于李嘉图模型、克鲁格曼（1980）为代表的产业内贸易模型以及梅里兹（2003）为代表的异质性企业贸易理论模型，也就是说，他们认为国际贸易中的社会福利增加只与贸易弹性以及国内支出份额相关而与具体的贸易理论形式无关，认为异质性企业贸易理论是服从卢卡斯批判的；梅里兹和雷丁（2015）为了对阿克拉基斯等的模型进行回应，在梅里兹（2003）的基础上以及原来的异质性企业贸易理论的分析框架之下，对异质性企业贸易理论原有的相关问题进一步细化；在对弹性的分析中，进一步将贸易弹性分解为广延边际弹性与集约边际弹性，并且在无上界与有上界的帕累托概率密度函数的基础上验证了相关命题以回应 ACR 模型对梅里兹模型的质疑：以梅里兹（2003）为代表的贸易开放所导致的相对社会福利的增加幅度大于以克鲁格曼（1980）为代表的同质性企业贸易理论模型，同时在贸易开放的过程中异质性企业贸易理论在当贸易条件发生变化后表现出了更稳定的特征，即贸易条件负面冲击时社会福利减小得更少，在受到贸易条件改善时社会福利增加得更多，另外也验证了以上结论即便是在有上界帕累托分布假设下仍然是成立的。目前，异质性企业贸易理论在企业选择、产品多样性以及社会福利方面的研究还处于不断发展与争议之中，从国际贸易理论发展的实际需要角度来看，异质性企业贸易理论仍将展示出顽强的生命力，同时，其理论也会不断发展与完善，围绕着异质性企业贸易理论的批判与调整也会随着国际贸易实践的需要而不断调整与深化。

在实践上，围绕着异质性企业贸易理论的三个基本方面，即企业选择、产品多样性与社会福利的研究不断深入，这三个基本方面的研究中，企业选择理论的研究争议比较大，也就是说，一国或一地区由于市场的竞争作用的淘汰机制，存在两个临界生产率（或者临界边际成本），企业的生产率低于国内临界生产率时将退出市场，企业生产率高于国内临界生产率且低于出口的临界生产率将在国内生产但是不能出口，企业的生产率只有当高于出口的临界生产率时才能进入国际市场进行出口，但是围绕着中国企业出口行为存在的"出口—生产率悖论"现象还在不断的争议之中，即中国包括一些其他国家存在出口企业生产率低于内销企业生产率的现象，也就是说，传统的异质性企业贸易理论的经典结论之一——企业选择理论在中国的适用性需要进行更加深入的探讨，相关的研究还在不断进行，在对异质性企业贸易理论实证研究的过程中，相关学者们采用不同国家、不同时期的数据对作为异质性企业贸易理论经典结论的出口—生产率关系进行了反复的经验研究，尽管早期针对发达国家的经验研究基本都支持了出口企业的生产率高于内销企业的生产率，然而，随着对这一现象的深入研究，尤其是针对中国工业企业数据库或者中国工业企业数据库与海关数据库对接后开始对这一现象提出了疑问：如李春顶（2009、2010）、李建萍（2014）等一系列针对中国全样本规模以上工业企业数据的检验发现中国出口企业的生产率显著低于只在国内生产的企业，格林纳维（Greenaway，2005）等对瑞士的检验也发现了与传统的异质性企业贸易理论在企业出口行为上的结论不相一致的情况。对于这些与异质性贸易理论结果相冲突的检验结果，学界将之称为"出口—生产率悖论"或者"出口生产率之谜"。[①]

如果从贸易自由化与干预主义的角度来讲，异质性企业贸易理论最终宣扬的还是自由贸易对国际贸易以及世界经济发展的促进作用，从这个方面来讲自由贸易是符合国际贸易发展的大趋势的，但是异质性企业贸易理论目前难以对贸易保护主义呈现周期性变化作出解释，而以克鲁格曼（1980）为代表的产业内贸易理论事实上成为后来战略性贸易政策的基础，也就是说，异质性企业贸易理论需要建立一个新的分析框架为贸易保护主义理论的发展提供一个新的解释，可以大胆地设想，这个新的分析框架必然包括生产率周期波动带来的影响进而成为各利益集团在贸易保护主义均衡方面的决策核心。目前，也有不少学者利用异质性企业贸易理论的分析框架对双边贸易自由化、双边贸易政策安排带来的社会福利进行研究，例如，梅里兹等（2008）在二次拟线性效用函数的基础上发展了一个模型，最后单独分析了双边贸易政策的不对称安排所导致的"以邻为壑"的政策结果，也就是说，单方面提高贸易壁垒的国家会因此获利，而单方面降低贸易壁垒的国家的社会福利却会遭受损失，但是如果贸易政策安排是强制的，则双边贸易自由化的政策一致安排会增进各国的社会福利。

其四，异质性企业贸易理论提供了分析国际贸易理论的更加精巧的方式，在技术上也加入了更多的变量，为异质性企业贸易理论的发展提供了更强的延展性，尽管会在一定程度上更加符合贸易实际，但是也注定了异质性企业贸易理论会受到更多的调整与超越，从笔者对国际贸易理论近些

[①] 汤二子等（2011、2012）、李春顶等（2009、2010）、于春海等（2013）等人提出了此类概念。

年的文献梳理的逻辑来看，异质性企业贸易理论虽然是目前国际贸易理论发展的主流，但是传统贸易理论的比较优势学说、要素禀赋理论以及新贸易理论仍然具有较强的生命力，并且在不断发展之中，异质性企业贸易理论对国际贸易理论的现实解释更加具体、更加微观，但是没有理由认为比较优势、规模经济以及要素禀赋对国际贸易理论的解释力度在下降或者丧失，也就是说，异质性企业贸易理论在对传统贸易理论以及新贸易理论的批判与继承中自身也要做出调整，以使得异质性企业贸易理论更加符合贸易发展的实际情况。

3.5 异质性企业贸易理论与"出口—生产率悖论"

自异质性企业贸易理论产生以来，国际贸易理论的研究中心从传统要素禀赋差异、宏观层面的产业内贸易开始逐渐深入到企业层面的研究，从微观视角分析企业贸易行为的异质性企业贸易理论成为国际贸易领域的研究主流，该阶段贸易理论的核心假定是企业异质性，在此假设下，学者们具体研究了企业的贸易行为选择、贸易和贸易开放对不同企业的影响、政策变动对企业行为影响等问题。相关的理论研究也在不断发展，围绕着原来的梅里兹模型，产生了多产品贸易模型、产品质量异质性贸易模型以及消费者异质模型，异质性企业贸易理论的进展目前在贸易领域研究中发展十分迅猛。

在异质性企业贸易理论的实证分析中，学者们采用不同国家、不同时期的数据对作为异质性企业贸易理论经典结论的出口—生产率关系进行了检验，早期针对发达国家的经验研究基本支持出口企业具有更高生产率的结论，然而，之后随着检验样本的扩大，一些文献对传统的出口选择行为提出了质疑：如李春顶（2009、2010）、李建萍（2014）等一系列针对中国全样本规模以上工业企业数据的检验发现中国出口企业的生产率显著低于内销企业，对于这些与异质性企业贸易理论结果相冲突的检验结果，学界将之称为"出口—生产率悖论"。"出口—生产率悖论"的出现不仅对传统的异质性企业出口选择理论提出了挑战，更在一定程度上动摇了新新贸易理论赖以发展的核心假设与结论。悖论的存在说明，理论界可能在异质性贸易模型的基本推演中忽略了某些问题，或者源自发达国家贸易理论的推演难以适用于不同发展阶段、不同国情的国家。在此情况下，进行

"悖论"的系统探究具有非常大的理论价值与现实意义,这不仅可以完善、拓展新新贸易理论的发展基础,还将为存在悖论的国家的贸易发展提供理论说明与实践指导。

在以上研究目的的驱动下,近年来一些学者从不同角度对企业出口选择悖论进行了解释:如李春顶(2010)、余淼杰(Yu,2014)等证明了加工贸易的存在对于解释生产率悖论的影响;陆毅(2010)、盛丹(2013)等主要从外资企业大量存在的角度分析了企业的出口选择决策;李建萍和张乃丽(2014)、梁会君和史长宽(2014)分析了行业要素密集度的不同对于"悖论"存在与否的影响;除此以外,还有一些学者从诸如市场进入成本、出口密度差异、市场分割和地方保护、企业技术和制度的路径依赖等角度对企业出口选择悖论出现的原因进行了解释(李春顶,2015)。

综合这些研究可以发现,现有对于出口—生产率悖论的实证研究居多,对悖论出现原因的解释也主要是在实证研究的假说下,用分样本检验的方法进行研究,这样的解释不仅没有系统性的理论框架,也缺乏严谨的数理推演。鉴于企业出口选择悖论这一问题的重要性以及现有理论解释的匮乏性,本书在异质性企业贸易理论的基础上,通过对基准模型的拓展,分别从不确定性附加成本、模型参数的限制空间、动态博弈与交易效率四大方面提出了生产率悖论存在的四个理论解释,较为系统地归纳了悖论存在的合理原因。需要说明的是,这些解释并未颠覆主流的贸易理论及其结论,而是使异质性企业贸易理论的经典结论得到了更深一步的拓展与更广范围的理解。本书对异质性企业贸易理论中的"出口—生产率悖论"的解释,一方面沿着异质性企业贸易理论的分析框架进行,另一方面将按照其他的分析框架进行。

3.5.1　不确定性附加成本对企业出口选择行为的影响

作为异质性企业贸易理论基础的梅里兹模型,其建模的一个重要假设是完全的信息对称,认为经济在由封闭向开放经济转变时,企业的所有成本都是同质的,因此企业的最终决策只依赖生产率的大小。然而,为模型推导顺利而极度简化了的假设在现实中并非总能得到满足,一旦不同企业由于某些附加的不确定性成本导致总成本非同质时,生产率与出口选择行为间的"悖论"便有可能出现:一些生产率足够高的企业,会由于面临较高的附加成本而难以出口,而另一些生产率相对较低的企业,却由于进入外部市场的附加成本低廉而出口。该解释的数学证明可以从基础的梅里兹模型入手。

沿用梅里兹模型的设定，有如下的消费者与生产者行为函数，以及行业内在位企业的平均生产率：

$$消费者：U_{\max} = (\int_{\varsigma \in \Omega} q(\varsigma)^\rho d\varsigma)^{1/\rho}$$

$$st：\int_{\varsigma \in \Omega} p(\varsigma) q(\varsigma) d\varsigma = I$$

$$定义：P = (\int_{\varsigma \in \Omega} p(\varsigma)^{1-\alpha} d_\varsigma)^{1/(1-\alpha)} \qquad (3-29)$$

$$生产者：U_{\max} \pi(\varphi) = r(\varphi) - c(\varphi)$$

$$c(\varphi) = wl(\varphi) = wf + qw/\varphi$$

$$r(\varphi) = p(\varphi) q(\varphi)$$

$$平均生产率：\tilde{\varphi} = \left[\frac{1}{1-G(\varphi_i)} \int_{\varphi_i}^{\infty} \varphi^{\alpha-1} g(\varphi) d\varphi \right]^{1/(\alpha-1)} \qquad (3-30)$$

其中，$\alpha = 1/(1-\rho)$，$G(\varphi_i)$ 为生产率的分布函数①，描述当生产率大于某一特定值时的概率。φ_i 为企业不同行为决策所对应的临界生产率，其中 φ_A 是封闭经济中企业进行生产所对应的临界生产率，φ_c 是开放经济企业进行生产的临界生产率，φ_o 是开放经济中企业进行出口的临界生产率。

通过最优化推导可知，在封闭经济中当企业作为新进入者实现 $\pi(\varphi_A) = 0$ 的预期净利润时，其对应的临界生产率及比较静态分析将由式 (3-31) 决定：

$$F = k(\varphi_A)[1 - G(\varphi_A)] - \frac{\delta f_s}{f} = 0 \qquad (3-31)$$

其中，$k(\varphi_A) = [\tilde{\varphi}(\varphi_A)/\varphi_A]^{\alpha-1} - 1$，$f_s$ 为生产者进入行业所支付的沉没成本，f 为企业生产的固定成本，利用分布函数 $G(\varphi_i)$ 的性质，可以证明式 (3-29) 有且只有一个解，因此封闭经济的临界生产率是内生唯一决定的。当 $\varphi > \varphi_A$ 时，封闭经济中的企业就会进行生产。

开放经济中，企业面临冰山成本 τ 后，由边际成本加成定价得到，$p(\varphi) = \frac{\tau}{\rho\varphi}$，根据与封闭经济中类似的推导可得出决定临界生产率的式 (3-32)：

---

① 梅里兹（2003）认为为了确保各参数为正，$G(\varphi_i)$ 为伽马分布的一类，在他的原文中，并没有指出 $G(\varphi_i)$ 具体是哪一个分布函数，目前大部分文献是按照帕累托分布来处理的。实际上，对于生产率的内生决定，$G(\varphi_i)$ 的具体形式对于模型是否有解是不必要的。

$$F_1 = [fk(\varphi_c) + p_o n f_o k(\varphi_o)][1 - G(\varphi_c)] - \delta f_s = 0 \quad (3-32)$$

$$F_2 = \varphi_O - \varphi_c \tau \left(\frac{f_o}{f}\right)^{1/(\alpha-1)} = 0 \quad (3-33)$$

其中，f_o 为出口的固定成本，F_2 为由一般均衡推出的联系 φ_c 与 φ_o 间关系的等式。可以证明，当 $\varphi_c \to +\infty$，$F_1 \to -\delta f$；$\varphi_c \to 0$，$F_1 \to +\infty$，且 F_1 连续可导，根据零值定理可知，φ_c 有解且唯一，此时，φ_o 也被唯一决定，即开放经济中企业的临界生产率是唯一确定的。当企业的生产率满足 $\varphi > \varphi_c$ 时，企业就会选择在开放经济中进行生产。

一个典型企业从封闭经济向开放经济过渡时，其利润的变化为开放情况下的净收益减去封闭经济时的净收益：[1]

$$\Delta\pi = \pi(\varphi) - \pi_1(\varphi) = \varphi^{\alpha-1} f \frac{(1 + n\tau^{1-\alpha})\varphi_1^{\alpha-1} - \varphi_2^{\alpha-1}}{(\varphi_A \varphi_C)^{\alpha-1}} - n f_o \quad (3-34)$$

由式（3-34）可证明，即使企业生产率为 φ_o，在经济由封闭转变为开放时，利润的变化 $\Delta\pi = \varphi_o^{\alpha-1} f \left[\dfrac{\varphi_A^{\alpha-1} - \varphi_c^{\alpha-1}}{(\varphi_A \varphi_c)^{\beta-1}}\right] - nf < 0$，这是因为企业初始状态为开放经济时对应的出口临界生产率与企业从封闭转为开放时所需要的临界生产率是不同的。

假设企业从封闭转为开放时对应的临界生产率为 φ_4，该临界生产率由 $\Delta\pi = 0$ 确定，简单求解可知 $\varphi_4 = \varphi_A \varphi_c \left\{\dfrac{n f_o}{f[(1 + n\tau^{1-\alpha})\varphi_A^{\alpha-1} - \varphi_c^{\alpha-1}]}\right\}^{1/(\alpha-1)}$，当 $\varphi \geq \varphi_4$ 时，企业由封闭经济转向开放经济时就会出口。[2]

然而，若结合现实情况进行考虑，企业在出口时除了以上模型中这些可确定的成本外，可能还面临某些不确定性的附加成本，这些与企业自身的偏好及其他因素有关的附加成本对于不同企业而言是非同质的，这部分附加成本的差异性会对企业的出口选择行为产生显著影响。

假设企业面临的不确定性附加成本为 $I(i)$，假设这部分成本服从某一分布函数，或特定地将其设为帕累托分布，即存在一个最小趋近于零的附加成本。[3] 令 $B = n f_o$，$A = f\left[\dfrac{\varphi_A^{\alpha-1} - \varphi_c^{\alpha-1}}{(\varphi_A \varphi_c)^{\alpha-1}}\right]$，则企业在进行出口决策时面临

---

[1]　其中，$\dfrac{r(\varphi)}{r(\varphi_i)} = \left(\dfrac{\varphi}{\varphi_i}\right)^{\frac{1}{\beta-1}}$，$p(\varphi) = \dfrac{\tau}{\rho\varphi}$，$p(\varphi)$ 为出口时价格表达式。

[2]　在 $(1 + n\tau^{1-\beta})\varphi_A^{\alpha-1} - \varphi_c^{\alpha-1} > 0$ 条件满足时，φ_4 才存在。

[3]　$I(i)$ 的具体形式对于本书的结论并无太大影响，即只要存在附加的交易成本，且这种交易成本在企业之间是不对称的，φ_i 就会有差异。

的利润变化将为：

$$\Delta\pi = \varphi_i^{\alpha-1}A - B - I(i) \qquad (3-35)$$

此时，企业实际进行出口选择的临界生产率将由式（3－36）决定：

$$\varphi_i^{\beta-1}A - B - I(i) = 0 \qquad (3-36)$$

求解式（3－36）可知在面临不确定性附加成本的情况下，企业实际的临界出口生产率 $\varphi_i = \left[\dfrac{B + I(i)}{A}\right]^{1/(\beta-1)} > \varphi_4$ 时，即企业实际选择的临界生产率大于无附加成本时的临界生产率。

由于不同企业面临的附加成本是有差异的，当两类企业生产率均超过市场竞争下的临界值后，依然可能出现高生产率的企业由于较高的附加成本而难以达到实际的临界出口生产率，而拥有较低生产率的企业却由于非常小的附加成本而做出出口决策。朱希伟等（2005）、杨汝岱等（2013）以及相关学者的研究证明，国际贸易中确实有不确定性成本的存在，且不同企业所面临的不确定性成本也着实存在差异，这就说明，附加成本的差异确实可能导致"出口—生产率悖论"的出现。

实际中，针对加工贸易、外资企业样本检验得出的出口选择悖论一定程度上源于企业附加成本的差异，且加工贸易"两头在外"的特征、外资企业在国外市场成熟的销售渠道等都大幅降低了其进入国外市场的附加成本，因此，即使这些企业的生产率低于只供应国内市场的企业，它们依然会选择出口（Gao and Yin，2014；Lu，2010）。此外，对于中国来说，加工、外资企业还往往是地方政府招商引资大背景下的产物，这就使得这类企业在建厂之初就享受着税收、土地等一系列的优惠政策，这些优惠措施进一步减少了企业生产过程之外的附加成本，降低了企业实际出口所需的临界生产率。

不对称的出口固定成本实际上构成了异质性企业贸易理论中企业选择这一基本问题的一般性解释，因为就企业出口行为而言，我们在对出口行为的论证与假设检验中，均假设了出口时相关变量的对称性，也就是说，在同一行业内部，企业将面临同样的出口固定成本、可变贸易成本以及生产的固定成本，否则就会出现"出口—生产率悖论"。也正是因为非对称贸易成本的存在，导致异质性企业贸易理论对企业选择具有弱解释力，虽然利用其他国家的数据能够验证异质性企业贸易理论关于企业选择的结论，但是用属于非完全市场的中国或者其他国家的数据进行检验时，却很可能得到"出口—生产率悖论"的结果，这是很多中国学者基于中国工业企业数据库或者上市公司企业数据库得到的大量经验事实。

3.5.2　模型参数的限制空间对 Melitz – Pareto 模型有效性的影响

在梅里兹模型的后续发展中，学者们逐渐细化原始模型的相关假设，其中一个较为重要的处理路径是将企业生产率分布（或者边际成本）的伽马分布设定为具体的帕累托分布函数（Antras and Helpman，2004、2006；Ottaviano，2011），从而形成了影响较为广泛的梅里兹—帕累托（Melitz – Pareto）分析框架。虽然该框架可以将梅里兹的相关结论极大地具体化，但帕累托分布在与异质性企业模型结合时，要求一些特定性的参数区间，一旦这些参数的区间关系得不到满足，就可能导致"生产率—出口悖论"的发生。在具体的理论解释上，本书将基于孙楚仁等（2013）的框架进行分析与拓展。

在异质性企业贸易理论的相关模型中，始终存在一些对参数的限制，对这些参数的限制除了参数本身的条件（一般大于0）之外，由于在模型的求解过程中可能存在相减、相除或者其他的关系，因此这些参数之间本身是要符合一定的参数区间限制，以满足非负性或者其他特征，当这些参数区间成为不等式组时将成为参数空间，这些参数区间的特征将随着模型的不断细化而更加复杂，事实上在异质性企业贸易理论的模型求解中始终存在一些参数限制区间，梅里兹（2003）由于没有将生产率的分布特征具体化，因此参数需要满足的区间问题也就没有进行详细的讨论，在将梅里兹模型的生产率的概率密度函数具体化为无上界的帕累托分布时必然存在更加具体的参数限制问题，其重要性将直接决定理论的正确性，当然这些参数本身可以通过对企业数据的模拟得出近似值，本书在该部分就将考虑参数限制空间对梅里兹—帕累托模型有效性的影响。

梅里兹—帕累托模型中，消费者问题由式（3–37）确定：

$$消费者：U_{max} = \left[\int x(i)^{\rho} di \right]^{1/\rho}$$

$$st：\int p(i)q(i)di = I$$

$$定义：P = \left[\int p(i)^{1-\beta} d_i \right]^{1/(1-\beta)} \tag{3-37}$$

求解消费者的效用最大化可得：$p(i) = x(i)^{-1/\beta} P Q^{1/\beta}$。

生产者决策问题的数学语言表达如下：

$$生产者：U_{max}\pi(\varphi) = R(\varphi) - C(\varphi)$$

$$c(\varphi) = Lw + Kr + f$$

$$R(\varphi) = \alpha\varphi^{\rho} K^{\beta\rho} L^{(1-\beta)\rho} \tag{3-38}$$

其中，$\alpha = PQ^{1/\beta}$（Q 为总产品），L、K 分别代表企业生产所需的劳动与资本，w、r 分别为劳动与资本的价格，β 与前文一致，可以看出，该分析框架与梅里兹（2003）模型最大的区别是，厂商的生产成本中考虑了资本，并将生产过程具体为一个明确的柯布道格拉斯生产函数。求解生产者问题的一阶条件，可得厂商最优的劳动与资本数量，由此内生决定最优的国内市场份额。

最优国内市场份额与利润的表达式如下：

$$D = \alpha^{\beta} \varphi^{\frac{\rho}{1-\rho}} r^{-\beta\rho} w^{\frac{\rho(1-\beta)}{\rho-1}} \beta^{\frac{\beta\rho}{1-\rho}} \rho^{\frac{\rho}{1-\rho}} (1-\beta)^{\frac{\rho(1-\beta)}{1-\rho}} \quad (3-39)$$

$$\pi = (1-\beta)D - f \quad (3-40)$$

可以证明，$\dfrac{dD}{d\varphi} > 0$，这说明，国内市场份额与生产率正相关，同理利润也与生产率正相关。结合式（3-39）与式（3-40）可得，临界国内市场份额 $D_0 = \dfrac{f}{1-\beta}$，临界生产率 $\varphi_0 = \left[\dfrac{f}{E(1-\beta)} \right]^{\frac{1-\rho}{\rho}}$，其中，$E = \alpha^{\beta} r^{-\beta\rho}$ $w^{\frac{\rho(1-\beta)}{\rho-1}} \beta^{\frac{\beta\rho}{1-\rho}} \rho^{\frac{\rho}{1-\rho}} (1-\beta)^{\frac{\rho(1-\beta)}{1-\rho}}$，由于 α 中含有 P、Q 项，此时 φ_0 还不能被具体求出。

为具体求解生产率的临界值，设定生产率服从帕累托分布，并通过给定的国内市场份额 d，将生产率的概率密度函数与市场份额的分布函数表示为式（3-41）：

$$f(\varphi \mid a,\ k) = \begin{cases} \dfrac{ka^k}{\varphi^{k+1}}, & \varphi > a \\ 0, & \text{else} \end{cases} \quad (3-41)$$

$$p(D > d) = p\left[\varphi > \left(\dfrac{d}{E} \right)^{\frac{1-\rho}{\rho}} \right] = \begin{cases} a^k \left(\dfrac{d}{E} \right)^{-k\frac{(1-\rho)}{\rho}}, & D > D_0 \\ 0, & \text{else} \end{cases} \quad (3-42)$$

很显然，在生产率服从帕累托分布时，国内市场份额也服从帕累托分布，且指数由 k 变为 $k\dfrac{1-\rho}{\rho}$。

由于梅里兹分析框架中行业在位者的概率密度函数为：

$$\mu(\varphi \mid \varphi_0,\ k) = \begin{cases} \dfrac{k\varphi_0^k}{\varphi^{k+1}}, & \varphi > \varphi_0 \\ 0, & \text{else} \end{cases} \quad (3-43)$$

将式（3-43）与式（3-41）和式（3-42）结合可得在位者平均生

产率 $\tilde{\varphi} = \left[\dfrac{1}{1 - G(\varphi_0)} \displaystyle\int_{\varphi_0}^{\infty} \varphi^{\beta-1} g(\varphi) \, d\varphi \right]^{1/(\beta-1)} = \left(\dfrac{k}{k+1-\beta} \right)^{1/(\beta-1)} \varphi_0$，平均

利润为 $\tilde{\pi} = \dfrac{f(\beta-1)}{k+1-\beta}$，再利用进入者的平均利润条件，可求出封闭经济内

生的临界生产率 $\varphi_0 = a \left[\dfrac{\delta f_s (k+1-\beta)}{f(\beta-1)} \right]^{-\frac{1}{k}}$，其中，$f_s$ 为沉没成本，δ 为企业

面临的不确定性冲击。[①]

梅里兹—帕累托分析框架的开放经济分析中，只需要附加一个标准化
的冰山成本 τ，将原来的生产率 φ 变为 $\tau\varphi$，根据与封闭经济的求解过程可
得开放经济临界生产率的决定等式：

$$\frac{a^k}{\varphi_d^k} f(\beta-1) + \frac{a^k}{\varphi_e^k} n f_o f(\beta-1) - \delta f_s (k+1-\beta) = 0$$

$$\varphi_e - \varphi_d \tau \left(\frac{f_o}{f} \right)^{1/(\beta-1)} = 0 \qquad (3-44)$$

易得开放经济中的临界生产率以及出口的临界生产率：

$$\varphi_d = \left[\frac{\delta f_s (k+1-\beta)}{a^k f(\beta-1) + a^k \tau^{-k} \left(\dfrac{f_o}{f} \right)^{\frac{k}{1-\beta}} n f_o f(\beta-1)} \right]^{-\frac{1}{k}} \qquad (3-45)$$

$$\varphi_e = \varphi_d \tau \left(\frac{f_o}{f} \right)^{1/(\beta-1)} \qquad (3-46)$$

从梅里兹—帕累托分析框架的推导过程可以看到，该框架暗含一个假
设，即 $k+1-\beta > 0$ 必须成立，在此情况下根据式（3-44）求得的临界生
产率才是有意义的，否则，临界生产率是无解的，也即企业的出口选择行
为是与生产率无关的，此时低生产率的企业较高生产率的企业更容易选择
出口的"悖论"就可能出现。而在模型推导过程中，k 并没有被赋予明确
的经济学含义，而 β 为产品的替代弹性参数，这两者结合在一个经济学含
义下的一般均衡系统中是有可能造成参数依赖背离的，即只要存在由非完
全市场经济导致的扭曲，那么梅里兹—帕累托分析框架所依托的完全市场
经济下的参数限制空间就难以满足。

3.5.3 动态博弈与企业选择行为

异质性企业贸易理论的一个暗含假设是，那些生产率较高的企业一般

---

① 梅里兹（2015）取消了不确定性冲击。

为大企业，在贸易选择中充当了先行者的作用，而生产率较低的企业一般为追随者。然而，当我们假设企业无法实现"一夜间的多样性"，大企业只能选择最优的产品项目时，结论有可能是大企业成为追随者，小企业成为先行者。瓦格纳等（Wagner et al., 2011、2015）在对该问题进行研究时认为大企业会存在战略性延迟，大企业由于具备规模优势、资产优势等有利条件，因此可以在多种项目之间进行选择，此时大企业如果不能找到最优的生产项目时可能存在战略性延迟，但是小企业在大企业不对外出口或者不生产某项目时可能直接进行了项目生产以及出口，因此小企业尽管生产率较低却可能直接出口。并且在最终的研究结论中发现，先行者的数量小于追随者的数量，第一个进入市场的企业可能并不能得到进入的好处，这与目前的异质性企业贸易理论的相关问题并不一致，先行者成为在国际贸易中的"数据生产者"，由于溢出效应的存在，追随者却可能获得更大的好处，最终的博弈模型显示出，大企业（高生产率企业）与小企业（低生产率企业）的进入与退出市场的问题，也就是异质性企业贸易理论中关于企业选择的问题将出现不一样的结论。在瓦格纳（2011）的研究中首先要确定的是大企业的支付收益，然后再求出小企业的支付收益，并且企业的价格服从均匀分布，而由于大企业的预期收益要在项目中做出权衡，因此大企业的收益服从一个顺序统计量。

具体论证中，本书沿用了梅耶尔（2014）关于多产品异质性企业的思想，并对瓦格纳（2011、2015）的相关模型与分析进行拓展，假设大企业可以生产有限数量的产品（即产品数量可数），但不是无止境的规模报酬递增，且无法短期内迅速完成产品的多样化，因此大企业在生产中需要在各种新产品之间进行权衡，找出最有利于利润增加的生产方案，而小企业只能生产既定产品。[①]

具体推导中，本书将企业简化为一个追随者与一个先行者，即总的企业数量为 2 个，它们生产的既定产品除了价格可变外其他变量均相等。模型设置如下：

$$N_{ps} = -F_1 + \beta E_{\max}[(p_i - c)q, \ 0] \tag{3-47}$$

$$N_{Ws} = \beta E_{\max} - F_1 + \beta[(p_i - c)q, \ 0] \tag{3-48}$$

$$N_{pl} = -F_2 + \beta E_{\max}[(p_i - c)q, \ 0] \tag{3-49}$$

$$N_{wl} = \beta E_{\max}\{\max[-F_2 + \beta(p_1 - c)q, \ -F_2 + \beta(p_2 - c)q], \ 0\}$$

$$\tag{3-50}$$

---

① 更详细的假设，可参见瓦格纳（2011、2015）。

其中，N_{ps}、N_{Ws}、N_{pl}、N_{wl}分别代表小企业作为先行者的预期净收益、小企业作为追随者的预期净收益、大企业作为先行者的预期净收益、大企业作为追随者的预期净收益。F为企业的进入成本，β为贴现因子，p_i为价格，c为边际成本，q为销售量。

当产品价格服从如下标准均匀分布时，$p_i - c$ 在 $p_i > c$ 时的期望为 $(c-1)^2/2$。

$$f(p) = \begin{cases} 1, & 1 > p > 0 \\ 0, & \text{else} \end{cases} \tag{3-51}$$

小企业将通过比较 N_{ps} 和 N_{Ws} 的大小进行出口选择，令 $N_{ps} = N_{Ws}$，并经过简单化简，可得到决定企业出口选择问题的式（3-52）：

$$T_1 = \beta^2(1-\tau_1)^2/2 + f_1 - \beta(c-1)^2/2 = 0 \tag{3-52}$$

令 $\tau_1 = f_1/\beta + c$，f_1 为单位进入成本，$f_1 = F_1/q$。对式（3-47）和式（3-48）进行同样的处理与变量替换后，式（3-49）变为 $N_{wl} = q_l\beta^2[E\max(\tau_2, p_{\max}) - \tau_2]$。

其中，$p_{\max}$ 为一个顺序统计量，由于最大顺序统计量的概率密度函数 $p_n(p) = nF(p)^{n-1}f(p)$，则该顺序统计量可进一步退化为一个贝塔分布。令大企业可供选择的产品范围为 $n = r$，则有，$p_r(p) \sim \beta(r, 1)$，[①]即，$p_r(p_{\max}) = rp_{\max}^{r-1}$，因此有：

$$E\max[\tau_2, p_{\max}] = \tau_2 \int_0^{\tau_2} rp_{\max}^{r-1}dp_{\max} + \int_{\tau_2}^1 rp_{\max}^r dp_{\max} = \frac{r + \tau_2^{r+1}}{r+1}$$
$$\tag{3-53}$$

其中，$E\max$ 为在 $[\tau_2, p_{\max}]$ 存在的条件下的预期值，进一步地，大企业出口选择的临界问题将由式（3-54）决定：

$$T_2 = \beta^2\left(\frac{r + \tau_2^{r+1}}{r+1} - \tau_2\right) + f_2 - \beta(c-1)^2/2 = 0 \tag{3-54}$$

为便于分析，假设大企业与小企业拥有相同的单位进入成本，即 $f_2 = f_1$，$\tau_2 = \tau_1$[②]，并且出于简化模型的目的将大企业的选择范围限定为 2，即 $r = 2$，这样一来，小企业成为先行者，大企业成为追随者的均衡解为：$T_2 > 0$ 且 $T_1 < 0$，即小企业作为先行者的收益大于追随者的收益，大企业反之。需要注意的是该博弈均衡解的扩展形式依赖于 f、β 构成的参数空

---

① 贝塔分布的更多解释见德格鲁特和舍维什（DegRoot and Schervish，2012）

② 该假设不影响解的存在性。

间，① 由于篇幅所限，笔者不再赘述，而将主要目标放在寻找 $T_2 > 0$ 且 $T_1 < 0$ 的解上，通过式（3-52）和式（3-54）可以证明，小企业作为先行者、大企业作为追随者的子博弈精炼纳什均衡在相关参数空间约束下是有解的。②

上述的动态博弈过程从理论上证明了在相关参数空间的约束下，小企业成为先行者，大企业作为追随者（伺机而动）这一选择行为的存在性，即"先动优势"对小企业而言是存在的，生产率较低的小企业可能先于拥有较高生产率的大企业进行出口，这提供了出口选择悖论的另一个合理解释。出现这种情况的一大原因在于，外部性存在下大企业难以内化所有的社会收益，因此其生产量会低于市场经济条件下的最优值，甚至出现零供应的情况。瓦格纳和扎勒（2015）对这一现象进行了更为深入的解释：由于规模不经济的存在，以及"一夜间多样化"的难以实现性，大企业会在新产品的生产与出口方式上存在战略性延迟，从而使得对特定产品的出口晚于专注于该产品的小企业。

3.5.4 交易效率与生产率悖论

现有发现"出口—生产率悖论"存在的实证文献中采用的生产率基本只是根据企业自身的产量与投入要素的量测算而来，这种测算方式的采用某种程度上窄化了企业生产率的界定，造成计量验证中的生产率指标与异质性企业贸易理论中的生产率并非完全对应。为说明这一点，本书以内生贸易理论中的一个重要概念——交易效率为例，在该理论中，交易效率内生决定生产率，交易效率的改善可以提高生产率，并进而导致贸易与经济增长的发生。但是交易效率本身由制度性交易效率与非制度性交易效率构成，因此，实际决定企业生产率的应为这两个因素的综合，但现有研究企业对出口选择行为的实证研究所计算得到的生产率③基本只与交易效率中的非制度性交易效率部分密切相关，这种生产率计算上的偏误自然有可能导致实证结果与异质性企业贸易理论基本结论的背离，且随着所研究样本中制度性与非制度性交易效率间的差异，这种生产率计算偏误对异质性企业贸易理论验证的影响也会有所不同。这也解释了处在制度变迁时期，两

---

① 甚至可以包括边际成本 c 构成多维参数空间。
② 例如，$c = 0$，$f = 0.2$，$\beta = 0.8$，为一组可行解。
③ 一般都为企业的全要素生产率。

大交易效率间存在较大差异的中国经济中,"出口—生产率悖论"为何大量存在。接下来,本书通过拓展杨小凯(1992、2003)的简单斯密模型来证明以上结论,该模型中集消费与生产为一体的微观个体的数学表述如下:

$$U_{\max} = \left[X_1 + X_2 + W_3 \right]^{\frac{1}{\beta}} \qquad (3-55)$$

$$X_1 = x_1^{\beta}, \ X_2 = \sum_2^n (kx_{2i})^{\beta}, \ X_3 = \sum_1^{m-n} w_{3i}^{\beta} \qquad (3-56)$$

$$x_1 + x_1^s = I_1 - F \qquad (3-57)$$

$$x_{3i} + x_{3i}^s = I_{3i} - F \qquad (3-58)$$

$$I_1 + \sum_1^{m-n} l_{3i} = I \qquad (3-59)$$

$$p_1^s x_1^s = \sum_2^n p_{3i} x_{3i} \qquad (3-60)$$

其中,U 为效用函数,X 为消费数量,其中 X_1 代表自给自足消费品的消费量,X_2 代表其他贸易品消费量,X_3 为非贸易品消费量。x_i 代表自给自足量,x_i^s 为售卖量,I_i 为劳动投入量,F 为固定学习费用,m 为商品多样化程度,n 为贸易品总数,k 为交易效率参数($1-k$ 为交易成本参数)。式(3-57)和式(3-58)为生产的技术约束,式(3-59)为劳动禀赋约束,式(3-60)为收入约束。

假定非贸易品之间、其他消费品之间都是对称的,再根据文氏定理(Wen Theorem),[①] 可以将上述约束最大化问题转为下列无约束最大化问题:

$$U_{\max} = \left[(I_1 - F - x_1^s)^{\beta} + (n-1)^{1-\beta} k^{\beta} (x_1^s)^{\beta} + (m-n) \left(\frac{1-I_1}{m-n} - F \right)^{\beta} \right]^{\frac{1}{\beta}}$$

$$(3-61)$$

通过最优化求导,可以解得最优的个人专业化分工水平 $n = m + 1 + \dfrac{\beta - 1}{A} - \dfrac{\beta m}{1 - k^{\frac{\beta}{\beta-1}}}$,且 $\dfrac{\partial n}{\partial k} > 0$,即个人的专业化分工水平与交易效率正相关,因此在分工经济条件下,交易效率的动态演进对于区域经济发展、贸易的发生及经济增长提供了内在的解释。

---

① 文氏定理的更多解释见杨小凯(2003)。

当 n 突破自给自足经济的临界点，[1] 并达到国际贸易交易效率临界值时，经济将自发地由国内贸易跳跃到国际贸易。此时劳动生产率为 $\dfrac{I_1 - F}{I_1} =$

$\dfrac{\left[n - 1 + k^{\frac{\beta}{\beta-1}}\right]\left[1 - A(m - n + 1)\right]}{(n - 1)\left[1 - A(m - n)\right] + k^{\frac{\beta}{\beta-1}}}$，求导可知 $\dfrac{d\left(\dfrac{I_1 - F}{I_1}\right)}{dk} > 0$，即生产率与交易效率正相关。因此企业的出口选择行为与其所处经济环境中的交易效率有着密切联系。

由于交易效率本身包含了制度性与非制度性效率两部分，[2] 即使企业面临的非制度性交易效率较高，但制度性交易效率较低时，其生产率依然难以达到出口所需的临界值。相反，一些面临较低非制度性交易效率的企业，则可能在较高制度性交易效率的驱使下选择出口。进一步来讲，当交易效率两大组成部分间的差异较小时，关于企业出口选择行为的检验比较符合新新贸易理论的基本结论，而一旦制度性交易效率与非制度性交易效率两者间的差异较大，实证检验的结论就可能背离异质性企业贸易理论的结论。这就解释了为何在实证检验中，仅与非制度性交易效率相关的生产率难以与企业出口行为存在完全的正相关关系，也解释了随着我国基础设施等非制度性交易效率的完善，为何悖论进一步凸显，以及为何在拥有较高非制度性交易效率的沿海地区生产率悖论比内陆更为突出。[3]

3.6　实证分析——基于对接数据库的分析

自从梅里兹提出异质性企业贸易理论后，国际贸易的研究视角从传统国家和地区层面转到企业层面。梅里兹（2003）从理论层面证明了企业选择行为取决于其生产率的高低，即企业的自我选择效应（self-selection effect）。自此，基于典型的微观视角研究企业贸易行为的异质性企业贸易理论成为贸易理论的主流。之后对发达国家企业层面的实证研究也证明了

---

① 自给自足向分工经济跳跃的临界点由 $F\rho(1 - \rho)^{\frac{1-\rho}{\rho}} \dfrac{k}{k^{\frac{\rho}{\rho-1}} - 1} \left[\dfrac{k^{\frac{\rho}{\rho-1}} - 1 + Fm}{A}\right]^{\frac{1}{\rho}} = m^{\frac{1}{\rho}}\left(\dfrac{1}{m} - F\right)$ 确定。

② 制度性的交易效率如市场化程度，非制度性交易效率如交通运输的条件。

③ 李春顶（2015）通过总结现有研究发现，中国企业的出口—生产率悖论随时间推进而变得更为突出，且悖论在沿海地区比内陆地区更为突出。

生产率对企业出口行为的显著正向影响。除生产率对企业选择的影响外，企业的国际生产方式抉择、产品多样性与社会福利的研究也成为目前异质性企业贸易理论的研究热点。

中国在加入世界贸易组织之后，国际贸易发展迅速，据中国海关总署公布的数据显示，2017 年中国货物贸易较 2016 年增长 14.2%，达 27.79 亿元。此外，根据 WTO 2017 年统计年报，中国在 2016 年货物贸易出口额位列全球第一，进口额位列全球第二，可以看出中国进出口企业的行为足以影响世界贸易，故对中国出口企业选择行为的研究十分重要。

本书在前人研究的基础上，对生产率的分布特征进行深入探讨，并对企业的生产率与出口额规模是否符合异质性企业贸易理论的结论以及加工贸易企业的存在是否为导致"悖论"的原因进行论证，对"出口—生产率悖论"现象深入探讨，并提出相关建议。

异质性企业贸易理论与新新贸易理论从理论机制的根源上讲是统一的，[①] 它们都是在企业生产率异质性（服从某一分布）的基础上，研究企业的出口（或者对外直接投资）选择行为、产品多样性以及社会福利等。其基本结论为，企业的选择行为与生产率相关，社会福利的增加来源于竞争效应带来的社会平均生产率的增加以及市场规模的扩大。企业的促竞争（pro-competitive）效应会进一步扩大社会福利。

根据梅里兹（2003）的模型，假设 φ_d^* 和 φ_x^* 是企业进入国内市场和国际市场分别所需达到的临界生产率，则企业在国内市场运营的零利润条件（ZCP）为：

$$R(P\rho\varphi_d^*)^{\alpha-1}/\alpha = f \tag{3-62}$$

在国际市场运营的 ZCP 为：

$$R\tau^{1-\alpha}(P\rho\varphi_x^*)^{\alpha-1}/\alpha = f_x \tag{3-63}$$

其中，R 代表企业收入，P 为价格指数，ρ 为替代弹性参数（$0 < \rho < 1$），α 为替代弹性 $\alpha = 1/(1-\rho)$，此外，若企业只在封闭经济市场中进行贸易，它们具有同样的固定成本 f，而它们若要出口到国际市场则需承受同样的出口固定成本 f_x。因此，式（3-62）和式（3-63）的比值为：

$$\tau\varphi_d^*(f_x/f)^{1/\alpha-1} = \varphi_x^* \tag{3-64}$$

由于 $\tau(f_x/f)^{1/\alpha-1} > 1$ 总是成立（Melitz，2015），故 φ_d^* 比 φ_x^* 小，即内销企业所需生产率小于出口企业所需临界生产率。所以，若一家企业的

---

① 鲍德温首次将异质性企业贸易理论称为新新贸易理论。

生产率 φ 大于 φ_d^* 且小于 φ_x^*，这家企业将会选择留在国内市场。只有当企业生产率高于 φ_x^*，这家企业才有可能进入国际市场，这就是梅里兹模型所得出的主要结论之一。易靖韬（2009）、易靖韬和傅佳莎（2011）的研究结果支持了模型结论，指出只有生产率足够高的企业才能克服出口市场的沉没成本，通过自我选择效应进入出口市场。

迄今为止，以梅里兹模型为基础，许多学者在理论上获得突破。基于企业生产率异质性（Melitz，2003）和二次拟线性效用方程（Ottaviano，2002），梅里兹和奥塔维亚诺（2008）假设规模报酬不变，从企业数量和平均生产率角度研究了市场竞争强度、市场规模和贸易自由化的关系，并且验证了更大的市场规模和更小的贸易成本会加剧市场竞争强度且提升社会福利。同时，在双边贸易模型中得出与梅里兹（2003）相同的结论，即只有较高生产率的企业才能在出口市场生存（存在临界边际成本）。梅耶尔等（2014）在规模报酬不变的假设下，分析了多产品企业贸易特征，并研究了企业生产率和出口产品类别之间的关系。梅耶尔指出企业趋向于出口销量较高的产品这一行为也印证了梅里兹（2003）中的结论。安东尼亚德斯（2015）把产品质量异质性假设加入梅耶尔的研究框架，并同时解释了生产率异质性、产品质量异质性和市场竞争强度之间的关系，即拥有更高生产率的企业通过提高产品质量而增加了市场竞争强度，反之亦然。马诺娃（2012）通过引入多产品企业，发展了梅里兹（2003）模型和梅里兹与奥塔维亚诺（2008）模型，用 CES 效用函数和线性需求方程对各种模型进行了比较分析。这些研究都进一步巩固了梅里兹模型的主要结论。

在实证方面异质性企业贸易理论的相关结论也得到许多国外经验研究的支持，贝纳德和詹森（1999）选取美国企业 1983～1992 年的数据，他们发现拥有较好业绩的企业倾向于出口，并且出口的企业普遍具有较高生产率和成功率，但是出口对企业业绩的提升并无显著作用。贝纳德和詹森（2004）采用动态模型研究了影响企业决策过程的因素，他们采用美国制造业企业 1983～1992 年的面板数据，验证了出口企业具有更高的生产率水平，并且在一个行业中，资源只会分配给更有效率的企业。此外，他们发现没有直接的结果证明出口可以增加企业生产率，且进入成本是影响企业出口决策的重要因素。木村和清田（Kimura and Kiyota，2006）用日本企业 1994～2000 年的纵向面板数据研究出口、FDI 和企业生产率之间的关系。他们的结果符合梅里兹模型所得出的结论，实证表明拥有较高生产率水平的企业更倾向于出口，而拥有中等生产率水平的企业会选择出口或者

FDI，而处于最低生产率水平的企业只会在国内市场进行贸易。卡西曼等（Cassiman et al.，2010）研究了创新、出口和生产率之间的关系，他们依据西班牙制造业 1990～1998 年的数据，发现生产率和出口之间的正向关系会引起出口企业产品创新。

然而在中国的研究大致呈现出三种结果，一种与异质性企业贸易理论主要结论相同；一种呈现完全的"出口—生产率悖论"；还有一种将企业分组后，呈现为特定所有制企业，或者特定贸易方式企业符合"出口—生产率悖论"，而其他企业服从异质性企业贸易理论的结论。"出口—生产率悖论"的存在，在一定程度上对经典的异质性企业贸易理论模型框架提出了质疑，认为其可能忽视了一些潜在的会引发不一致结论的条件，或者这些理论不能直接运用于那些发展中国家，如中国等。这些研究一定程度上说明，虽然异质性企业贸易理论的提出为企业选择行为的解释提供了的新的路径分析，但是国际贸易事实和企业选择行为的复杂程度并不能被梅里兹模型严格的假设完全覆盖。

"出口—生产率悖论"主要从加工贸易大量存在（李春顶，2010；Dai et al.，2016）、外资企业存在（Lu et al.，2010；盛丹，2013）、要素市场扭曲（刘竹青，2017）、市场进入成本（徐蕾和尹翔硕，2012）等角度进行解释和论述。其中，从外资企业存在和市场进入成本等角度进行阐述时，或多或少都与企业贸易方式为加工贸易有关，可见加工贸易的存在已成为学者解释"出口—生产率悖论"问题的主要理由。

加工贸易是在中国、印度尼西亚、墨西哥等发展中国家大量存在的贸易方式，从事加工贸易的企业通常把进口原材料或中间产品在本国加工，再出口具有附加值的制成品，这也是大量的外资企业为加工贸易企业的原因（Feenstra and Hanson，2005）。很多文章指出加工贸易在中国出口企业中占据大量比重，如戴觅等（Dai et al.，2016）指出加工贸易出口占总出口一半左右，且加工贸易出口企业的生产率相较非加工贸易出口与非出口企业都更低；其进入固定成本较低，使之可以以相对较低的生产率进入国际市场，故中国大量加工贸易企业的存在使 $\tau(f_{px}/f)^{1/\alpha-1}$（其中 f_{px} 为加工贸易所面临的固定成本）的大小不能从理论层面直接得出（孙少勤等，2014）。

从企业贸易方式的角度出发对"出口—生产率悖论"进行探讨一直为研究热点，然而加工贸易是否为引起"出口—生产率悖论"的主要原因，研究并未得出统一结论。从代表文献可以看出，文献中对企业生产率的衡量多为全要素生产率（*TFP*），在异质性企业贸易理论的研究中生产率还可由劳动生产率（*LTFP*）、近似全要素生产率（*ATFP*）衡量，而通过不同方式衡量的生产率和企业出口交货值的相关性可能存在偏差，见表3-2。其次，表示企业出口的变量多为出口选择的虚拟变量，而非从规模效应上进行考量，经典的异质性企业贸易理论在探讨企业出口选择与企业生产率之间的关系时，多为从规模效应的角度进行，即生产率越高，企业的收入、利润等都相对较高；经典文献对数据的选择多为中国工业企业数据库面板数据，然而工业企业数据库在统计过程中存在样本错配、指标缺失、异常等问题（聂辉华，2012；Yu，2014；孙少勤，2014）。虽然有文献利用工业企业数据库和海关数据库对接截面数据对"出口—生产率悖论"问题进行研究，但某一年数据并不能从动态范围全面考察生产率对企业出口的影响，得出的关系并非十分稳健与可靠。

表3-2　　　　加工贸易企业生产率与出口选择的代表经验文献研究

作者	数据特征	生产率衡量方式	研究方法	是否存在"出口—生产率悖论"
李春顶（2010）	1998～2007年中国工业企业数据库	近似全要素生产率、劳动生产率	分行业、地区等分别进行检验；面板模型，因变量企业出口规模	是，且加工贸易数量较多为"悖论"出现原因
范剑勇和冯猛（2013）	1998～2007年中国工业企业数据库	全要素生产率	LP半参数法	否
孙少勤等（2014）	2006年工业企业数据库和海关贸易数据库对接	劳动生产率、全要素生产率	截面模型，因变量为出口选择	否
戴等（Dai et al.，2016）	2000～2005年工业企业数据库和海关贸易数据库对接	全要素生产率	面板模型，因变量为*TFP*	是，且加工贸易数量较多为"悖论"出现原因
张坤等（2016）	2000～2007年中国工业企业数据库	全要素生产率	生产率累积分布曲线、线性实证模型	否

从异质性企业贸易的理论基础出发，企业生产率对企业行为的影响主要从两个角度进行考察：其一，企业生产率对企业的进出口选择是否存在"质"的影响，即竞争效应与选择效应形成的临界生产率导致有些

企业出口，有些企业不出口；其二，企业生产率对企业出口规模的"量"的影响，即那些生产率更高的企业，其出口规模更大。相关文献主要集中在生产率对企业选择"质"的影响，并得出"出口—生产率悖论"。本书主要基于2000～2006年工业企业数据库与海关贸易数据库（2000～2006年）的匹配数据，从规模角度验证企业出口与生产率之间的关系。本部分发现，"出口—生产率悖论"在规模效应上并不存在，生产率的提升对企业出口价值并未起到抑制作用，也就是说，收入（R）与生产率（φ）之间的关系仍然符合经典异质性企业贸易理论。本书的研究表明，中国的企业出口行为，并不符合"出口—生产率悖论"，本书从生产率衡量方式、企业贸易方式、数据的选择等角度，解释企业生产率与出口规模之间的关系，并为理解全球化进程中的挑战和机遇提供了新的视角。

3.6.1　数据来源与指标处理

在实证部分，本书采用中国工业企业数据库与海关贸易数据库匹配数据（2000～2006年），采用对接数据在一定程度上弥补了工业企业数据库在统计过程中存在的样本缺失、错配等问题，且选择7年数据样本时间跨度较长，可以从动态范围内考察连续存在的企业的生产率高低对企业出口交货值的影响，其结果也更为稳健与可靠。中国工业企业数据库包括1564808个样本，本书参照聂辉华等（2012）、张杰等（2012）的数据处理方法，删除工业总产值、固定资产净值为0等指标，保留职工人数大于8的样本，最终剩余1454359个样本；海关贸易数据库记录月度数据，按照本书研究需要，将月度数据加总为年度数据，剔除相关重要变量中的缺失值样本或具有明显错误的样本，如有出口记录但出口价值为0或负值、企业名称缺失的样本，最后按照企业名称和中国工业企业数据库进行匹配。

本书实证研究基于梅里兹（2003）理论模型与结论，旨在验证是否出口企业拥有更高的生产率。此外，由于衡量生产率的方法众多，如采用线性回归的方法、莱文森—佩特林（L－P）方法或俄利—帕克斯（O－P）方法估计全要素生产率（TFP）水平（邱斌，2015；孙少勤等，2014）、用参数法测量近似全要素生产率（$ATFP$）水平（李春顶，2010）、用总量法或均值法测量劳动生产率（$LTFP$）水平（汤二子和刘海洋，2011；李春顶，2010）等，但哪种方法最优并未达成共识。由于不同的生产率衡量方法得出的生产率存在差异且各有优劣，故本部分打算采用三种方法衡量生产率，包括 ATFP、TFP 和 LTFP，共同估计生产率与出口之间的关系，旨在验证"悖论"的存在性。

全要素生产率反映的是投入变为产出的总体效率，是一个平均值，可以由多种方法进行衡量，本书参照鲁晓东和连玉君（2012）的衡量方法，先假定生产函数为 C - D 型，即 $F(K, L) = AK^{\alpha}L^{1-\alpha}$，其中 K 代表资本，L 代表劳动投入；$F(K, L)$ 是产出水平；A 用于衡量 TFP。我们对 C - D 公式两边取对数可以得到线性方程：

$$f(k, l)_{ijt} = \alpha_1 k_{ijt} + \alpha_2 l_{ijt} + \varepsilon_{ijt} \tag{3-65}$$

式（3 - 65）中，$f(k, l)$、l 和 k 都是生产函数中各参数的对数形式，ε 为残差项，代表 TFP 的参数 A 的对数信息包含在残差项中；其中下标 i 代表企业，j 代表行业，t 代表年份。通过对式（3 - 65）进行估计，我们可以得到 TFP 的估计值，但用线性估计法测算的 TFP 可能会存在同时性偏差和样本选择性偏差（鲁晓东和连玉君，2012）。

依据汤二子和刘海洋（2012）的文章，可以得到 ATFP 和 LTFP 的估计方法。其中，近似全要素生产率（ATFP）可以集合参数方法的优势，在估计时，同样假定生产函数为 C - D 型：

$$ATFP_{ijt} = \ln A_{ijt} = \ln \left[F(K, L)_{ijt} \right] - \alpha_1 \ln K_{ijt} - (1 - \alpha_1) \ln L_{ijt}$$
$$= \ln \left[\frac{F(K, L)_{ijt}}{L_{ijt}} \right] - \alpha_1 \ln \left(\frac{K_{ijt}}{L_{ijt}} \right) \tag{3-66}$$

其中，$\alpha_1 = 1/3$（Hall and Jones，1999；李春顶，2010；汤二子和刘海洋，2011），虽然 $\alpha_1 = 1/3$ 的资本贡献不会较多偏离实际，但其设定依然存在一定问题（李春顶，2010）。

劳动生产率一般由总产出与总生产要素投入之比计算，并被定义为衡量经济发展和一国竞争强度的动态指标。并且劳动生产率的计算比其他生产率更为直接和简单，因此它消除了在复杂计算过程中可能出现的系统误差。然而，劳动生产率在一定程度上会低估劳动密集型企业的生产率（范剑勇和冯猛，2013）。在本书中，劳动生产率的衡量参照李春顶（2010）如下：

$$LTFP_{ijt} = \ln \left[\frac{F(K, L)_{ijt}}{L_{ijt}} \right] \tag{3-67}$$

3.6.2　描述性统计分析

通过分别计算工业企业数据库全样本，出口企业和非出口企业三种生

产率2000年至2006年均值，由表3-3可知，出口企业 ATFP 均值为
3.988、TFP 均值为5.512，均大于非出口企业的 ATFP（3.915）、TFP
（5.286），LTFP 均值基本持平（内销企业为5.139，出口企业为5.138）。
从描述性统计结果可以看出，本书的描述性统计分析并不符合典型的"出
口—生产率悖论"，故"出口—生产率悖论"是否存在或在什么情况下存
在需要进一步探讨。

表3-3　　　　　全样本、出口企业以及非出口企业样本生产率

变量	变量	样本量	均值	标准差	最小值	最大值
全样本	ATFP	1454359	3.931	1.036	-9.793	11.75
	TFP	1454359	5.336	0.994	-7.299	12.51
	LTFP	1454359	5.139	1.106	-8.120	13.52
出口企业	ATFP	319674	3.988	0.883	-2.049	11.75
	TFP	319674	5.512	0.857	-0.250	12.51
	LTFP	319674	5.138	1.018	-2.597	13.52
非出口企业	ATFP	1134683	3.915	1.075	-9.793	10.80
	TFP	1134683	5.286	1.024	-7.299	12.16
	LTFP	1134683	5.139	1.129	-8.120	13.48

　　根据相关学者的研究，"悖论"的出现可能来自国内存在的大量的加
工贸易，其生产率较低对总体企业的平均生产率形成了"拖拽效应"。为
了进一步分析，本书将工业企业数据库和海关贸易数据库对接后，分离加
工贸易企业，再次计算对比匹配后的全样本、加工贸易与一般贸易企业的
三种生产率水平。

　　根据表3-4中2000~2006年工业企业数据库与海关贸易数据库对接
数据中全样本、一般贸易与加工贸易数据，加工贸易 ATFP、TFP 和 LTFP
均值分别为3.877、5.457和5.026，明显低于一般贸易企业的三种生产率
（分别为4.164、5.687和5.456），而全样本的三种生产率水平均位于加工
贸易企业生产率和一般贸易企业生产率之间，进而可以得出加工贸易可能
对全部出口企业的平均生产率形成了拖拽。

表 3 - 4　　　　　对接全样本、加工贸易及一般贸易企业样本生产率

变量	变量	样本量	均值	标准差	最小值	最大值
对接全样本	ATFP	222230	4.077	0.886	-2.759	10.70
	TFP	222230	5.619	0.863	-1.333	12.02
	LTFP	222230	5.337	1.040	-2.597	13.52
加工贸易	ATFP	65460	3.877	0.868	-1.874	10.17
	TFP	65460	5.457	0.859	-0.395	11.81
	LTFP	65460	5.026	1.032	-0.157	11.97
一般贸易	ATFP	140910	4.164	0.877	-2.759	10.25
	TFP	140910	5.687	0.849	-1.333	12.02
	LTFP	140910	5.456	1.009	-2.597	13.52

由以上分析结果，加工贸易对生产率水平的拖拽可能导致"悖论"。所以为验证这一推论，本部分继续对生产率和企业出口交货值的关系进行估计，对全样本企业和加工贸易企业建立估计方程如下：

$$export_{ijt} = C + \beta_1 productivity^*_{ijt} + \beta_2 PC_{ijt} + \beta_3 SF_{ijt} + \beta_4 FC_{ijt} + \beta_5 size_{ijt}$$
$$+ \beta_6 subsidy_{ijt} + \beta_7 productsale_{ijt} + \sum_m \delta_m Indus_m$$
$$+ \sum_n \eta_n Year_n + u_{ijt} \qquad (3-68)$$

其中，$export_{ijt}$ 为行业 j（二分位）中企业 i 在年份 t 的出口交货值，$productivity^*$ 为自变量，分别为设定的以三种方式衡量的企业生产率（ATFP、TFP、LTFP）。由于企业制度类型对其出口选择具有重要影响（Roberts and Tybout，1997），故相关研究中大多都考虑了企业所有制。本部分中控制变量 PC 为虚拟变量，企业为私有企业则取值为 1，私有企业由个人资本金占总资本金超过 50% 的企业衡量；同理，SF 取值为 1，表示企业中国有资本金超过 50% 的企业为国有企业；FC 表示若企业中外商资本金超过总资本金 50%，企业为外资企业，取值为 1；size 为企业规模，由企业资本总额表示；subsidy 为企业补贴收入；productsale 为企业产品销售收入。为了消除一些因较大制造业部门结果影响较小部门结果造成的回归结果偏差，以及各年份间相互影响，本部分还将分别考虑年份和行业固定效应以及行业年份双重固定效应，对数据进行进一步的分类估计，Indus（二分位）和 Year 分别代表企业所属行业和年份。

　　表 3-5 为三种生产率和出口规模间的关系，从第（1）至（4）列可以看出在不考虑固定效应、只考虑年份固定效应、只考虑行业固定效应、同时考虑行业和年份双重固定效应的估计中，对接样本中企业 *ATFP* 系数估计结果分别是 0.481、0.600、0.670 和 0.615，均为正，表明在保持模型其他变量不变时，企业出口交货值随企业生产率增大而提高。第（5）至（8）列为用 *TFP* 代表生产率时与出口的估计结果，分别为 0.835、0.848、0.910 和 0.869，结论与理论模型的推导一致，并未见"出口—生产率悖论"。第（9）至（12）列为出口交货值与 *LTFP* 的相关性，结果分别为 0.370、0.492、0.583 和 0.532。同样，无论是否考虑固定效应，生产率的估计系数为正。比较分析结论来看，出口规模与生产率正相关，且这一结论稳健。说明企业生产率越高，企业出口价值越高，即在一定程度上否定了"出口—生产率悖论"的存在。

　　另外，模型中其他控制变量对企业出口均存在不同程度的影响。其中，若企业为私有企业（*PC*），所有的估计均显示，企业的出口交货值将会减少。若企业为国有企业（*SF*），除不考虑固定效应时，估计值为负，在考虑固定效应时，估计值虽为正但不显著，可见国有企业虽享有政策优势，但由于其机制不够灵活、效率还有待提高，使之不能有效适应国际市场变化（盛丹，2013）。若企业为外资企业（*FC*），企业出口交货值增加，由于外资企业多为加工贸易企业，多为利用我国劳动力优势从事生产，再将产品出口到他国，故具有较高出口规模与倾向（盛丹，2013）。企业规模（*size*）的估计值与出口规模正相关，该结果与易靖韬（2009）中的结论一致；企业销售额（*productsale*）与出口交货值显著正相关；企业补贴（*subsidy*）对出口交货值的影响不确定，事实上，生产补贴可以促进非出口企业进入国际市场，但是这种正向的影响只体现在私有企业中（陈勇兵，2012）。此外，补贴对国有企业和外资企业（FIEs）具有不确定性甚至具有负效应，且并未有证据显示补贴对现出口企业有显著影响。张杰等（2015）也提出了补贴对企业发展的抑制效应，即政府为企业提供生产补贴以降低成本，但是出口商得到补贴后并未用于技术升级，而采取降价出售使他们陷入低利润发展模式。但是，国内的企业，特别是私有企业，普遍受到金融抑制和难以得到融资的影响，因此低利润发展会加剧它们积累用于创新和增加人力资本的资金。最终，这些企业只会更加依赖政府补贴。

表 3 - 5　全样本生产率与出口关系

变量	(1) export	(2) export	(3) export	(4) export	(5) export	(6) export	(7) export	(8) export	(9) export	(10) export	(11) export	(12) export
ATFP	0.4810*** (96.59)	0.6000*** (122.21)	0.6700*** (138.87)	0.6150*** (124.84)								
TFP					0.8350*** (174.36)	0.8480*** (175.87)	0.9100*** (194.92)	0.8690*** (180.02)				
LTFP									0.3700*** (86.49)	0.4920*** (109.08)	0.5830*** (130.07)	0.5320*** (116.11)
PC	-0.2440*** (-22.94)	-0.1480*** (-15.96)	-0.1330*** (-14.23)	-0.1440*** (-15.57)	-0.2680*** (-26.92)	-0.1420*** (-16.07)	-0.1300*** (-14.77)	-0.1380*** (-15.71)	-0.2250*** (-20.98)	-0.1380*** (-14.77)	-0.1200*** (-12.77)	-0.1340*** (-14.37)
SF	-0.0429* (-2.04)	0.0278 (1.48)	0.0140 (0.74)	0.0661*** (3.51)	-0.1360*** (-6.95)	-0.0258 (-1.44)	-0.0157 (-0.87)	0.0207 (1.15)	-0.1760*** (-8.31)	-0.0176 (-0.92)	-0.0238 (-1.24)	0.0347 (1.83)
FC	0.1200*** (11.68)	0.0588*** (6.24)	0.0671*** (7.07)	0.0615*** (6.54)	0.0883*** (9.19)	0.0585*** (6.51)	0.0653*** (7.28)	0.0619*** (6.92)	0.0887*** (8.54)	0.0412*** (4.32)	0.0443*** (4.63)	0.0409*** (4.32)
size	0.0007*** (-5.26)	0.0023*** (16.15)	0.0025*** (16.60)	0.0025*** (17.01)	0.0002 (1.29)	0.0019*** (13.94)	0.0021*** (14.99)	0.0021*** (15.42)	-0.0013*** (-10.09)	0.0016*** (10.92)	0.0017*** (11.23)	0.0018*** (12.10)
subsidy	0.0507*** (6.97)	-0.0069 (-1.67)	-0.0052 (-1.23)	-0.0056 (-1.36)	0.0280*** (4.12)	-0.0082* (-2.05)	-0.0064 (-1.59)	-0.0065 (-1.63)	0.0414*** (5.66)	-0.0091* (-2.16)	-0.0071 (-1.65)	-0.0073 (-1.74)

续表

变量	(1)	(2)	(3)	(4)	(5)	(6)	(7)	(8)	(9)	(10)	(11)	(12)
	export	export	export	export	export	export	export	export	export	export	export	export
productsale	0.0020*** (38.36)	0.0006*** (15.34)	0.0007*** (17.20)	0.0006*** (15.11)	0.00103*** (20.28)	0.0003*** (8.66)	0.0004*** (9.37)	0.0003*** (8.26)	0.0022*** (41.27)	0.0007*** (17.93)	0.0008*** (19.66)	0.0007*** (17.37)
year	NO	YES	NO	YES	NO	YES	NO	YES	NO	YES	NO	YES
indus	NO	NO	YES	YES	NO	NO	YES	YES	NO	NO	YES	YES
_cons	7.8130*** (379.90)	6.9810*** (327.34)	7.9520*** (19.58)	8.0700*** (19.85)	5.1160*** (189.76)	4.7530*** (173.04)	5.0840*** (13.39)	5.2790*** (13.89)	7.8190*** (344.35)	6.8100*** (274.43)	7.6010*** (18.71)	7.7560*** (19.08)
N	137286	137286	137286	137286	137286	137286	137286	137286	137286	137286	137286	137286

注：括号里报告的为 t 统计量，***、**、* 分别代表 1%、5%、10% 显著性水平下显著。

第4章 "出口—生产率—可变贸易成本" 模型及相关问题

4.1 模型说明

异质性企业贸易理论实际上是对新贸易理论的进一步细化，一条线路是在技术手段上引入企业异质性（基于生产率差异）来探讨国际贸易及企业选择问题，另一条线路是研究企业的内生边界问题，从而探讨企业的全球生产决策安排。异质性企业贸易理论的逻辑起点是对异质性企业的探讨，企业之间生产率的差异性实际上也就构成了异质性企业贸易理论的核心，这方面的研究主要有贝纳德和詹森、克莱里季斯等，这一阶段的研究主要关注企业生产率的不同与出口方式选择的经验研究方面，并没有形成正式的理论模型。以梅里兹（2003）的文章作为异质性企业贸易理论的开山之作，其精巧的模型成为研究目前国际贸易理论最主要的文献之一。在其分析框架中，企业生产率服从伽马分布（其中帕累托分布是伽马分布的一族），在后续的研究中逐渐将生产率的概率密度函数做出调整，如黑德等（2014）放弃了帕累托分布特征，他们的研究认为一个对数正态分布的设置为企业生产率的分布提供了一个更好的估计，进而对异质性企业贸易理论的微观结构在分布特征上做出进一步的调整；芬斯特拉（2014）以及韦恩斯坦（2010）直接放弃了企业生产率的概率密度函数的分布性并且论证了美国在不设置生产率分布特征的情况下的贸易利得问题；梅里兹和雷丁（2015）为了对 ACR 模型进行回应，在梅里兹（2003）的基础上，在原来的异质性企业贸易理论的分析框架下，对原有的异质性企业贸易理论进一步细化分析了贸易的广延边际弹性与集约边际弹性，并且在无上界与有上界的帕累托概率密度函数的基础上验证了相关命题以回应 ACR 模型对梅里兹模型的质疑：以梅里兹（2003）为代表的贸易开放所导致的相对社会福利的增加幅度大于以克鲁格曼（1980）为代表的同质性企业贸易理论模型，同时在贸易开放的过程中异质性企业贸易理论在贸易条件发生变化后表现出了更稳定的特征，即贸易条件负面冲击时社会福利减少得更少，在受到贸易条件改善时社会福利增加得更多，也验证了以上结论即便是在有上界帕累托分布假设下仍然是成立的。目前异质性企业贸易理论在企业选择、产品多样性以及社会福利方面的研究还处于不断发展与争议之中，从国际贸易理论发展的实际需要角度来看，异质性企业贸易理论仍将展示出顽强的生命力，同时其理论也会不断发展与完善，与此同时，围绕着异质性企业贸易理论的批判与调整也会随着国际贸易实践的需要而不断深化。

从异质性企业贸易理论的分析框架可以看出，在将生产率的分布特征纳入分析框架之后，由于企业在国内和出口的两个临界生产率都可以内生进而价格指数可以内生，再将其代入企业利润的表达式后可以看出，企业的利润仅仅与单变量的生产率相关，也就是说，异质性企业贸易理论的分析框架存在一个潜在的假设问题，那就是其他变量保持同质，这些变量的同质只有在完全市场才有可能实现，但是在非完全市场尤其是在很多发展中国家难以实现所有变量的同质性，其中最主要的变量就是贸易成本，贸易成本又包括可变贸易成本 τ 和固定贸易成本 f_x，甚至其他变量的异质性。当存在多变量异质性时，原有的异质性企业贸易理论的分析框架将不再适用，正是基于单变量异质性的异质性企业贸易理论模型存在适用性问题，多变量异质性企业贸易理论的研究才成为必要，更何况从实践上来说，由于中国存在市场分割以及非完全市场问题，可变贸易成本 τ 在地区间将存在异质性也是一个现实性的问题，因此本章将在生产率与可变贸易成本 τ 联合异质性的情况下对异质性企业贸易理论原有的分析框架进行拓展，用以分析企业选择、产品多样性以及社会福利的问题。

4.2　模型构建

在前面的论述中，本书从理论上说明了异质性企业贸易理论的几个基本的问题，即临界生产率的确定、产品多样性、社会福利的内生机制以及企业的选择问题。在这一部分本书将基于企业面临的贸易成本，系统发展一个异质性企业模型，关于贸易成本是否异质已有许多学者在这方面进行了研究：安虎森等（2013）从市场规模、贸易成本的不同对生产率悖论的问题论证，并从市场分割、贸易保护以及进入成本等方面来对此问题进行解释；朱希伟等（2005）证明了在存在市场分割的情况下，会导致企业生产的技术特征发生差异，最终企业选择行为会出现与梅里兹（2003）发生偏离的情况；杨汝岱等（2013）研究了地理距离对出口产品价格的影响，地理距离对产品价格的影响表现出中国特有的与发达国家不一样的广延边际与集约边际，侧面佐证了中国国内市场存在的市场分割现象导致的企业生产技术特征的异质性不仅仅源于生产率的差异，也与贸易成本的差异相关；邱毅等（2010）将地理位置不同造成的运输成本与制度原因造成的运输成本合并为同一个"运输成本"，也证明了企业异质性的"运输成本"导致的异质性企业的生产技术特征，从而具有不同的贸易特征；黄赜琳等（2006）、行伟波等（2012）利用边界效应模型证明了地方保护主义对国内贸易及国际贸易产生的影响，以此说明还要大力建设市场一体化，以纠正地方贸易保护主义造成的扭曲，另外需要指出的是，可变贸易成本异质性一方面受国内市场分割影响，同时，区域贸易安排、国家（地区）之间的非对称贸易政策安排都是造成可变贸易成本异质性的原因。本书在相关研究的基础上，对梅里兹（2003、2015）的异质性企业贸易理论模型进行拓展，加入贸易成本异质性，并假设可变贸易成本服从帕累托分布，[①] 为了简化分析，假定可变贸易成本、生产率分布的下界均为1，企业自由进入条件：

$$\int_{\varphi_1}^{\varphi_{\max}} \pi_1 g(\varphi) d\varphi + \int_1^{\tau_1} \int_{\varphi_2}^{\varphi_{\max}} \pi_2 g(\varphi) v(\tau) d\varphi d\tau = f_s \qquad (4-1)$$

其中，φ_1 为国内临界生产率，φ_2 为企业出口的临界生产率，$\pi_i = \left[\left(\dfrac{\varphi}{\varphi_i}\right)^{\sigma-1} - 1\right] f_i$，$\tau_1$ 为临界的可变贸易成本，利用企业自由进入条件可以求出国内临界生产率：

$$\varphi_1 = \left[\frac{f_1(\sigma-1) + f_2\left(\dfrac{f_2}{f_1}\right)^{\frac{-k}{\sigma-1}}(\sigma-1)\dfrac{\mu}{\mu+k}(1-\tau_1^{-k-\mu})}{f_s(k+1-\sigma)}\right]^{\frac{1}{k}} \qquad (4-2)$$

其中，f_1 为企业生产的固定成本，f_2 为企业出口的固定成本，f_s 为沉

---

① $v(\tau) = \begin{cases} \mu\tau^{-\mu-1}, & \tau_{\max} > \tau > 1 \\ 0, & \text{其他} \end{cases}$

没成本，按照上述分析，以及与前文梅里兹模型关于单一异质性的对比，临界生产率的差异将只体现在 $\frac{\mu}{\mu+k}(1-\tau_1^{-k-\mu})$ 与 τ^{-k} 的不同，下文将具体分析二者之间关系的差异，利用式（4-2）很容易验证 $\partial\varphi_1/\partial\tau_1>0$，即临界生产率与企业所处市场环境的临界可变贸易成本是正相关的，也就是说，在存在市场分割的情况下，企业的生产与出口行为因所处市场环境的不同而不同。这里本书假设了 τ_1 为临界的可变贸易成本，τ_1 越大表示可供选择的可变贸易成本空间越大，τ_1 与 φ_1 正相关，进而与社会福利也是正相关的，即可变贸易成本的选择空间越大，社会福利也就越大。理论上来讲，企业自身所处的可变贸易成本越大，则临界可变贸易成本就越大，即可变贸易成本的选择空间越大，如若不然，企业自身所处的可变贸易成本就不会进入企业出口的利润表达式，也就不存在企业的出口选择行为，而只要企业在一个较大的可变贸易成本环境中出口，就必须有一个较大的可变贸易成本选择空间与此对应（在位企业面临的可变贸易成本越大，说明临界可变贸易成本越大），也就是说，企业面临的可变贸易成本越大，企业就越倾向于出口。事实上，对于国内市场分割导致的可变贸易成本的异质性情况而言，这种较大的可变贸易成本将迫使企业从事出口行为。这里存在一个问题就是 τ_1 是否存在，也就是说 τ_1 是否可以内生的问题，事实上，在新古典的分析框架内可变贸易成本的内生性问题很难解决，但是在杨小凯（2003）[1] 及相关的新兴古典经济学的分析框架内，由于他们内生地解决了分工，将经济由社区经济到区域贸易到国内贸易再到国际贸易的行为内生了，这样一来实际上内生解决了临界交易效率（或者说交易成本）。而在实践中，本书也很容易理解临界贸易成本这一概念，即在贸易成本达到某一个值时企业已经不会出口，而这个值对于企业自身所处的市场环境而言是有差异的，这种差异一部分源于国内贸易条件，同时也与国际贸易环境相关，如双边贸易安排、区域贸易安排乃至 WTO 的安排，也直接说明了这种贸易条件的异质性。只是理论上，这个临界贸易成本的获得可能需要纳入政治经济学的分析框架进行解释，一般均衡的分析需要加入政府主体，但是这并不影响本书的分析。事实上，上述自由进入条件的分析框架对于多重异质性的求解是通用的，当本书引入生产的固定成本或者出口的固定成本异质性时，也可以求出企业所面临的临界生产率是与自身的固定成本或者出口的固定成本相关的，也就是说，传统的产业内的临

---

[1]　杨小凯：《发展经济学：超边际与边际分析》，社会科学文献出版社 2003 年版。

界生产率实际上是不存在的,而临界生产率本身也是异质的。

　　另外,需要说明的是尽管 $\partial\varphi_1/\partial\tau_1 > 0$,进而社会福利增加的内生机制也与前面的分析产生了偏离,但是这并不能说明贸易壁垒的设置对社会福利是有益的,本书注意到在贸易成本异质性中得到的临界生产率与同质性贸易成本的比较中,$\dfrac{\mu}{\mu+k}(1-\tau_1^{-k-\mu})$ 与 τ^{-k} 的关系如图 4-1 所示。

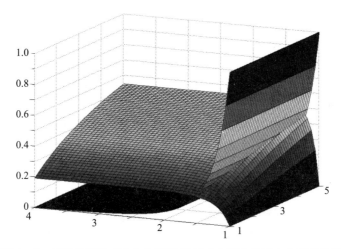

图 4-1　异质性贸易成本与同质性贸易成本下的临界生产率的比较

　　相关假设仍采用贝纳德(2003)、西蒙诺夫斯卡等(Simonovska et al.,2014)、贝纳德(2007)的分析结果,在 $k=4.2$,τ,$\tau_1 \in (1,4)$ 的基础上,本书假定贸易成本的分布参数 $\mu \in (1,5)$,μ 越大代表低可变贸易成本区域面积越大,μ 趋于无穷大,则分布函数退化为 1。实际上,图 4-1说明了在一体化程度特别高的国家,可变贸易成本相对较低,这时,异质性企业贸易理论所代表的社会福利水平是大于异质性可变贸易成本情况存在下的社会福利,[①] 双重异质性模型在临界贸易成本很低时,临界生产率发生反转,说明在临界贸易成本降到足够低的时候,社会福利会发生反转。

　　在生产率与可变贸易成本同时异质性的情况下,可以得到以下几个命题。

　　命题 1:行业内的临界生产率是不存在的,临界生产率受到企业自身所处市场环境(国内与国际)的不同而不同,因此临界生产率本身也是异

[①]　社会福利与临界生产率严格正相关,梅里兹(2003)已有证明,不再赘述。

质性的，也就是说，企业的选择问题会出现与梅里兹模型代表的异质性企业贸易理论不太一样的表现形式。具体而言，对于出口利润的表达式 $\pi_x = \tau^{1-\sigma}(1-\rho)L(\varphi\rho P)^{\sigma-1} - f_2$（本国市场与出口市场对称），内生的价格指数与临界生产率相关且 $dP/d\varphi_1 > 0$，考虑到价格指数的内生性，以及 $d\tau_1/d\tau > 0$，可以得到 $d\pi_x/d\tau > 0$，[①] 也就是说，对于企业而言，若其面临的可变贸易成本较大时，企业更倾向于出口。

命题 2：如果贸易成本不存在异质性，那么临界贸易成本也就不存在，上述模型退化为梅里兹模型。

命题 3：贸易成本异质性所导致的社会福利内生影响机制将会发生变异，经济的社会福利分解式中，国家规模对社会福利的增长机制仍然存在，总的产品多样性出现了与梅里兹模型不一致的情况，即在临界生产率异质性存在的情况下，总的产品多样性也出现了异质性，[②] 而总的社会福利与临界生产率正向相关的机制仍然存在。

另外，本书给出的"生产率—可变贸易成本—企业选择"的分析框架，实际上可以形成一个双重异质性的一般形式，如可以对式（3-60）进行变换形成"生产率—出口固定成本—企业选择"模型，可以得出企业的临界生产率的确也受到自身出口固定成本的影响，而不再是一个常数。邱斌等（2015）曾经做过这方面的研究，只不过在他的分析中，生产率并没有完全内生，因此无法进行社会福利的分析。

4.3　模 型 解 释

生产率与可变贸易成本双重异质性的主要意义在于，本书尝试为企业的出口生产率异质性提供一个新的理论解释框架，这就是除了企业显示出的生产率的异质性之外，由于中国的非完全市场经济、地方贸易壁垒的存在等因素，企业出口所面临的可变贸易成本也是异质性的，本书认为产生这种现象的原因一方面来自企业自身，因为尽管企业所处同一行业，但是

---

① 　$P = \rho^{-1}\left[\dfrac{L(1+p_e)}{\sigma F_t}(\varphi_W)^{\sigma-1}\right]^{\frac{1}{1-\sigma}}$，$F_t$ 为开放经济下存活企业的平均固定成本，其中 $F_t = f/[1-G(\varphi_1)] + f_1 + p_e f_2$，可以求出 $dP/d\tau > 0$。

② 　由于可变贸易成本的异质性，总的产品多样性 $M = \int_1^\tau {}^1 M_W d\tau$ 也出现了异质性。

产品在行业内部仍然存在一定的差异性导致企业向不同市场出口时,会面临不同的制约;另一方面企业在出口行为上可能受到制度成本的制约,有些企业可能需要更高的贸易成本才能出口,而有些企业并不需要或者需要的可变贸易成本相对较少。另外,由于企业后出口时很难对可变贸易成本与固定贸易成本做出严格的划分,本书在接下来的实证分析中也放弃对可变贸易成本的精确衡量,而借鉴目前有些文章采用的单位销售费用实现对可变贸易成本的替代。

总之,生产率与可变贸易成本双重异质性的模型,实际上是尝试为单一异质性的异质性企业贸易理论做出的一种新的解释,它更加有利于解释非完全市场经济导向下的企业出口行为,如果能够对临界生产率以及临界可变贸易成本(或者临界出口贸易成本)有更加深入的研究,则将对国际贸易理论乃至实践做出新的解释。而在经济增长领域出现的一些问题,可能会在国际贸易理论中得到新的解释,例如为什么有些学者的研究得出了市场分割甚至对经济增长是有益的?抑或是具有非线性影响?实际上本书的研究也表明了,即使在异质性企业贸易理论分析框架之内,由于多重异质性的存在,临界生产率有可能是大于单一异质性情况的,不管造成可变贸易成本的原因究竟是什么,既然形成了非对称的可变贸易成本,加上非对称的生产率,其对临界生产率、社会福利以及产品多样性的影响将是不确定的。本书的多重异质性模型也使得贸易理论更加符合实际,一方面更加符合企业在成本方面的不对称性;另一方面本书的多重异质性模型建立的背景是中国的贸易实践,因此不仅具有理论意义也具有实践意义。同时,本书的联合异质性模型也可以作为体现其他变量与生产率联合异质性的一般化模型,当然,本书所建立的生产率与可变贸易成本多重异质性模型也需要解释的一个问题就是:可变贸易成本的异质性是中国的特殊现象吗?还是基于贸易现实的普遍情况?从相关的研究来看,中国贸易的特殊性所显示出的制度成本的不对称性是主要原因。

第5章 基于多变量影响的
异质性企业贸易

5.1 生产率—可变贸易成本联合
异质性的贸易福利效应

对异质性企业贸易理论的社会福利的增长机制分解中，一般可分为市场规模、产品多样性的变化、贸易自由化对社会福利究竟具有怎样的影响。在梅里兹（2003、2015）的分析中，社会福利的增长机制主要由市场规模与企业的竞争决定。其中，市场规模对社会福利的增长作用是与同质性企业贸易理论（Krugman，1980）的分析结果相一致的。当然，在异质性企业贸易理论中，如果加入其他因素就可能造成对社会福利的增长机制的影响，例如尹斯斯等（2016）将企业对外直接投资（OFDI）与出口作为双因素影响临界生产率，进而推出 OFDI 也是社会福利的增长机制，并且企业对外直接投资（OFDI）也会成为企业对外进行产品出口的一种替代方式，同时，对社会福利以及产品多样性造成影响。其他因素对异质性企业贸易理论的社会福利的影响机制不再一一列举。为了探究异质性企业贸易理论的社会福利增长机制，本书将对式（5-1）~式（5-4）进行深入分析：

$$\varphi_c = \left\{ \frac{1}{f_s(k+1-\alpha)} \left[f(\alpha-1) + f_o\tau^{-k}\left(\frac{f}{f_o}\right)^{\frac{k}{(\alpha-1)}}(\alpha-1) \right] \right\}^{\frac{1}{k}} \quad (5-1)$$

$$\varphi_o = \varphi_c\tau\left(\frac{f_o}{f}\right)^{1/(\alpha-1)} \quad (5-2)$$

$$M_t = L\left[1 + \tau^{-k}\left(\frac{f_o}{f}\right)^{\frac{k}{1-\alpha}} \right] \Big/ \left[\sigma\left(f_s\varphi_c^k + f + f_o\tau^{-k}\left(\frac{f_o}{f}\right)^{\frac{k}{1-\alpha}}\right) \right] \quad (5-3)$$

$$W = \rho \left\{ \frac{L}{\left[\sigma \left(f_s \varphi_c^k + f + f_o \tau^{-k} \left(\frac{f_o}{f} \right)^{\frac{k}{1-\alpha}} \right) \right]} \left[\left(\varphi_c^{\alpha-1} \frac{k}{k+1-\alpha} \right) \left(1 + \tau^{-k} \left(\frac{f_o}{f} \right)^{\frac{k+1-\alpha}{1-\alpha}} \right) \right] \right\}^{\frac{1}{\alpha-1}}$$

$$(5-4)$$

　　式（5-1）为临界生产率的表达式，式（5-2）为出口的临界生产率的表达式，式（5-3）为一国总的产品多样性的表达式，式（5-4）为社会福利表达式，其中各变量所代表的含义在前文已有说明，不再赘述。这样一来，可以对临界生产率、社会福利以及产品多样性进行更加细致的比较静态分析。

　　其中，φ_c 为企业生产的临界生产率，f_s 为沉没成本，f 为企业生产的固定成本，f_o 为出口的固定成本，τ 为贸易成本（冰山成本），M_t 为两国开放经济模型所代表的总的产品多样性，W 为社会福利。式（5-1）说明 φ_c 的成立必须有 $k+1-\alpha > 0$ 成立，事实上由于无上界帕累托分布形式的特征，$k+1-\alpha > 0$ 必须成立，在平均生产率的描述性特征已经显现，若上述不等式不成立，则 $\int_{\varphi_1}^{\varphi_{max}} \varphi^{\sigma-1} g(\varphi) d\varphi$ 是无意义的。孙楚仁等（2013）对于这个参数空间满足性的问题进行了研究，并利用中国的数据验证了在中国的出口与生产率的行为中，上述参数区间是不满足的，最后从中国的非完全制度以及大量扭曲现象造成的无效率损失角度来分析。

　　另外，从式（5-1）可以很明显地发现，$\partial \varphi_c / \partial \tau < 0$，[①] 很容易验证本国产品多样性将随着贸易成本的下降而下降，同时本书还证明了另外一个事实，总的产品多样性也会随着贸易成本的下降而下降，证明过程见附录1。这样一来，在贸易成本下降的情况下，异质性企业贸易理论规模报酬递增的假设以及所导致的企业生产单一产品的技术特征，在贸易开放度不断提高的情况下，有可能导致产业内部垄断特征不断加剧，并且使国际垄断程度加剧。这样反过来，异质性企业贸易理论垄断竞争的假设至少在理论上，可能导致零利润条件发生偏移，即促竞争效应与企业的选择效应会导致整个行业的产品多样性降低。相反，在梅里兹和奥塔维亚诺（2008）的分析中，在两国开放经济模型中，本国产品多样性与总的产品多样性都在随贸易成本的下降而提高。这样一来，以梅里兹模型为代表的异质性企业贸易理论的贸易利得在开放经济中，社会福利

---

　　①　以下的所有分析，都是在开放经济均衡中进行，即 τ 的改变不足以改变贸易状态，τ 不会大到使经济回到封闭状态，也不会小到使所有企业都处于出口状态。

的增加只来源于国家规模与企业的选择效应，为了对此进行说明，本书对社会福利的表达式进行分解。令 $u = (w/\rho)^{\sigma-1}$，则社会福利的增长机制分解见式（5-5）：

$$d\ln u = d\ln L - d\ln A + d\ln B + d\ln C \qquad (5-5)$$

其中，$A = \left[\sigma\left(f_s\varphi_c^k + f + f_o\tau^{-k}\left(\dfrac{f_o}{f}\right)^{\frac{k}{1-\alpha}}\right)\right]$，$B = \varphi_c^{\alpha-1}\dfrac{k}{k+1-\alpha}$，$C = 1 + \tau^{-k}\left(\dfrac{f_o}{f}\right)^{\frac{k+1-\alpha}{1-\alpha}}$。

L 为市场规模，表明一国社会福利随市场规模的增大而增大，这一部分对社会福利的增长机制与克鲁格曼（1980）的结论是一致的；而 $d\ln A$ 描述了本国产品多样性的变化，贸易成本的变化导致了本国产品多样性较低；$d\ln B$ 描述了企业的选择效应与竞争效应带来的国内平均生产率的变化，这部分与贸易成本反相关，即贸易成本下降导致国内平均生产率上升；$d\ln C$ 表示企业出口所导致的平均生产率的进一步加成指数。$d\ln B + d\ln C$ 为总的企业选择造成的社会福利变化，这部分与贸易成本的变化反相关，即贸易成本降低会导致总的企业选择效应增大，只有这样才能抵消国内与国外产品多样性的下降造成的福利损失，并且企业选择效应对社会福利的增加作用在一定条件下总是能够抵消产品多样性的下降带来的损失。另外，在可变贸易成本与生产率异质性的情况下，有：

$$\varphi_c = \left[\frac{f(\alpha-1) + f_o\left(\dfrac{f_o}{f}\right)^{\frac{-k}{\alpha-1}}(\alpha-1)\dfrac{\mu}{\mu+k}(1-\tau_1^{-k-\mu})}{f_s(k+1-\alpha)}\right]^{\frac{1}{k}} \qquad (5-6)$$

由于在梅里兹（2003）的分析框架中，总的产品多样性 $M_t = \left(\dfrac{L}{f}\right)\left(\dfrac{\varphi_w}{\varphi_c}\right)^{1-\alpha}$，$\varphi_w$ 是用国内临界生产率与出口临界生产率衡量的平均生产率，同时，在梅里兹模型中，容易得到社会福利与临界生产率正相关。[①] 在多变量影响下，社会福利以及产品多样性将出现与梅里兹模型不一致的地方，主要原因在于，社会福利的增进机制除了与国家规模、竞争效应有关外，还与临界可变贸易成本相关。

[①]　详细可见梅里兹（2003），公式（D.1）：$W = M_t^{\frac{1}{\sigma-1}}\rho\widetilde{\varphi}_t = \rho\left(\dfrac{L}{\sigma f}\right)^{\frac{1}{\sigma-1}}\varphi^*$。

5.2　企业选择多元化情况下的社会福利效应分析

目前对异质性企业贸易理论的研究大部分还是将企业的选择行为局限在出口和国内生产两种方式上，但仅是对于企业产品的生产及组织方式而已，企业除了将产品供应国内以及出口之外，还可以在国外直接投资设厂，即 OFDI 的行为。而实际上，在对异质性企业贸易理论的研究过程中，企业将资源投向国外是极有可能对国内的临界生产率或者临界边际生产成本（参数）造成影响的，具体的影响机制本书将构建一个包含企业在国内、出口以及 OFDI 选择多元化情况下的社会福利的影响机制。

在前文对异质性企业贸易理论进行分析时，在探讨异质性企业贸易理论的企业选择、产品多样性以及社会福利等基础问题时，大多从企业在国内生产以及出口到国外两种行为的基础上进行研究，涉及企业对外直接投资设厂的情况下的研究相对较少，对于企业出口以及 OFDI 同时影响临界生产率进而影响社会福利与产品多样性的机制分析相对匮乏。因此，企业对外直接投资（OFDI）是否会对临界生产率或者临界市场竞争强度产生影响，或者产生什么样的影响亟待研究。国内外对于企业对外直接投资的行为研究有很多，如因布鲁诺（Imbruno，2015）的研究发现，企业的贸易与 OFDI 的方式都会对企业的生产效率产生影响，侧面反映了双渠道影响企业表现，具体而言，贸易对不进行进口的企业的效率有负向作用，而对具有进口行为企业的效率具有正向的影响，而 OFDI 对两种企业的效率影响都是正向的，也就是说，贸易和 OFDI 对企业的表现是非对称的。陈等（Chen et al.，2015）则直接研究了企业在出口与 OFDI 的策略选择，在其模型中，将贸易以及 OFDI 的相关因素即汇率、工资差异以及 R&D 经费的投入同时纳入分析框架，研究了企业的具体选择行为。赫尔普曼等（2004）建立了一个异质性企业贸易模型，探讨了企业成为跨国公司的表现及条件，以及企业的退出机制。国内也有很多学者将企业对外直接投资（OFDI）纳入企业行为的分析框架探讨其对技术、贸易的影响：李磊等（2012）重视企业市场势力的研究，其研究结果表明逆向 OFDI 对企业技术提升具有显著的正向效应，应重点培育企业的内生动力，并且验证了企业逆向 OFDI 确实对企业的技术竞争力有提升；张纪凤等（2013）将贸易与企业对外投资联合起来分析，研究表明企业对外投资会对贸易产生明显的拉动作用，在企业对外直接投资的过程中，贸易创造效应明显；隋月红等（2012）主要研究了 OFDI 对贸易结构的影响，重点研究了我国逆梯度 OFDI 的特点及其对贸易结构的影响机制，并验证了相关结论，即顺梯度与逆梯度对贸易结构的影响是不对称的。

　　从国内外相关学者的研究情况来看，企业对外直接投资行为（OF-DI）在大部分文献中被认为是一种外生的企业选择行为，从而缺乏将企业对外直接投资行为的动因纳入分析框架的基础，因此某种程度上很难说明企业选择行为的内生问题，即企业出口与对外直接投资的选择性。陈等（Chen et al.，2015）将对外直接投资与对外贸易作为两个相互独立的企业选择行为，并且认为企业对外直接投资的主要动因源于企业在外设厂的东道国工资率差异，随后在其博弈分析框架内，加入汇率、企业对外直接投资所面临的沉没成本以及 R&D 经费投入，研究了企业对外直接投资以及将产品出口的联合行为的选择问题，在他们的一般均衡的分析中，需求函数外生给定，没有对弹性问题进行仔细探讨，这主要是由于在函数中加入了较多的变量，使得将需求层面的问题简化，其两阶段最优化决策问题一方面要探讨企业选择行为，另一方面需要解决比较静态分析问题，即研发经费的投入多少、工资差异大小以及汇率水平的静态变化是如何影响这一两阶段的最优化问题的。国内学者对 OFDI 影响因素的研究文献众多：张为付（2008）从多层面多角度来探讨企业对外直接投资的影响因素，从企业对外直接投资的内部环境、外部支持环境以及东道国或者目标国的内部环境三个层面研究企业对外直接投资的影响，并利用多元回归分析验证了相关结论，其研究结果表明影响企业对外直接投资规模的有 GDP 水平、出口贸易的规模、民营经济在经济规模中的比重以及政府支持力度，而进口规模、人民币汇率以及反倾销案件数量对企业对外直接投资水平有反向影响。蒋冠宏等（2012）的研究表明，距离对企业的 OFDI 作用显著，具体来说空间距离的大小对企业的 OFDI 程度影响是反向的，并且企业在东道国的投资与东道国的类型有关，在发展中国家的 OFDI 具有明显的技术输出动机，而对发达国家的 OFDI 具有战略资产寻求动机，市场需求及资源寻求动机不明显，同时人民币升值对 OFDI 的影响并不明显。从相关的研究发现，企业是否进行对外直接投资乃至对外直接投资的方式选择实际上是一个很复杂的过程，对企业对外直接投资影响因素的探析，实际上仍然离不开邓宁的国际生产折衷理论，正如邓宁的国际生产折衷理论所阐述的那样，影响企业对外直接投资的方式选择主要由所有权优势、内部化优势以及区位优势构成，而每一个层面又包含大量的因素，很难抽象出一个指标来实现对企业对外直接投资动机的概括性描述，也就是说，企业对外直接投资的影响因素需要将这三种优势进行综合衡量才能得出一个更加准确的结论。为了实现对企业对外直接投资影响因素的综合衡量，任何单一指标如工资率差异、企业所在国的经济规模或者东道国的经济水平都难以实现对企业对外直接投资动机的综合考量。例如，如果我们只考虑两国之间工资水平的相对差异、经济规模的差异、技术水平的差距或者两国在资本报酬率上的差别，那么如果对上述动机做单一考察时，我们就很难对有些国家在某一要素禀赋上的差异非常显著，但是仍然存在相互对外直接投资这一现象做出合理的解释。本书认为，一般情况下，一国存在对外直接投资的相对比较优势在企业对外直接投资的动机考量中，一般而言不会存在完全劣势，基于此，为了避免出现这种情况，本书将企业对外直接投资（OFDI）的影响因素综合为参数 λ，λ 为企业对外直接投资动机的综合考量，λ 包括企业自身对外直接投资的优势以及本国环境支撑或者东道国的环境支撑，λ 与企业对外直接投资的动机反相关，也就是说，两国的对外直接投资比较优势参数越接近越可能不对外直接投资，λ 越大表示企业对外投资越不具有比较优势；相反，λ 越小意味着企业对外直接投资所具有的比较优势越大。影响 λ 的因素可以概括为：投资主体自身所具有的比较优势（技术优势、产品优势、企业特定优势），企业在东道国的对外直接投资所具有的比较优势（劳动力成本低廉、市场规模大、企业经营的制度环境好）等因素。本书在引入企业对外直接投资的比较优势参数后，对梅里兹等（2008）的模型进行拓展，发展了一个模型将企业对外直接投资的行为与企业进行出口的行为联合起来进行分析，对企业选择行为、产品多样性以及社会福利进行研究。目前，已有很多相关文献将企业 OFDI 与企业出口行为联合起来研究，但大多数还是研究企业的选择行为，并没有将对外直接投资与企业的出口行为结合起来做进一步研究。本书将企业对外直接投资的行为嵌入一般均衡的分析框架以解决异质性企业贸易理论可能存在的企业对外直接投资与企业出口如何影响国际贸易理论的相关问题。在对上述相关概念进行梳理的基础上，本书主要解决的是，比较优势参数 λ 决定的企业对外直接投资、企业出口的影响因素，进一步研究企业的临界市场竞争强度（临界生产率或者临界边际成本）、产品多样性以及社会福利，并对企业所处市场规模以及比较优势参数进行比较静态分析，本书在这一部分还重点研究了企业的双边贸易自由化以及非对称贸易自由化如何影响各国的社会福利，并与梅里兹等（2008）的单一出口行为的相关结论进行比较研究，同时给出一些贸易政策建议。

5.2.1 模型的建立及均衡决定

5.2.1.1 一般均衡方程的建立

本书采用梅里兹等（2008）的二次拟线性效用函数（Quasi-linear Utility，以下简称 QLU 效用函数）[①] 来表示典型消费者的效用最大化问题，消费者最优选择问题由式（5-7）决定：

$$U_{max} = q_0 + \alpha \int_{i \in \Psi} q_i di - \frac{1}{2}\beta \int_{i \in \Psi} (q_i)^2 di - \frac{1}{2}\gamma (\int_{i \in \Psi} q_i di)^2$$

$$st: q_0 + \int_{i \in \Psi} p_i q_i di = I \qquad (5-7)$$

其中，q_0 为标准化产品消费量（quality of numeraire，价格为1），q_i 为差异化产品的消费量（quality of variety），其中 $i \subseteq (1, M)$，M 为产品多样性。参数 α、γ 表示消费者如何在标准化产品与差异化产品之间进行选择：α 的增加或者 γ 的减少，表示消费者更倾向于差异化产品的消费；α 的减少或者 γ 的增加，表示消费者更倾向于标准化产品的消费。β 的大小影响差异化产品内部的差异化水平，从消费者的效用函数可以看出当 $\beta = 0$，消费者只关注产品消费量的集合。I 为预算支出约束水平，p_i 为典型产品价格，利用拉格朗日方法可以求出上述消费者效用最大化条件下的反需求函数：

$$p_i = \alpha - \beta q_i - \gamma Q^c \qquad (5-8)$$

其中，$Q^c = \int_{i \in \Psi} q_i di$ 是代表性消费者对所有多样性产品的消费水平（消费集）的衡量方式，同时用 M 表示产品多样性水平，因此 $\tilde{p} = \frac{\int p_i d_i}{M}$ 为消费水平的平均价格，在对典型产品价格 p_i 两端求积分后，可以求出消费水平的表达式将由式（5-9）决定：

① 该函数更加详细的解释可见，Ottaviano G.，Tabuchi T.，Thisse J.，Agglomeration and Trade Revisited. *International Economic Review*，Vol. 43，No. 2，May 2002，pp. 409-435.

$$Q^c = \frac{M(\alpha - \tilde{p})}{\beta + M\gamma} \tag{5-9}$$

将式（5-8）和式（5-9）联合起来可以求出代表性企业的生产函数：

$$Q = Lq_i = \left(\frac{\alpha}{M\gamma + \beta} - \frac{p_i}{\beta} + \frac{M\gamma}{M\gamma + \beta} \frac{\tilde{p}}{\beta} \right) L \tag{5-10}$$

由于企业的生产特征保证 $Q > 0$，这时企业的生产价格便存在一个上界值，也叫右侧值（Right Hand Side，R. H. S），$p_i \leqslant \frac{\alpha\beta + M\gamma\tilde{p}}{M\gamma + \beta} = p_r$。事实上，从 QLU 效用函数的设置可以看出，二次拟线性效用函数已经对 CES 效用函数做出了改进，根据 CES 效用函数的定义，CES 效用函数表示常替代弹性函数，但是具体考察 CES 函数对弹性的求解过程可以看出，常替代弹性的结论必须依赖于产品多样性 M 趋于无穷大才能使其他项为 0，这样才能得到替代弹性以及弹性值为 $1/(1-\rho)$，也就是说，替代弹性的外生性依赖于产品多样性无限大的假设。但是这又与产品多样性的内生性（产品多样性的实际值并非无穷大）相互矛盾，在 QLU 效用函数的假设下，产品的弹性不再是一个常数，[①] 也就是说，需求的价格弹性开始受临界价格（保留价格）（p_r）条件影响。联合式（5-8）、式（5-9）、式（5-10）可以求出垄断竞争条件下企业利润最大化的条件满足：

$$p(c) - \frac{Q(c)\beta}{L} = c \Rightarrow Q(c) = \frac{L}{\beta}[p(c) - c] \tag{5-11}$$

由于临界价格的存在，企业的生产价格 $p(c)$ 必须小于右侧值（R. H. S），企业才能获得正常利润，否则企业会退出市场，因此企业采用完全的价格加成方式，用 $p(c) = (c_r + c)/2$，$c_r = p_r$ 来表示生产价格。其中，c 为企业生产的边际成本，c_r 为企业生产的临界边际成本，由市场竞争环境决定。$p(c)$ 意味着当 $c_r > c$ 时，企业获得正的利润，这时企业会继续生产，存活下来；当 $c_r < c$ 时，企业获得负的利润，企业无法存活，退出市场。最后，假设企业的技术特征，即企业的边际成本参数符合无上界的帕累托分布，但是企业有最低的临界生产率 $1/c_m$，因此临界边际成本参数还要必须满足：$c_r < c_m$，即对于在位企业而言 $c < c_r < c_m$，此时 c_m 成为企业生产时面临的最大边际成本参数。

在上述企业生产的相关假定下，将式（5-9）与前面的式子相结合，

---

① 具体见式（2-3）。

可以得到企业生产的利润表达式为：

$$\pi_m = \frac{L}{4\beta}(c_r - c)^2 \qquad (5-12)$$

5.2.1.2　无上界的帕累托分布与企业自由进入：均衡的决定

根据目前主流文献对企业生产率的假定，企业生产率服从帕累托分布，企业的帕累托分布的概率密度函数由式（5-13）表达：

$$g(\varphi \mid \varphi_1, k) = \begin{cases} \dfrac{k\varphi_1^k}{\varphi^{k+1}}, & \varphi > \varphi_1 \\ 0, & \text{else} \end{cases} \qquad (5-13)$$

根据梅里兹等（2008）以及梅耶尔等（2014）的相关研究，可用 $1/c$ 对生产率进行替代，因此生产率的最小值与边际成本的最大值对应，即 $\varphi_1 = \dfrac{1}{c_m}$，进一步，可以得到企业的边际成本与企业的生产率也服从帕累托分布，即企业边际成本的分布函数为：$G(c) = \left(\dfrac{c}{c_m}\right)^k$，因此概率密度函数为 $g(c) = kc^{k-1}c_m^{-k}$，由于 $c_r < c$ 企业获得的利润为负，进而企业的进入概率由 $G(c_r) = \left(\dfrac{c_r}{c_m}\right)^k$ 决定。

从上述帕累托分布的形式可以看出，其分布形式存在以下特点：由于 $c < c_r < c_m$，k 值与分布函数反相关，k 值越大，意味着 $G(c)$ 越小，因此从图 5-1 中可以看出，随着 K 的增加 S 区域的面积越来越大，企业的生产率减小，也就是说，企业生产将更多地位于高边际成本参数区域。相反，另一种情况是当 K 接近于无限大时，企业生产的成本分布退化到 Cm 处，企业的分布形式成为一条垂线。当 $k=1$ 时，企业生产的边际成本函数退化为一个典型的均匀分布 $G(c) = \dfrac{c}{c_m}$。

根据梅里兹等（2015）以及相关的代表性文献，由于企业处于垄断竞争的环境中，在不变的生产规模下，根据企业的自由进入条件，本书将企业进入市场所面临的预期的沉没成本定义为 f_s，企业的预期利润在自由进入条件的假定下，净利润为 0，因此自由进入条件也就意味着企业的预期利润等于沉没成本。自由进入条件假设下，企业的临界边际成本参数将由式（5-14）决定：

$$\int_0^{c_r} \pi_m(c) g(c) dc - f_s = 0 \qquad (5-14)$$

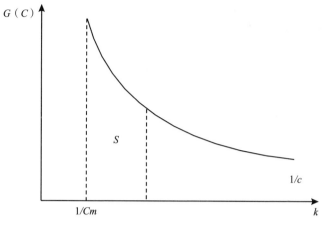

图 5 – 1 边际成本的帕累托分布

将式（5 – 13）中企业的边际成本参数的密度函数形式以及企业的利润表达式代入式（5 – 14），就可以得到在不考虑贸易成本条件下，企业在封闭经济假设下的临界边际成本（市场竞争强度）[①] 参数：$c_r = \left(\dfrac{\beta E f_s}{L}\right)^{\frac{1}{k+2}}$，$L$ 为劳动力人数，在国际贸易理论的相关文献中也将 L 视为市场规模（market size）的代表。[②] 同时，$E = 2(k+1)(k+2)c_m^k$，由于 k 为帕累托分布的参数，C_m 为企业边际成本的最大值，因此在上述条件下，E 变为常数，根据对保留价格 $\dfrac{\alpha\beta + M\gamma\tilde{p}}{M\gamma + \beta} = p_r = c_r$ 的求解，以及上文 $p(c)$ 的表达式可知，$p(\tilde{c}) = (c_r + \tilde{c})/2$。同时需要说明的是，企业的退出与在位者的变化都不影响整体边际成本的分布情况，再加上 $G(c_r)$ 为企业进入的概率，从而可以得到企业成功进入市场的条件概率密度函数 $T(c) = g(c)/G(c_r)$。[③] 显然，企业的边际成本与临界边际成本满足：c 小于 c_r，在企业成功进入市场的条件概率密度条件下可以得到在位企业的平均成本的表达式为 $\bar{c} = \displaystyle\int_0^{c_r} cg(c)/G(c_r)dc$。由于已经求得临界边际成本的表达式 $c_r =$

---

① 将临界边际成本参数作为市场竞争强度（toughness of competition）的说法具体可见梅里兹等（2008）、梅耶尔等（2014）对这一概念阐释，本书为了分析的方便，沿用了该说法并进行拓展。

② 梅耶尔等（2014）、梅里兹等（2008）以及相关文献都有此类的表述。

③ 其条件概率密度的表达式可参见条件概率公式得到，与梅里兹（2003）的相关论述是一致的。

$\left(\dfrac{\beta E f_s}{L}\right)^{\frac{1}{k+2}}$，再利用帕累托分布由 $g(c)$ 的概率密度函数表达式以及 $G(c_r)$ 的值，便可以得到平均成本的表达式为 $\bar{c} = \dfrac{k}{k+1}c_r$，最后将平均成本的表达式与右侧值的表达式联立并结合已得到的企业生产的相关表达式，可以求出：

$$M = \frac{2(k+1)\beta}{\gamma}\left(\frac{\alpha}{c_r}-1\right) \qquad (5-15)$$

$$U = 1 + \frac{1}{2\gamma}(\alpha - c_r)\left(\alpha - \frac{k+1}{k+2}c_r\right) \qquad (5-16)①$$

其中，式（5-15）为产品多样性的值，式（5-16）为效用值同时也代表了社会福利的大小。关于社会福利的求解本书在前文已有说明，目前国际贸易理论的相关文献对于社会福利的表达既有直接利用代表性消费者的效用函数代表社会福利，如梅里兹等（2008）、梅耶尔等（2014），也有利用真实工资 $W = w/P$ 代表社会福利，如梅里兹（2003）、梅里兹等（2015）。对式（5-15）做简单的比较静态分析可以得出：产品多样性与临界边际成本 c_r 成反比，而临界边际成本 c_r 的倒数 $1/c_r$ 为市场竞争强度，也就是说，产品多样性的值与市场竞争强度成正比，② 即市场竞争强度越大，产品多样性越大。对式（5-16）做比较静态分析可以得到社会福利水平也与 c_r 成反比，也就是说，市场竞争程度与社会福利成正比，一个国家或者地区企业之间的竞争越激烈，社会福利水平也就越大。由于市场竞争强度决定了社会福利水平与产品多样性的大小，最后需要对临界边际成本的值或者市场竞争强度的值具体分析，从 c_r 表达式可以看出，市场规模对产品多样性、社会福利都是正向影响。另外，如果按照真实工资来衡量社会福利水平，参照梅里兹（2003）、梅里兹等（2015）及相关文献采用

---

① $U = I - \int p_i q_i di + \alpha Q^c - \dfrac{\beta}{2}\int q_i\left(\dfrac{\alpha - p_i - \gamma Q^c}{\gamma}\right)di - \dfrac{1}{2}\gamma(Q^c)^2$

$\quad = I - \int p_i q_i di + \alpha Q^c - \dfrac{1}{2}\alpha Q^c + \dfrac{1}{2}\int p_i q_i di$

$\quad = I + \dfrac{\int(p_i - \tilde{p})^2 di}{2\beta} + \dfrac{1}{2}Q^c(\alpha - \tilde{p})$，其中，$\int p_i q_i di = \tilde{p}\,Q^c - \dfrac{\int(p_i - \tilde{p})^2 di}{\gamma}$。

在垄断竞争的市场条件下，存在不变的市场规模，企业的净利润为 0，进一步可以得到平均收入：$\dfrac{M\tilde{r}}{L} = (\alpha - c_r)c_r\dfrac{2k+1}{2\gamma(k+1)}$。

② 临界边际成本的倒数 $1/C_r$ 为市场竞争强度，下文提及的市场竞争强度均是此意，不再赘述。

真实工资代表对社会福利的研究，则有社会福利水平 $W = w/\tilde{p} = \dfrac{2k+2}{2k+1}\dfrac{1}{c_r}$，这个表达式对社会福利的表述更加直接，显然社会福利水平与市场竞争强度正相关，也就是与临界边际成本参数反相关。

5.2.2　开放经济决定

在对于开放经济的研究中，本书将采用对称性假设，假定有两个国家，分别为国家 1（本国）与国家 2。在这一部分只采用两个国家进行对称性研究，参照梅里兹等（2008）的研究方式，随后再加上一国对外进出口时的贸易伙伴进而考虑非对称国家的均衡决定问题，这样一来进行比较静态分析时更加符合贸易实际。同时，在该部分对开放经济的分析框架中，本书将采取与主流的国际贸易理论研究不一样的方式，尝试将企业的对外直接投资（OFDI）的因素纳入分析框架，考虑到了企业在国内生产、在国外设厂以及进行国际贸易的多渠道的生产方式如何影响一国或地区的临界边际成本（市场竞争强度），进而如何影响企业的选择、产品多样性以及社会福利，也就是研究企业对外直接投资 OFDI 对临界边际成本（市场竞争强度）及国际贸易理论与政策的相关变量的影响以及做出比较静态分析。

假定企业所处的国内市场与出口市场是相互独立存在的，由于冰山成本 τ 的存在，在出口时，面临一个加成的边际成本。因此企业在国内市场、出口市场所面临的临界边际成本与保留价格之间的关系如式（5-17），且上界值要符合以下条件：

$$c_r^1 = \sup(c: \pi_r^1 > 0) = p_{\max}^1$$
$$\tau_{12}c_x^1 = \sup(c: \pi_x^1 > 0) = p_{\max}^2 \qquad (5-17)$$

也就是说，上述临界边际成本的值需要满足使得企业利润大于 0 的情况才能存在，在这里，c_i 为国家 i 的企业在国内市场进行生产所面对的临界边际成本，c_{ix} 为国家 i 的企业进行对外贸易时所要面对的临界边际成本，τ_{12} 为国家 1 向国家 2 进行出口时所面临的冰山成本，τ_{21} 为国家 2 向国家 1 进行出口时所面临的冰山成本，进一步 τ_{ij} 为 i 国向 j 国出口时企业所面临的冰山成本，同时在对称性条件的假设下，存在 $\tau_{ij} = \tau_{ji}$，$\tau_{ii} = 1$。另外，由于上述相关对称性的假设，各个国家或地区之间在变量对称的情况下的效用函数也是对称的，从而可以得到对于国家 1 而言，企业的产量与利润由式（5-18）决定：

$$q_x^1(c) = \frac{L_2}{2\beta}\tau_{12}(c_{1x} - c), \quad \pi_x^1(c) = \frac{L_2}{4\beta}(\tau_{12})^2(c_{1x} - c)^2$$

$$q_o^1(c) = \frac{L_2}{2\beta}(c_2 - \lambda c), \quad \pi_o^1(c) = \frac{L_2}{4\beta}(\tau_{12})^2(c_2 - \lambda c)^2 \quad (5-18)$$

定义国家 1 是本国，那么有 $q_x^1(c)$ 是本国企业出口产量的表达式，$\pi_x^1(c)$ 则为本国企业出口利润的表达式；$q_o^1(c)$ 则为本国企业对外直接投资的产量表达式，$\pi_o^1(c)$ 是本国企业对外直接投资的利润表达式。另外需要指出的是，企业对外直接投资时需要面临的临界边际成本是东道国（国家 2）的临界边际成本。依然采用将 f_s 定义为企业进入市场的沉没成本，利用上述关于企业生产率的概率密度函数以及企业自由进入的条件可以得到临界边际成本将由式（5-19）决定：

$$\int_0^{c_1} \pi^1(c)g(c)dc + \int_0^{c_{1x}} \pi_x^1(c)g(c)dc + \int_0^{c_2} \pi_o^1(c)g(c)dc - f_s = 0$$

$$(5-19)$$

根据企业边际成本的概率密度表达式、企业出口以及对外直接投资的利润表达式，将式（5-20）进行变换，可以求出，国内临界边际成本的均衡将由式（5-20）决定：

$$\frac{L_1}{4\beta}\frac{2c_1^{k+2}c_m^{-k}}{(k+1)(k+2)} + \frac{L_2}{4\beta}\frac{c_2^{k+2}c_m^{-k}T(\lambda_{12})}{(k+1)(k+2)} + \frac{L_2}{4\beta}\frac{2c_{1x}^{k+2}c_m^{-k}(\tau_{12})^2}{(k+1)(k+2)} = f_s$$

$$(5-20)$$

其中，L_1 为本国市场规模，c_1 为本国市场所面临的临界边际成本，c_2 为东道国市场的临界边际成本，c_m 为企业的最大边际成本。

同时定义，$T(\lambda_{12}) = k^2 + 3k + 2 - 2\lambda_{12}k^2 - 4\lambda_{12}k + (\lambda_{12}k)^2 + (\lambda_{12})^2 k$，很显然对 $T(\lambda)$ 进行比较静态分析容易得到 $T(\lambda)' < 0$，另外，由于 $\tau_{12}c_{1x} = c_2$，因此进一步地，式（5-20）可以转变为：

$$L_1 c_1^{k+2} + L_2 c_2^{k+2}\left[\frac{T(\lambda_{12})}{2} + \phi_{12}\right] = \beta B \quad (5-21)$$

为了简化分析，再次定义：$B = 2(k+1)(k+2)c_m^k f_s$，$\phi_{12} = \tau_{12}^{-k}$，同理，$\phi_{21} = \tau_{21}^{-k}$。由于本国（国家 1）与东道国（国家 2）之间的对称性，将式（5-21）的脚标替换为东道国之后可以与式（5-19）联立得到一个方程组，解这个方程组或者利用克莱姆法则（Cramer Rule）便可以求出国家

1 的临界边际成本为：$c_1 = \left\{\dfrac{\beta B}{L_1}\left[\dfrac{1 - \left(\dfrac{T(\lambda_{12})}{2} + \phi_{12}\right)}{1 - \left(\dfrac{T(\lambda_{12})}{2} + \phi_{12}\right)\left(\dfrac{T(\lambda_{21})}{2} + \phi_{21}\right)}\right]\right\}^{\frac{1}{k+2}}$，

同理，可以得到国家 2 的临界边际成本值为：$c_2 = \left\{ \dfrac{\beta B}{L_2} \left[\dfrac{1 - \left(\dfrac{T(\lambda_{21})}{2} + \phi_{21} \right)}{1 - \left(\dfrac{T(\lambda_{12})}{2} + \phi_{12} \right) \left(\dfrac{T(\lambda_{21})}{2} + \phi_{21} \right)} \right] \right\}^{\frac{1}{k+2}}$。

从国家 1 与国家 2 的临界边际成本的表达式可以得到，如果回归到企业的出口与对外贸易两种行为方式，即不考虑附加企业对外直接投资的行为，则国家 1 和国家 2 的临界边际成本将分别简化为 $c_1 = \left[\dfrac{\beta B}{L_1} \left(\dfrac{1 - \phi_{12}}{1 - (\phi_{12})(\phi_{21})} \right) \right]^{\frac{1}{k+2}}$，$c_2 = \left[\dfrac{\beta B}{L_2} \left(\dfrac{1 - \phi_{21}}{1 - (\phi_{12})(\phi_{21})} \right) \right]^{\frac{1}{k+2}}$。考虑东道国与母国在贸易政策安排上完全对称，也就是双边贸易自由化的情况下，本国（国家 1）的临界边际成本值 $c_1 = \left[\dfrac{\beta B}{L_1} \left(\dfrac{1}{1 + \phi} \right) \right]^{\frac{1}{k+2}}$，同理，$c_2 = \left[\dfrac{\beta B}{L_2} \left(\dfrac{1}{1 + \phi} \right) \right]^{\frac{1}{k+2}}$，其中 $\phi = \tau^{-k}$。若将企业对外直接投资的因素考虑进去，假定东道国与母国具有双边贸易自由化的贸易政策安排以及两国具有相同的比较优势参数情况下，本国与东道国的临界边际成本将简化为：$c_1 = \left\{ \dfrac{\beta B}{L_1} \left[\dfrac{1}{1 + \left(\dfrac{T(\lambda)}{2} + \phi \right)} \right] \right\}^{\frac{1}{k+2}}$，同理，可以得到 $c_2 = \left\{ \dfrac{\beta B}{L_2} \left[\dfrac{1}{1 + \left(\dfrac{T(\lambda)}{2} + \phi \right)} \right] \right\}^{\frac{1}{k+2}}$。

如果不考虑其他因素的影响，对国家 1 和国家 2 进行简单的比较静态分析就可知，临界边际成本的值与市场规模反相关，进而得出市场竞争强度与市场规模正相关，并且按照真实工资衡量社会福利的方式，社会福利和市场竞争强度与市场规模也是正相关的，也就是说，市场规模越大代表社会福利水平也越高，这与主流的国际贸易理论及经济增长理论的相关结论是一致的。最后，在将考虑对外直接投资的情况与不考虑对外直接投资的情况做一个对比分析可以看出，上述临界边际成本的求解结果表明在加上 OFDI 对企业生产方式的影响后，临界边际成本与不考虑企业对外直接投资的临界边际成本相比是偏小的，这也说明附加了企业对外直接投资生产方式的结果将使得市场竞争强度更大，也就意味着在考虑企业多策略选择的条件下，市场的竞争将趋向更加激烈。并且如果企业对外直接投资（OFDI）的比较优势更强的话，临界边际成本会更小，也就是说，市场竞争强度更大。结合前面的分析说明，企业对外直接投资（OFDI）将增加产品多样性 M，并且附加企业对外直接投资方式的情况下社会福利水平 W

更大，另外考虑到非对称的双边贸易政策安排情况，这种由于非双边贸易政策安排所导致的福利水平的变化对各国来说也是非对称的。具体而言，如果单方（假设为本国）进行贸易自由化的政策安排，那么该国或地区的社会福利水平会单方面下降，由于本国进行贸易自由化的政策安排实际上就是另一国的相对贸易壁垒水平升高，因此另一国的社会福利水平会由于本国的贸易壁垒水平下降而上升。本书对双边贸易政策安排的研究也表明，在两国贸易政策安排的进程中，两国之间在贸易政策安排的问题上，存在博弈情况，这实际上也佐证了战略性贸易政策确实是一个"以邻为壑"的政策，即类似于提高本国可变贸易成本安排的情况下，社会福利水平会提高，相对应的本国贸易伙伴的社会福利水平却会下降。

5.2.3 多边贸易与非对称分析

在这一部分，本书将上一部分的附加企业对外直接投资的模型进一步扩展为包含一国的全部贸易伙伴的情况下，如何分析国际贸易理论的相关变量及政策安排问题，在这一部分为了将该模型拓展为更为一般的情况，本书采用的是包含一国所有贸易伙伴的非对称冰山成本 $\phi_{ij} = \tau_{ij}^{-k}(\phi_{ii}=1)$，其中，$\phi_{ij}$ 为 i 国到 j 国的自由贸易系数，从该系数可以看出，其与冰山成本反相关，也就是说，冰山成本越低自由贸易系数越高，同时附加企业对外直接投资的生产方式下，将企业对外直接投资的影响因素归纳为比较优势参数 λ，更为一般的，本章假设了在贸易中总共有 A 个国家纳入非对称分析，根据上一部分双边贸易的研究方法，加上对边际成本概率密度函数的特征描述分析，考虑对于国家 i 而言，将 i 国所有贸易伙伴考虑进去之后，任意国家的临界边际成本将由下列方程组决定：

$$\sum_{j=1}^{A} \left(\frac{1}{2} T_{1j} + \phi_{1j} \right) L_j (c_j)^{k+2} = \beta B$$

$$\cdots$$

$$\sum_{j=1}^{A} \left(\frac{1}{2} T_{Aj} + \phi_{Aj} \right) L_j (c_j)^{k+2} = \beta B \qquad (5-22)$$

基于上文的相关假设，每个贸易国与其他贸易伙伴都是对称的，而且企业对外直接投资的关系也是对称的，因此式（5-22）所表示的方程组可以转化为矩阵的形式，进一步的，可以利用克莱姆法则（Cramer Rule）的相关定义，求出任意国家或者地区的临界边际成本或者市场竞争强度为：

$$c_j = \left(\frac{\beta B}{L_j} \frac{|\Phi_j|}{|\Phi|} \right)^{\frac{1}{k+2}} \qquad (5-23)$$

在式（5-23）所表示的任一国的临界边际成本的表达式中，有

$$|\Phi| = \begin{vmatrix} L_1 & \cdots & \left(\frac{1}{2}T_{1j}+\phi_{1j}\right) & \cdots & L_A\left(\frac{1}{2}T_{1A}+\phi_{1A}\right) \\ L_1\left(\frac{1}{2}T_{21}+\phi_{21}\right) & \cdots & \left(\frac{1}{2}T_{2j}+\phi_{2j}\right) & \cdots & L_A\left(\frac{1}{2}T_{2A}+\phi_{2A}\right) \\ & & \cdots & & \\ L_1\left(\frac{1}{2}T_{A1}+\phi_{A2}\right) & \cdots & \left(\frac{1}{2}T_{Aj}+\phi_{Aj}\right) & \cdots & L_A \end{vmatrix}, \quad \frac{|\Phi_j|}{L_j}$$

是用 $(\beta B, \beta B, \cdots, \beta B)^T$ 去替代行列式 Φ 第 j 列之后的值，$|\Phi|$ 在梅里兹等（2008）定义为贸易自由度的开放程度矩阵，由于本书对该矩阵附加了企业对外直接投资参数的影响，所以矩阵包含了企业的对外开放系数以及企业对外直接投资的比较优势参数，进一步的该矩阵也就成为包含企业对外直接投资与出口两种对外决策的衡量的贸易开放度矩阵，该矩阵的行列式的值成为衡量一国对外贸易条件的综合考量。另外，如果对临界边际成本的表达式进行比较静态分析，很容易得到的结论是，在企业对外直接投资与对外产品出口的相关变量保持不变的情况下，临界边际成本的值与用劳动力衡量的市场规模指数①反相关，具体来说就是，随着市场规模增大，临界边际成本会逐渐变小，进一步而言就是市场规模越大，市场竞争强度也越大，此时产品多样性与市场规模也是正相关，表明市场规模越大产品多样性 M 的值就越大，在梅里兹等（2008）关于社会福利水平的值 W 也就越高。最后，由于非对称模型对临界边际成本的影响，存在行列式变化所导致的不确定性影响，任意可变贸易成本代表的贸易自由化程度可能会引起贸易自由化与对外直接投资所确定的开放度的行列式矩阵产生复杂变化，在这种情况下，对双边贸易自由化与双边贸易政策的安排、区域贸易一体化与区域贸易政策安排进行比较静态分析，由于矩阵行列式的值求解过于繁琐，因此该比较静态分析也将变得更为复杂，但是，通过对其他变量进行比较静态分析可以得出。对非对称模型得出的临界边际成本与相关变量的研究分析意味着，双边贸易自由化或者区域贸易一体化，也就是说，贸易系数一致（ϕ_{ij} 基本相同），并且各个国家之间的企业在对外直

---

① 在梅里兹等（2008、2015）以及梅耶尔等（2014）的相关文献中，都用到了一国的劳动力市场规模代替市场规模（market size），并且劳动力市场是缺乏弹性的。

接投资时比较优势参数类似（λ 接近或一致），在将企业对外直接投资的影响因素考虑进模型时，非对称模型的扩展结果显示出相比于不将企业对外直接投资（OFDI）的影响因素纳入模型的情形下竞争程度更加激烈，也就是说，c_j 会变得更小，从而市场竞争程度 $1/c_j$ 更大。同时，企业对外直接投资的比较优势参数 λ 变大，也会造成国内市场的竞争程度更加激烈，从而使得产品多样性 M 和社会福利水平 W 都会变得更大。①

　　本书对上述非对称模型的研究结果除了可以得到临界边际成本的值从而对产品多样性以及社会福利进行分析之外，还可以对异质性企业贸易理论在分布特征的基础上探讨潜在进入者的数量问题。事实上，利用反映多边贸易的非对称模型的扩展形式得到的潜在进入者的数量，可以从另一方面进一步反映出企业在国内市场、出口市场以及对外直接投资市场上的市场竞争程度问题，一个国家或者地区在位者的企业数量不仅包含了本国企业数量也包含别国贸易伙伴在本国的企业数量。在上述假设的基础上，根据前文对企业边际成本（其倒数为生产率）的概率密度函数可以求出，国家 1 或任意国家的潜在进入者的总数由式（5 - 24）决定：

$$\sum_{j=1}^{A} c_1^k c_m^{-k} N_{pj} \phi_{j1} = N_1 \qquad (5-24)$$

　　在这里，N_{pj} 代表任意的第 j 个贸易伙伴的潜在进入者总数目，同时鉴于每个国家的对称性，式（5 - 24）可以拓展为包含 A 个国家 A 个未知数的线性方程组，这样一来，由于 A 个线性方程的作用，采用克莱姆法则（Cramer Rule）可以得出：

$$N_{pj} = \frac{|\chi_j|}{|\chi|} \qquad (5-25)$$

　　在这里，$|\chi| = \begin{vmatrix} c_1^k c_m^{-k} & c_1^k c_m^{-k}\phi_{21} & \cdots & c_1^k c_m^{-k}\phi_{A1} \\ c_2^k c_m^{-k}\phi_{12} & c_2^k c_m^{-k}\phi_{22} & \cdots & c_2^k c_m^{-k}\phi_{A2} \\ & & \cdots & \\ c_A^k c_m^{-k}\phi_{1A} & c_A^k c_m^{-k}\phi_{2A} & \cdots & c_A^k c_m^{-k} \end{vmatrix}$，$|\chi_j|$ 是利用 N^T

（其中，$N^T = (N_1 \quad N_2 \quad N_3 \quad \cdots \quad N_A)^T$）去替换第 j 列之后的行列式的值，

---

① 将国家 1 的临界边际成本值作为参考，在区域贸易自由化的政策安排一样并且企业对外直接投资的比较优势参数一致或相等的情形下，很容易证明 $c_1 = \left[\frac{\beta B}{L_1}\frac{1}{1+a(A-1)}\right]^{\frac{1}{k+2}}$，这里 $a = \left(\frac{1}{2}T + \phi\right)$。

对 N_{pi} 进行比较静态分析容易证明，对双边贸易自由化或双边贸易政策安排而言，潜在进入者的数量与临界边际成本的值是反相关的，也就是与市场竞争强度的值是正相关的。具体而言，临界边际成本的值越小，潜在进入者 N_{pi} 就更大，侧面反映了国内市场竞争也就更活跃。对非对称模型的扩展形式考虑到矩阵的求解过程十分复杂，因此不再对这个扩展矩阵进行更详细的求解。最后，很明显的问题是，基于出口与对外直接投资多生产方式对临界边际成本的影响而言，在将上述非对称问题简化为国家之间的比较优势参数差别不是很大、区域自由化或贸易政策安排相近的国家及地区来说，企业对外直接投资（OFDI）的比较优势参数对潜在进入者也具有明显的影响。

由于二次拟线性效用函数（QLU）的特别形式，社会福利水平的值在梅里兹等（2008）或者梅里兹（2003）的真实工资的表达形式下，或者直接转化为效用值时都与临界边际成本相关，因此社会福利水平都可以转变为由临界边际成本或者市场竞争强度表达的形式。在上述本章对封闭经济与开放经济的非对称模型的求解之后，进一步对开放经济进行比较静态分析时，开放经济的多边贸易自由化遵从与封闭经济一样的分析结果，也就是说，临界边际成本的值越小或者说市场竞争强度越大，社会福利水平与产品多样性的值也会越大，社会福利水平在利用真实工资衡量时也会得出同样的分析结果。另外，从对非对称模型研究的结果可以看出，一个国家或者地区的临界边际成本的值是各个国家的贸易伙伴互相作用的结果，在多边贸易自由化以及一致的贸易政策安排时其比较静态的分析比较确定，而在多边非一致的政策安排出现时分析结果将不确定。最后，在对封闭经济以及开放经济的研究中可以得出，一方面，临界边际成本的值或者市场竞争强度不仅受到国内市场、国际贸易市场的影响，还要受到企业在外进行直接投资（OFDI）三种生产方式行为的共同作用；另一方面，考虑到企业多策略选择的生产方式，其对市场竞争强度、产品多样性以及社会福利的影响更大。

5.3　企业对外直接投资的贸易福利效应评估

改革开放以来，中国出口导向型战略的实施取得了巨大的成功，中国的对外出口使得中国的经济增长保持了较高的增长速度。中国在出口的过程中，充分发挥了比较优势，同时在参与全球化的进程中，国内市场逐渐开放，封闭经济走向开放经济，形成世界市场。企业的出口行为加剧了市场的竞争，世界市场的优胜劣汰效应促使企业生产效率提升，在创新方面的需求与产出也有所提升。中国的对外贸易发展，不仅带来了中国经济增长数量上的提升，也带来了质量上的飞跃。中国对外贸易的发展带来了贸易福利的增加，贸易福利的上升主要源于人均真实收入的上升（价格指数的下降）以及消费者选择多样性的上升。

从目前学界对贸易福利的研究来看，由于贸易福利是一般均衡分析的主要方面之一。以异质性企业贸易的分析框架为例，以现有文献对贸易福利的研究作为切入点，影响贸易福利的主要因素可以从静态和动态两个方面加以衡量。梅里兹（2003）、梅里兹等（2008）、梅耶尔等（2014）、梅里兹等（2015）以及其他的相关研究都认为，在产业内贸易的过程中，存在出口固定成本以及生产固定成本，同时企业之间的生产率具有异质性，经济由封闭向开放转换的过程中，产业内贸易必然导致低生产率的企业被淘汰，由于企业选择以及市场竞争效应的存在，产业内的平均生产率会有一个动态的增加，从而引起贸易福利的上升。另外，从目前异质性企业贸易理论的研究结论来看，有一个基本结论，即贸易成本尤其是可变贸易成本的降低会直接导致贸易福利的增加，实际上不管是否考虑临界生产率（或者临界边际成本），这个结论基本适用于绝大多数贸易福利的比较静态分析框架。事实上，从贸易福利提升的静态与动态方式来看，企业或者行业生产率提升的变化实际上得益于整个市场环境的改变，这里既包括制度性的环境（如产权的安排），又包括非制度环境的改善（如基础设施），也就是说，企业或者行业内部的生产率的动态增长实际上是一个较为缓慢的过程。企业在对外贸易过程中的贸易成本更容易受到人为或者政府因素的影响，如关税制度与非关税制度的安排，因而对于国内企业或行业而言，其面临的贸易成本的改善与否具有更大的不确定性。在 2008 年全球金融危机之后，关税以及非关税壁垒的调整也在发生周期性的变化，中美贸易摩擦也直接表明依赖外部贸易成本的下降带来贸易福利提升的方式越来越具有不确定性。

在研究中国外向型经济发展的过程中，我们发现，不仅企业对外出口的数量与价值发生了巨大的变化，与此同时，企业在对外直接投资方面也取得了重要的进展。我们以中国商务部公开的境外投资企业（机构）名录作为企业对外直接投资的研究基础，研究数据表明，以 2003～2013 年为例，中国对外直接投资企业数量从 2003 年的 36 家增加到 2013 年的 3918 家，而且行业分布也越来越广泛。从行业对外直接投资的集约边际来看，中国对外直接投资的额度从 2003 年的 28.5 亿美元（净额）增加到 2013 年的 1078.4 亿美元（净额）。从中国对外直接投资的表现来看，我们提出以下两个问题：企业在对外直接投资的过程中对贸易福利是否有影响？其影响因素与机制又如何？实际上，在当前经济环境下，基于贸易成本下降带来的贸易福利上升的不确定性，研究中国外向型经济的另外一种方式 OFDI 是必要的。原因有三：其一，从本书获取的中国工业企业数据库与境外投资企业（机构）名录的匹配情况来看，这些对外直接投资的企业普遍存在出口行为，换句话说，只存在国内生产与对外直接投资这两种方式的企业很少，说明研究对外直接投资的行为对贸易福利的影响具有现实性。其二，企业对外直接投资具有与出口不一样的决定机制，理论上来讲，企业的出口行为受到国内市场竞争环境的影响，而对外直接投资由于在国外（境外）开设工厂等行为，必然是要受到东道国市场环境的影响，从异质性企业贸易理论的分析框架上来讲，企业的出口行为受到本国的临界生产率或边际成本的影响，而企业对外直接投资的行为受到东道国的临界生产率或边际成本的影响，也就是说，企业的出口行为与对外直接投资的行为受到的影响机制不同。其三，异质性企业贸易理论的贸易福利的来源主要是市场的竞争效应与企业选择带来的淘汰作用使得具有分布特征的低生产率企业退出，高生产率企业留下，进而整个行业生产率提升并且贸易福利上升，而对外直接投资的动机主要还是传统贸易理论的相关影响因素，如东道国的劳动力比较优势、科技水平的比较优势等，即无论是根据异质性企业贸易理论还是传统贸易理论，对外直接投资都在促进中国的贸易福利上升。因此，研究对外直接投资对贸易福利的影响及影响机制问题具有一定的现实意义和理论意义。

事实上，对外直接投资对东道国与母国的相关变量的影响研究的文献有很多。有些文献从产业或地区层面对包括技术溢出、制度特征、区位选择等进行了大量探讨，如比较有代表性的邓宁（Dunning，1977）认为一国通过 OFDI 可以获取国外较先进国家的技术优势，研究了从技术的逆向溢出效应角度促进本国产业升级的可能性；李等（Li et al.，2016）运用省份层面的面板数据研究了对外直接投资带来的技术溢出从而推动国内研发能力的渠道；潘素昆等（2014）从资源寻求型、市场寻求型、技术寻求型三种对外直接投资动机，研究对外直接投资如何影响国内产业升级；潘雄锋等（2016）研究了对外直接投资与经济增长之间的关系，结果表明对外直接投资显著促进了经济增长，并通过提高研究经费、促进市场竞争强度等方式推动经济增长；田素华等（2019）研究了引进外资和对外直接投资对经济增长、全要素生产率、技术升级等因素的影响，并采用省级层面的数据对其相关结论进行了验证；陈俊聪等（2013）利用省级层面的数据，验证了对外直接投资和出口之间的关系，其研究表明对外直接投资不具有出口扩张效应，但是有技术升级效应，一定程度上表明对外直接投资与出口之间具有相对独立的方式。此外也有一些文献，从企业角度研究了对外直接投资对企业生产决策行为产生的影响，朱文涛等（2019）研究了对外直接投资的逆向溢出效应对绿色全要素生产率的影响，其基本结论是对外直接投资会显著促进绿色全要素生产率增长；叶娇等（2018）研究了企业对外直接投资、出口以及资本密集度之间的关系，结果表明生产率高、资本密集度高的企业更倾向于对外直接投资，劳动密集型企业更倾向于出口；孙好雨（2019）讨论了企业对外直接投资与对内投资的互补以及替代问题，其研究表明对外直接投资通过生产率、企业规模以及出口额度等渠道提升了企业对内投资；王永钦等（2014）从中国企业对外直接投资的区位决定角度，研究了企业对外直接投资主要受到制度、税负以及资源禀赋的影响，并研究了这些要素是如何影响企业对外直接投资的区位选择。从相关的研究来看，企业对外直接投资会通过利用东道国的科技创新水平、自然资源以及制度层面的相关便利条件影响母国企业的生产技术水平从而间接影响母国的贸易条件。从研究范围来看，关于企业对外直接投资的研究还主要集中在区位选择、影响要素与机制等方面，而关于企业对外直接投资是否影响贸易福利以及对贸易福利的影响机制的研究还相对匮乏。

针对现有文献的不足，本书试图从两个方面研究对外直接投资如何影响贸易福利及其影响机制的问题。一方面，本书以梅里兹等（2008）的一般均衡模型为基础，构建了一个包含企业对外直接投资的模型，从企业在国内生产、企业产品出口以及企业对外直接投资三种策略选择模型入手，研究了企业选择问题、产品多样性以及贸易福利的决定机制。本书的研究表明，企业对外直接投资会加剧市场竞争强度，进而促进贸易福利提高，同时，企业对外直接投资会通过工资缺口带来的劳动力成本优势以及利用东道国先进的科学技术水平两种渠道促进贸易福利的上升。另一方面，为了验证本书的核心命题，在梅里兹等（2003）对于贸易福利的估计表达式的基础上，利用中国工业企业数据库、海关贸易数据库以及联合国贸易和发展会议的贸易分析信息系统（TRAINS）提供的产品层面的关税信息，验证了企业对外直接投资、行业的加权平均生产率以及行业的加权平均关税率等变量对贸易福利的影响，并验证本书提出的相关命题。

本部分的贡献在于：（1）在梅里兹等（2008）的基础上，构建了一个包含企业对外直接投资、产品出口与国内生产的多策略选择模型，本书的研究表明，企业对外直接投资的行为会加剧国内市场的竞争强度，进而提升行业的贸易福利，同时行业可变贸易成本也会促进贸易福利的提升；（2）本书利用境外投资企业（机构）名录与工业企业数据库进行数据匹配，整理出企业对外直接投资的所在行业信息，并利用该数据作为对外直接投资影响贸易福利的经验分析的基础。研究发现，对外直接投资会显著促进行业贸易福利，对外投资的数量越多越有助于行业贸易福利的提升，对外直接投资会通过加强市场竞争强度的中介效应促进贸易福利的提升，同时工资缺口以及研发水平缺口也是对外直接投资促进贸易福利的两个重要渠道。（3）本书的研究不仅具有一定的理论意义也具有一定的现实意义，研究从侧面表明，贸易福利的增加不仅可以来源于双边以及多边贸易政策（主要是关税）的改善，也可以来源于企业为了规避关税不确定性风险的对外直接投资行为。出口与对外直接投资是既有联系又有区别的"两条腿"的开放战略，二者共同促进中国对外贸易的福利效应提升。

5.3.1 对外直接投资与贸易福利之间关系的经验研究

5.3.1.1 数据来源

本部分的数据来源包括以下几个部分：中国工业企业数据库，海关贸易数据库，联合国贸易和发展会议的贸易分析信息系统（TRAINS）提供的产品层面的关税信息以及中国商务部提供的境外投资企业（机构）名录。

中国工业企业数据库包含代表企业属性的相关指标（所有制、法人代码、所在地区等）以及相关的生产信息，是研究企业层面生产行为的主要数据库，也是本书研究对外直接投资对贸易福利影响的数据库来源之一。参考余淼杰等（2016）的做法以及相关学者的研究，本书对中国工业企业数据库的处理如下：删掉全部职工数小于9的样本，删除工业中间投入、工业增加值大于工业总产值的样本，去掉工业总产值小于等于0、工业中间投入小于等于0、工业增加值小于等于0、固定资产合计小于等于0以及企业实收资本小于等于 0 的样本，删除少量的企业名称为空值的样本。同时，由于 2004 年工业企业数据库的统计标准发生了较大的改变，有些指标可能需要进行重新计算，如工业增加值等。

海关贸易数据库记录了企业层面进出口每一种产品的相关信息，这些信息包括企业名称、进出口的时间、企业代码、贸易方式、进出口的数量、进出口的价值、企业所在地以及其他信息。这些信息是研究企业贸易行为的主要来源，由于含有企业进出口的产品代码（产品代码信息是衡量企业以及行业层面的贸易自由化的识别信息），因此海关贸易数据库是衡量贸易信息以及贸易自由化的识别指标的来源数据库。另外，由于海关贸易数据库记录的进出口信息精确到月份和日，因此在研究具体问题时，需要将月度数据加总为年度数据。海关贸易数据库提供的企业进出口的数量以及企业进口的产品代码信息，为企业层面的关税信息以及行业层面的关税信息衡量提供了基础，其中，企业在各种类型产品上的进出口价值提供了衡量企业层面的关税以及行业层面关税的权重信息。

关税数据库来源于联合国贸易和发展会议的贸易分析信息系统（TRAINS）。这些关税信息包含产品层面的 HS6 位码的所有关税信息，我们以企业为基准在汇总企业层面的关税信息后，对接到已有国民经济行业分类标准的工业企业数据库下，进而根据汇总的各个行业的企业关税衡量各个行业中间品贸易的自由化水平。

在对 OFDI 衡量时，用到了境外投资企业（机构）名录与中国工业企业数据库的匹配数据，根据中国对外直接投资企业名录，整理出 2003～2013 年各个行业对外直接投资的企业数量，然后根据不同年份所对应的国民经济行业分类标准将企业划分至其所在行业。之所以选择 2003～2013 年的数据，原因在于，2002 年国民经济行业标准进行了一次调整，选取2003 年开始可以避免行业转换带来的样本误差，2011 年也有一次调整，因此只需要进行一次行业转换，本研究根据 2011 年与 2002 年行业转换之间的关系将 2013 年的行业代码转换为 2002 年的行业代码。[①] 同时，本书也用到了世界银行指标数据库的相关指标信息。

本部分的数据匹配方式按照以下方式进行：首先，以海关的六位码产品信息与 TRAINS 产品代码对接，同时借鉴张杰（2015）、陈雯等（2016）的关税处理方法，将 HS（国际贸易协调编码）代码与 BEC（按经济大类

---

① 2012 年的行业分类标准实际上仍然采用的是 2002 年国民经济行业分类标准，因此 2012 年不需要进行调整。

划分）代码对接，将进口产品细分为中间品、消费品以及资本品进而汇总企业进口的中间品关税。然后，将工业企业数据与海关贸易数据按照余淼杰等（2016）的方式匹配。并根据汇总的企业层面关税平均值获得行业层面的进口关税信息，企业对外直接投资的东道国相关信息则根据《名录》与世界银行指标数据库的国别信息匹配得到，据此可以核算企业对外直接投资的相关信息，《名录》与工业企业数据库的匹配可以得到四位码信息下行业对外直接投资企业的数量信息，同时根据《名录》与世界银行指标数据库的匹配信息得到行业层面对外直接投资的平均工资水平、研发水平等信息。表 5-1 显示了各个数据库以及相关数据库的样本匹配信息。

表 5-1 数据库的匹配 单位：个

数据来源	样本量（2003~2013 年）
工业企业数据库	3518260
海关贸易数据库	959031
境外投资企业名录	15642
世界银行指标数据库	3472
工业企业数据库 + 海关贸易数据库	259739
工业企业数据库 + 境外投资企业（机构）名录	4033
境外投资企业（机构）名录 + 世界银行指标数据库	13697
四位码行业层面全样本	5237

注：海关数据库的样本量是将企业月度信息进行汇总之后的年份样本；工业企业数据库与境外投资企业名录之间的匹配按照"企业中文名称 + 年份"进行匹配；境外投资企业名录与世界银行指标数据库按照"国别信息 + 年份"进行匹配。

5.3.1.2 指标测度

（1）贸易福利（lnwelfare）的测算。

在国际贸易相关理论中，贸易福利本质上是典型消费者或者代表性消费者的效用水平，在新贸易理论中（Krugman，1980、1981），贸易福利所代表的福利水平是代表性消费者消费的、代表性厂商生产的差异化产品所产生的效用水平，生产者在产业内处于同质地位。而在异质性企业贸易理论框架中，贸易福利也指的是代表性消费者的效用水平，只不过在消费者消费系统里，生产产品的厂商处于非对称（异质性）状态，因此异质性企业贸易理论框架对于贸易福利的衡量不仅与市场规模、贸易自由化等变量相关，还与厂商处于怎样的异质性变量的分布特征有关（如生产率分布的帕累托参数）。异质性企业贸易理论对于贸易福利的衡量方式强调临界值（生产率或者边际成本）对于消费者福利的影响，以生产率为例，如果一个经济社会临界生产率很高，意味着在位企业的生产率都很高，其单位时间能生产更多产品，产品单价更低，行业价格指数也更低，消费者剩余和消费者福利也更高。因此，根据梅里兹等（2015）对社会福利的衡量方式，本书的贸易福利估算按照式（5-26）和式（5-27）进行：

$$W = \left(\frac{L}{\sigma f_1}\right)^{\frac{1}{\sigma-1}} \frac{\sigma-1}{\sigma} \varphi_1 \qquad (5-26)$$

$$\varphi_1 = \left\{\frac{1}{f_3(k+1-\sigma)}\left[f_1\varphi_{\min}^k(\sigma-1) + f_2\tau^{-k}\left(\frac{f_1}{f_2}\right)^{\frac{k}{(\sigma-1)}}\varphi_{\min}^k(\sigma-1)\right]\right\}^{\frac{1}{k}}$$

$$(5-27)$$

其中，φ_1 为开放经济条件下的临界生产率，W 为贸易福利，L 为市场规模，f_1、f_2、f_3 分别为生产的固定成本、出口固定成本以及沉没成本，$\varphi_{\min}$ 为生产率的下限。为了简化分析，根据梅里兹等（2015）的研究，确定 $\sigma=4$，$f_1=1$，$f_2=0.545$，$f_3=1$，$k=4.25$。同时，根据芬斯特拉等（2014）的相关研究，将生产率的下限设为 1，这样一来，中国出口的贸易福利衡量就主要受到市场规模 L 以及可变贸易成本 τ 的影响，根据异质性企业贸易理论对市场规模的相关定义，所有对消费品的对称消费 Lq_i 都进入需求函数，因此我们将经济活动人口设为市场规模的替代变量。迪乔瓦尼等（Di Giovanni et al.，2014）的研究中公布了中国的贸易伙伴以及包括中国自身在内的 75 个国家（或地区）的对外贸易的冰山成本 τ，根据本书测算，这 75 个国家和地区基本占据了中国对外贸易的 70% 以上，因此具有较强的代表性，我们根据公布的冰山成本的值，核算企业层面的冰山成本，并以此为基础核算四位码行业层面的冰山成本，行业层面的冰山成本公式为：

$$\tau_j = \sum r_{ij}\tau_{ij} \qquad (5-28)$$

其中，τ_j 为行业冰山成本，r_{ij} 为企业所在行业的出口份额，τ_{ij} 为企业所在行业的冰山成本。在行业冰山成本的基础上核算行业的社会福利，并对行业贸易福利取对数，根据上述研究方法得到的行业层面的贸易福利见图 5-2。

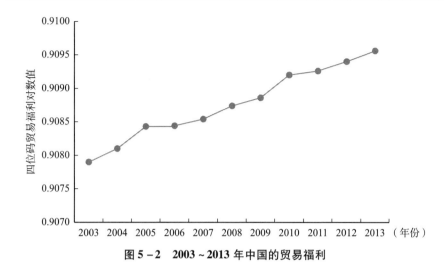

图 5 - 2　2003 ~ 2013 年中国的贸易福利

上述贸易福利的测算采用的行业代码是从 1310 到 4320 的制造业贸易福利，从海关贸易数据与工业企业数据对接后形成的行业年平均贸易福利来看，中国的贸易福利在加入 WTO 之后，保持了增长的趋势。可以发现，在刚加入 WTO 的几年内保持了较高的增长趋势，此后平缓增长，在 2008 年金融危机过后又保持了较高的增长，此后增长趋于平缓。

（2）企业对外直接投资（lnofdi）。

本部分根据中国商务部公开的境外投资企业（机构）名录整理出 2003 ~ 2013 年对外直接投资的企业，将中国工业企业数据库与《名录》的对接数据作为企业对外直接投资的依据（周茂等，2015），之所以采取这种方式，原因在于，这种衡量方式能够较为准确地反映对外直接投资的基本情况，而且可以与基于工业企业数据库中规模以上企业衡量的贸易福利测算相对应。根据对接数据来看，2003 ~ 2013 年对外直接投资的企业数量总数为 4033 家，其中绝大部分是制造业企业（制造业企业 3950 家），从对接数据的情况来看，企业对外直接投资发展非常迅速，对应于行业扩展边际 2003 年企业对外直接投资的数量仅为 12 家，且主要集中在计算机制造业以及化学产品制造业，2013 年对外直接投资企业数量为 979 个，这些企业基本涉及所有行业（二位行业代码）。从集约边际的角度看，中国对外直接投资的额度从 2003 年的 28.5 亿美元（净额）增加到 2013 年的 1078.4 亿美元（净额），中国对外直接投资无论是从数量还是额度来看，都保持了较快的增长速度。为了进行稳健性分析，本书采用两种对外直接投资的衡量方式，第一种方式是将中国工业企业数据库与《名录》的匹配数据作为企业对外直接投资强度的主要衡量方式。同时，第二种方式根据历年《中国对外直接投资统计公报》中关于地区层面对外直接投资的流量数据，并依据企业所在行业信息，核算行业层面对外直接投资的流量均值，作为对外直接投资的替代指标，用于后文的稳健性分析。根据上述对外直接投资的核算方法，企业对外直接投资的年均变化趋势见图 5 – 3 和图 5 – 4，其中图 5 – 3 为每个行业对外直接投资的企业数量对数值（lnofdi）的变化趋势，图 5 – 4 为根据对外直接投资流量核算的对外直接投资（lnsofdi）变化趋势。从图 5 – 3 与图 5 – 4 来看，行业对外直接投资的企业数量与流量的变化趋势基本一致，企业数量在 2008 年金融危机后一年有较大幅度的下降，流量方面在 2008 年就已经开始下降，但是 2009 年尽管对外直接投资的数量有所下降，流量却保持上升的趋势。总体而言，中国的对外直接投资趋势保持稳定增长。

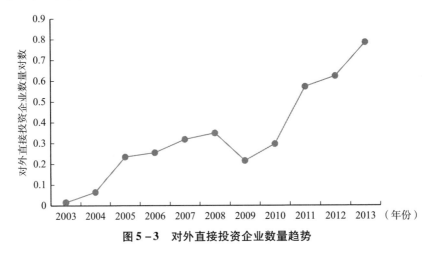

图 5 – 3   对外直接投资企业数量趋势

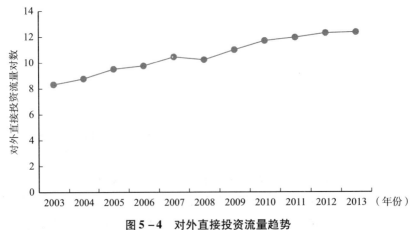

图 5 – 4   对外直接投资流量趋势

（3）控制变量。

①行业平均生产率（TFP）。异质性企业贸易理论的一个重要结论是，由于企业选择以及竞争效应的存在，市场的淘汰机制（临界生产率或临界边际成本）会导致整个行业的平均生产率提高，最后导致消费价格指数下降，进而社会福利上升。因此，本书在研究贸易福利的影响机制时，也会重点关注行业生产率的变化对贸易福利的影响。行业生产率根据工业企业数据库使用 OP 方法进行测算并取对数后，根据企业销售收入所占的份额估算企业的平均生产率，具体计算公式为：

$$TFP_j = \sum r_{ij} FTFP_{ij} \tag{5-29}$$

其中，TFP_j 为行业生产率，r_{ij} 为企业所在行业的销售收入份额，$FTFP_{ij}$ 为企业所在行业用 L-P 方法衡量的生产率。

②行业的贸易自由化程度（$Tariff_j$）。贸易福利与贸易自由化是息息相关的概念，二者之间的关系是目前贸易理论研究最基本的问题之一。从学界目前在贸易理论的研究进展来看，一个基本结论就是贸易自由化有利于各国贸易福利的提升。目前衡量贸易自由化主要从两个方向即进口贸易自由化与出口贸易自由化来衡量，本书主要从进口贸易自由化的角度来衡量中国的开放程度对贸易福利的影响。之所以选取贸易自由化作为控制变量不仅在于贸易自由化对贸易福利的影响是贸易理论研究的重要内容，而且从贸易实践来看，进口贸易自由化会直接影响企业的进出口行为，从而对企业进口的中间品、最终品以及资本品的数量和结构产生直接影响，进而影响企业的生产行为并能够对行业的贸易福利产生重要影响。本书在张杰（2015）、陈雯等（2016）处理方法的基础上核算企业中间品贸易自由化的水平，具体处理方法是将企业进口（一般贸易）的六位 HS 产品代码与关税代码匹配，获取企业进口产品的关税水平，同时将 HS 代码与 BEC 代码进行匹配，按照 BEC 与国民经济核算体系（SNA）的产品分类对接，可以直接得到企业进口的产品种类属于消费品、中间品还是资本品，在核算企业层面关税时，按照企业的进口份额核算企业层面的关税水平。最后核算行业层面的中间品关税时，为了避免一定程度上的内生性，将行业内部企业层面的关税水平取均值，获得行业层面的中间品贸易自由化，具体方法为：①

$$Tariff_j = \sum (1/n) \sum_{k=1}^{m} \eta_k tariff_{ik} \tag{5-30}$$

---

①　由于加工贸易免税或者出口退税，因此本书的进口数据均为一般贸易进口。

其中，$tariff_{ik}$为企业 i 在产品 k 上的进口中间品关税，η_k 为企业对产品 k 的进口权重，n 为 j 行业的企业数量，$Tariff_j$ 为行业的中间品平均关税税率。中国的进口中间品关税一直保持下降的趋势，从 2003 年的 5.83（均值）下降至 2013 年的 4.77（均值），另外从中间品关税水平与其他种类的关税比较可以看出，中间品关税水平一直处于较低水平。这与中间品的特性相关，中间品是企业生产的必要材料来源，一般不会直接对本国市场产生冲击，因此各国一般都对中间品施加相对较低的关税水平。在具体回归时，本书对关税水平取对数值，因此对贸易自由化水平衡量的变量为 $\ln tar$。

③民营经济的比重（rpe）。习近平在民营企业座谈会上充分肯定了民营经济在国民经济中所起到的重要作用，再次强调了非公有制经济在我国经济社会中的地位和作用。民营经济迫于自身的约束与外在的市场竞争压力会不断提升自身创新能力，民营经济有较明确的产权制度因此有较为完善的激励机制，民营经济有迫切的追求利润的动机机制，目标较为明确。因此总体上来讲，民营经济在推动行业贸易福利方面会起到重要的作用。本书将国有和集体、外商以及港澳台企业之外的企业定义为民营经济。所有制的划分以注册资本的 50% 以上的归属主体为标准，并以民营经济的销售份额判断民营经济的比重，民营经济的比重越大表明该行业民营经济所起到的影响越大。

④其他控制变量。除了上述控制变量外，梅耶尔等（2014）指出多产品生产实际上也会影响企业的生产决策行为，并进而对贸易福利产生一定的影响，因此本书还选用一个行业出口的平均产品多样性的对数（$\ln variety$）作为行业多样性的衡量指标。行业内部加工贸易份额（$process$）与余森杰等（2016）衡量方式相同，采用进口加工贸易份额占总进口比值作为加工贸易份额的替代指标。采用行业总出口的对数值作为行业出口规模（$\ln ex$）的替代指标。

本部分主要变量的描述性统计见表 5 – 2。

表 5 – 2　　　　　　　　　　　　描述性统计

变量名	样本量	均值	标准差
贸易福利（$\ln welfare$）	5124	0.9090	0.0010
对外直接投资（$\ln ofdi$）	5237	0.3360	0.5640
对外直接投资（$\ln sofdi$）	5237	10.5650	1.3800

续表

变量名	样本量	均值	标准差
中间品贸易自由化（lntar）	5095	1.4770	0.2320
产品多样性（lnvariety）	5178	2.0580	0.8270
民营经济份额（rpe）	4276	0.6190	0.1490
出口规模（lnex）	5237	18.6500	3.2640
加工贸易份额（process）	5237	0.2200	0.2530
全要素生产率（TFP）	4276	4.7280	0.3120

注：2009 年和 2010 年由于没有实收资本指标或者没有对实收资本进行分类，以及工资水平等指标缺少，导致 rpe 和 TFP 无法衡量，这两个指标因此在这两个年度缺失。

5.3.2　基准回归结果分析

5.3.2.1　基准回归结果

为了考察对外直接投资对贸易福利的影响，由于有些行业对外直接投资的企业数量为 0，本书将对外直接投资企业数量加 1 的对数作为核心解释变量，将各个年份的行业贸易福利作为因变量，并加入其他控制变量构建了以下基准回归模型：

$$\ln welfare_{jt} = \alpha_0 + \alpha_1 \ln ofdi_{jt} + \beta X_{jt} + v_j + v_t + \varepsilon_{jt} \qquad (5-31)$$

其中，$\ln welfare_{jt}$ 为行业贸易福利，$\ln ofdi$ 为每个行业对外直接投资的企业数量的对数，X_{jt} 为控制变量的向量，v_j、v_t 分别为行业固定效应和时间固定效应，ε_{jt} 为随机扰动项。在上述计量模型的基础上，并逐步加入控制变量的情况下，得到对外直接投资与贸易福利之间的关系见表 5-3。①

表 5-3　　　对外直接投资对贸易福利影响的回归分析结果

变量	(1)	(2)	(3)	(4)	(5)	(6)	(7)
	lnwelfare	lnwelfare	lnwelfare	lnwelfare	lnwelfare	lnwelfare	lnwelfare
lnofdi	0.0320 *** (32.68)	0.0313 *** (32.23)	0.0276 *** (26.61)	0.0097 *** (7.73)	0.0074 *** (6.10)	0.0075 *** (6.13)	0.0063 *** (6.40)
lntar		-0.0004 *** (-6.04)	-0.0003 *** (-4.73)	-0.0001 * (-1.96)	-0.0001 * (-1.88)	-0.0001 * (-1.87)	-0.0001 * (-1.80)

① 为了使得回归结果更加直观以及便于系数大小之间的比较，将 lnofdi 原数值除以 100 再进行回归，不影响最后的回归分析结果。

续表

变量	(1)	(2)	(3)	(4)	(5)	(6)	(7)
	lnwelfare	lnwelfare	lnwelfare	lnwelfare	lnwelfare	lnwelfare	lnwelfare
lnvariety			-0.0003 *** (-10.66)	-0.0001 *** (-2.82)	-0.0001 *** (-4.13)	-0.0001 *** (-4.31)	-0.0000 (-1.54)
rpe				0.0048 *** (38.45)	0.0043 *** (26.47)	0.0043 *** (25.97)	0.0020 *** (11.30)
lnex					0.0001 *** (4.60)	0.0001 *** (4.60)	0.0000 (1.28)
process						0.0000 (0.86)	0.0000 (0.04)
TFP							0.0016 *** (15.80)
行业	Y	Y	Y	Y	Y	Y	Y
年份	Y	Y	Y	Y	Y	Y	Y
N	5124	5055	5055	4127	4127	4127	4127

注：括号里为报告的 t 统计量，***、**、* 分别代表1%、5%、10%的显著性水平下显著。行业按照工业企业数据库的四位码界定，下同。

　　本部分的主要研究对象是对外直接投资对行业贸易福利的影响。从表5-3的回归结果来看，在逐步加入控制变量的过程中，对外直接投资对贸易福利的影响显著为正，即对外直接投资的增加有助于行业的贸易福利提升。可能的原因是，对外直接投资的企业，利用了国外较低的劳动成本或者国外较高的技术水平，通过国外的知识技术溢出以及利用东道国较低的可变成本，加剧了该行业的市场竞争，进而引起行业的贸易福利上升。总的来说，行业内部对外直接投资的企业数量越多，越能充分利用东道国的相关资源优势、科技优势以及制度优势，从而给在东道国投资的企业带来利润优势、成本优势以及其他相关优势，这种优势会反馈给国内行业，带动整体行业的贸易福利上升。

　　在控制变量的回归结果中，行业全要素生产率（TFP）对行业贸易福利的影响显著为正，即行业的生产率提升，有助于该行业参与全球化竞争，某种程度上来说，行业内部的企业生产率（或边际成本）异质性会使得全球化背景下世界市场中的各国行业表现具有异质性，从而形成某种程度上的行业异质性，即高生产率的行业具有更好的市场竞争优势，从而能够促进行业贸易福利的提高。中间品税（lntar）的变化对行业贸易福利的影响显著为负，即贸易自由化对行业贸易福利具有促进作用，原因在于，从进口的方向来看，中间品的贸易自由化有助于企业进口品质更好的中间品，有助于企业产品质量的提升，从而有助于提升行业的贸易福利。民营经济份额（rpe）对贸易福利的影响显著为正，也就是说，民营经济的市场份额越大越有利于行业的贸易福利提升，原因在于民营经济由于受到外在的竞争压力与内在的约束压力，在利润动机的驱动下，民营经济会进行一系列的创新活动，提升企业产品质量，提高企业的竞争能力，从而实现市场价值。而且民营经济本身会加剧市场竞争，同时民营经济的一系列创新活动也会有外溢性，这些行为都能推动行业贸易福利的提升。产品多样性（lnvariety）的系数基本显著为负，表明一味追求多样性的生产对贸易福利并不一定具有促进作用。加工贸易份额（process）的回归系数不显著，表明加工贸易份额大小与贸易福利之间并不存在一定的正相关或者负相关关系。出口规模（lnex）系数除最后一列外，均显著为正，表明通过出口的竞争效应与学习效应能够推动行业贸易福利的上升。

5.3.2.2　异质性影响

为了进一步研究对外直接投资对贸易福利的影响，我们将样本划分为四种类型进行分样本回归，表 5-4 第（1）、（2）列分别为资本密集型行业与劳动密集型行业的回归结果;① 第（3）、（4）列分别为高贸易福利行业与较低贸易福利行业的回归结果；第（5）、（6）列分别为有领导者的行业和没有领导者的行业的回归结果;② 第（7）、（8）列分别为外商投资占有较大份额的行业以及外商投资占有较小份额的行业的回归结果。第（1）、（2）列回归结果显示，劳动密集型行业对外直接投资带来贸易福利的增加略大于资本密集型行业，可能的原因在于，劳动密集型行业更加注重在外投资的劳动力成本，而劳动力缺口是对外直接投资引起贸易福利变化的重要渠道，因此劳动密集型行业对劳动力成本变化更加敏感；第（3）、（4）列回归结果显示，对高贸易福利的行业而言，对外直接投资带来的贸易福利变化更大，原因在于，高贸易福利的行业往往具有自我维持的趋势，会更加注重其对外直接投资上发挥的比较优势，对外投资往往也

---

① 资本密集型与劳动密集型行业的划分标准参照蒋灵多等（2018）的衡量标准，将资本密集型行业设定为代码 34、35、36、37、39、40、41 的行业，劳动密集型行业为其他。

② 领导者行业的定义为，该行业内有占整个行业销售份额大于等于 10% 的企业，则认为该行业内有领导者，否则为不存在领导者。

有更高的效率；第（5）、（6）列的回归结果表明，存在领导者的行业往往对外直接投资带来的贸易福利的增进效应也比较强，不管这些领导企业是否对外直接投资，具有领导者的行业往往对行业内部的溢出效应也比较强，通过与其他对外直接投资企业之间的竞争或者自身对外直接投资都会引起行业贸易福利的增加；第（7）、（8）列的回归结果表明，对外直接投资对贸易福利的增进作用在外商投资占比较高的行业中发挥的作用更大，原因可能在于，外资进入带来的技术优势、管理经验等，会带来一定程度的溢出效应，这些溢出效应使得企业采用更加先进的生产技术，进而加剧市场竞争推动贸易福利的增加，因此那些外资占比较高的行业往往在对外直接投资的过程中对国内的反馈和竞争效应更加激烈。

表5－4　　　　　　　　对外直接投资对贸易福利的差异性影响

变量	(1)	(2)	(3)	(4)	(5)	(6)	(7)	(8)
	lnwelfare	lnwelfare	lnwelfare	lnwelfare	lnwelfare	lnwelfare	lnwelfare	lnwelfare
ln*ofdi*	0.0061 *** (4.36)	0.0062 *** (4.76)	0.0039 *** (4.42)	0.0020 ** (2.57)	0.0127 * (1.84)	0.0060 *** (6.02)	0.0084 *** (4.96)	0.0043 *** (3.80)
ln*tar*	−0.0001 (−1.05)	−0.0001 (−1.27)	−0.0000 (−0.72)	−0.0000 (−0.65)	−0.0000 (−0.17)	−0.0001 ** (−2.55)	−0.0001 (−1.08)	−0.0001 (−1.12)
ln*variety*	−0.0000 * (−1.77)	−0.0000 (−0.46)	−0.0000 (−0.78)	0.0000 ** (2.16)	−0.0000 (−0.23)	−0.0000 (−1.58)	−0.0001 * (−1.84)	0.0000 (0.12)
rpe	0.0009 *** (4.58)	0.0026 *** (10.27)	0.0012 *** (6.62)	0.0002 (0.90)	0.0008 (1.20)	0.0021 *** (11.14)	0.0005 (0.70)	0.0017 *** (6.44)
ln*ex*	0.0000 (0.35)	−0.0000 (−0.40)	−0.0000 (−1.64)	−0.0000 (−1.24)	−0.0001 (−1.39)	0.0000 *** (2.59)	0.0001 * (1.91)	−0.0000 (−0.03)
process	0.0001 (1.08)	−0.0000 (−0.23)	0.0000 (0.13)	−0.0000 (−0.34)	0.0003 ** (2.10)	−0.0001 (−1.48)	0.0000 (0.11)	0.0000 (0.02)
TFP	0.0025 *** (18.78)	0.0014 *** (9.92)	0.0010 *** (9.71)	−0.0002 (−1.29)	0.0026 *** (5.65)	0.0015 *** (15.02)	0.0026 *** (6.42)	0.0018 *** (13.04)
行业	Y	Y	Y	Y	Y	Y	Y	Y
年份	Y	Y	Y	Y	Y	Y	Y	Y
N	1811	2316	2659	1468	496	3631	1380	2747

注：括号里报告的为 *t* 统计量，***、**、* 分别代表1%、5%、10%的显著性水平下显著。

5.3.3　对外直接投资影响贸易福利的机制分析

由前文的分析可知，企业对外直接投资会促进贸易福利，那么对外投资是通过什么机制促进行业贸易福利呢？对此我们从以下两个方面来考虑：第一，基于本书的理论模型分析可知，企业对外直接投资的行为会加剧行业内部的市场竞争强度，从而促进行业的贸易福利，即市场竞争强度具有中介变量的某些特征；第二，企业对外直接投资会通过东道国的劳动力成本以及研发水平，扩大企业的市场份额以及利润水平，因此劳动力成本以及研发水平是对外直接投资促进贸易福利提升的渠道。基于此，本书设计如下的中介效应模型：

$$\ln welfare_{jt} = \alpha_0 + \alpha_1 \ln ofdi_{jt} + \beta X_{jt} + v_j + v_t + \varepsilon_{jt} \tag{5-32}$$

$$hfindex_{jt} = \alpha_0 + \alpha_1 \ln ofdi_{jt} + \beta X_{jt} + v_j + v_t + \varepsilon_{jt} \tag{5-33}$$

$$\ln welfare_{jt} = \alpha_0 + \alpha_1 \ln ofdi_{jt} + \alpha_2 hfindex_{jt} + \beta X_{jt} + v_j + v_t + \varepsilon_{jt} \tag{5-34}$$

表 5-5 显示了相关影响机制检验的回归结果，其中，式（5-32）的回归结果实际上是表 5-3 的第（7）列的回归结果，因此不再在表 5-5 中显示，式（5-33）和式（5-34）的回归结果见表 5-5 的第（1）、（2）列，从第（1）列可以看出，lnofdi 的系数显著为负，由于表 5-5 的第（2）列的回归结果显著为正，说明市场竞争强度属于部分中介效应。另外，由于中介效应回归模型的相关系数均显著，因此不需要再进行 Sobel 检验，第（2）列赫芬达尔指数系数为负，表明市场竞争强度的增加也有助于贸易福利提升。

表 5-5　　对外直接投资对贸易福利影响的机制与渠道检验

变量	(1)	(2)	(3)	(4)
	hfindex	lnwelfare	lnwelfare	lnwelfare
lnofdi	-0.1530 ** (-2.20)	0.0062 *** (6.29)	0.0042 ** (2.01)	0.0043 ** (2.04)
hfindex		-0.0010 ** (-2.00)		
gapwage			0.0000 (0.68)	
lnofdi_gapwage			0.0001 * (1.91)	

续表

变量	（1）	（2）	（3）	（4）
	hfindex	lnwelfare	lnwelfare	lnwelfare
gaprd				0.0001
				(0.64)
lnofdi_gaprd				0.0002 *
				(1.81)
lntar	0.0030	-0.0001 *	-0.0000	-0.0000
	(0.91)	(-1.71)	(-0.03)	(-0.00)
lnvariety	0.0025 ***	-0.0000	-0.0002 ***	-0.0002 ***
	(2.66)	(-1.44)	(-2.63)	(-2.73)
rpe	-0.1440 ***	0.0019 ***	0.0031 ***	0.0031 ***
	(-4.93)	(9.28)	(8.65)	(8.74)
lnex	-0.0006	0.0000	0.0001 **	0.0001 **
	(-1.35)	(1.20)	(2.53)	(2.46)
process	0.0004	0.0000	-0.0001	-0.0001
	(0.07)	(0.07)	(-0.93)	(-0.92)
TFP	-0.0689 ***	0.0016 ***	0.0008 ***	0.0008 ***
	(-5.60)	(15.68)	(10.47)	(10.59)
行业	Y	Y	Y	Y
年份	Y	Y		
N	4161	4127	967	973

注：括号里报告的为 t 统计量，*** 、** 、* 分别代表 1%、5%、10% 的显著性水平下显著。

　　根据本书理论部分的相关研究，我们认为企业对外直接投资会通过利用东道国较低的劳动力成本或者较高的科技水平来促进行业的贸易福利，主要原因在于，利用国外的低劳动力成本会直接降低企业的可变成本，促进企业的利润提高以及本行业的贸易福利上升；国外的科技水平的提高，会有助于企业利用国外较高的科学技术水平直接改进企业的生产效率水平，或者通过技术溢出等改善本国的行业生产条件来促进本行业的贸易福利。因此，我们认为劳动力的工资差异以及科学技术水平的差异是对外直接投资促进贸易福利的两个渠道。本书利用世界银行指标数据库的人均国民收入作为工资水平的替代指标，利用企业对外直接投资的国别作为匹配条件汇总本行业对外直接投资的东道国的平均劳动力成本，并用中国的人均国民收入减去东道国的平均国民收入来衡量工资缺口（*gapwage*）。该指标越大表明中国对外直接投资所能利用的劳动力成本的比较优势越大。同理，我们用东道国的平均研发支出占 GDP 的比例减去中国的该项指标作为研发水平缺口（*gaprd*），该指标越大意味着，对外直接投资所能利用的国外的科技水平的优势越大。相关回归结果见表 5 - 5 的第（3）、（4）列，其中，第（3）列可以看出，对外直接投资与工资缺口的交叉项（ln*ofdi_gapwage*）显著为正，说明在那些工资缺口较大的东道国投资能够带来更大的贸易福利的提升，验证了工资缺口是对外直接投资影响贸易福利的一个重要渠道。而对外直接投资与研发水平的交叉项（ln*ofdi_gaprd*）也显著为正，表明在那些研发支出更高的东道国投资会更进一步增加本国贸易福利，回归结果说明研发投入也是对外直接投资影响贸易福利的重要渠道。

工资缺口渠道与研发支出缺口实际上表明了比较优势在贸易福利提升中的重要作用，对外直接投资带来的贸易福利改善，一方面是对行业内部市场竞争强度的改进（异质性企业贸易理论），另一方面是利用国外劳动力成本优势或者研发水平优势带来的贸易福利的直接改善（比较优势理论）。

5.3.4 稳健性分析

5.3.4.1 变量的替代性检验

变量的替代性检验分为两部分：第一部分为因变量的替代性检验，即对贸易福利的重新衡量，本书借鉴阿克拉基斯等对于贸易福利的研究，按照其核心研究结论，贸易福利的变化值来自两个参数的充分统计，其一是贸易弹性的充分统计，其二是国内支出份额的变化，因此作为贸易福利的变化完全可以由贸易弹性以及国内支出份额的统计估计得到。根据阿克拉基斯等的研究，本书将按照式（5 - 35）作为贸易福利的替代变量进行研究：

$$\hat{W}_j = \hat{\lambda}_j^{1/(1-\sigma)} \qquad (5-35)$$

其中，$\hat{W}_j$ 为贸易福利的变化，$\hat{\lambda}_j$ 为国内支出份额的变化，$1-\sigma$ 为贸易弹性，与前文研究相一致，取 $\sigma = 3$，国内支出份额的估计采用工业企业数据库与海关贸易数据库的对接数据估算企业层面的国内价值链，以此作为企业层面的国内支出份额的替代。[①] 进一步的，根据企业所在行业的

---

① 企业层面的国内价值链 GVC 计算公式参照吕越等（2016）。

销售权重计算得到加权平均国内支出份额，以此为基础得到国内支出份额的变化。由于 $\hat{W}_j$ 衡量了贸易福利的变化，因此为了简化分析，将2002年贸易福利为1作为基期分析，再根据 $\hat{W}_j$ 的值得到各个年份的贸易福利值（awelfare），在回归时对 awelfare 取对数。第二部分为自变量的替代性检验，为了进一步验证企业对外直接投资对贸易福利的促进作用及相关机制分析，按照前文对外直接投资的流量（lnsofdi）核算，作为对外直接投资的替代变量进行回归分析。相关的回归分析见表5－6，第（1）列为以 lnawelfare 测算的贸易福利的基准回归，第（2）列为中介效应的回归结果，由于对外直接投资对赫芬达尔指数的影响效应在前文已经进行了回归，这里只显示第（2）列的综合回归的结果。从回归结果看，由于对外直接投资系数与赫芬达尔指数始终显著，表明中介效应存在，而且是部分中介效应。第（3）、（4）列为渠道检验，从基准回归与机制渠道的检验结果来看，相关变量的显著性没有发生大的变化，说明本书的研究结论具有稳健性。第（5）列为将对外直接投资企业数量替换为行业层面贸易流量（lnsofdi）的基准回归结果，第（6）、（7）列为中介效应检验，第（8）、（9）列为以 lnsofdi 为自变量的机制检验回归结果。回归结果表明，那些具有对外直接投资行为的行业能够带来贸易福利的提升，并且对外直接投资加剧了市场竞争强度进一步提升了贸易福利。

5.3.4.2　内生性问题

由于行业的贸易福利与对外直接投资之间可能存在反向因果关系，即行业贸易福利越高，行业内部的企业可能具有更强烈的对外投资的意愿和能力。另外，考虑到一些非观测因素的影响，也会引起内生性问题。因此，本书采用工具变量回归的方式来处理内生性问题，主要采用以下几种方式构造工具变量，取行业对外直接投资数量的滞后一期作为工具变量，回归结果见表5－7第（1）列；参考梅内里斯（Mayneris，2016）对工具变量的处理方式，本书也将对外直接投资的滞后3期作为工具变量，回归结果见表5－7第（2）列，事实上根据本书的研究，对外直接投资与产品出口实际上是对外开放的两种方式，而根据相关研究，地理距离是影响企业对外直接投资和出口的重要因素，如肖慧敏等（2012）的研究表明，地理距离会导致企业对外直接投资的概率增加，表明企业在出口与对外直接投资上具有"选择效应"。据此，本书将行业内的企业所在地与港口之间

表 5-6 替代变量的稳健性检验

变量	(1)	(2)	(3)	(4)	(5)	(6)	(7)	(8)	(9)
	lnawelfare	lnawelfare	lnawelfare	lnawelfare	lnwelfare	hfindex	lnwelfare	lnwelfare	lnwelfare
lnofdi	1.4090*** (8.00)	1.3630*** (7.60)	0.7160*** (2.79)	0.7300*** (2.87)					
lnsofdi					0.0004*** (27.26)	-0.0128*** (-8.29)	0.0003*** (25.51)	0.0004*** (12.83)	0.0004*** (12.77)
hfindex		-0.3010* (-1.91)					-0.0004** (-2.06)		
gapwage			-0.0006 (-0.08)					-0.0000 (-0.58)	
lnofdi_gapwage			0.0200*** (3.66)						
gaprd				0.0110 (0.78)					0.0004*** (4.73)
lnsofdi_gaprd				0.0501*** (2.78)					
lnsofdi_gapwage								0.0001*** (3.36)	

续表

变量	(1)	(2)	(3)	(4)	(5)	(6)	(7)	(8)	(9)
	lnawelfare	lnawelfare	lnawelfare	lnawelfare	lnwelfare	hfindex	lnwelfare	lnwelfare	lnwelfare
lnsofdi_gaprd									0.0006 *** (5.16)
控制变量	Y	Y	Y	Y	Y	Y	Y	Y	Y
行业	Y	Y	Y	Y	Y	Y	Y	Y	Y
年份	Y	Y			Y	Y	Y		
N	4161	4161	968	974	4127	4161	4127	967	973

注：括号里报告的为 t 统计量，***、**、* 分别代表 1%、5%、10% 的显著性水平下显著。

的平均距离作为工具变量,① 之所以采用地理距离作为工具变量的主要原因在于该变量具有一定程度的外生性,同时也与对外直接投资相关。因此,采用行业内企业所在城市距离港口的平均距离以及对外直接投资的滞后一期同时作为工具变量进行回归分析,回归结果见表 5 – 7 第 (3) 列。

表 5 – 7　　　　　　　　　　　　　内生性检验

变量	(1) lnwelfare	(2) lnwelfare	(3) lnwelfare	(4) lnofdi	(5) lnwelfare	(6) lnwelfare
lnofdi	0.0280 *** (7.23)	0.0495 *** (2.89)	0.0272 *** (7.34)			0.0478 *** (3.31)
imr				– 0.0179 *** (– 83.12)		
yhat					0.0056 *** (5.74)	
L. lnwelfare						0.0108 (0.12)
L. lnofdi						– 0.0289 ** (– 2.45)
LM 统计	211.8190	15.8110	206.9670			
WaldF 统计	226.3370	15.8730	110.4250			
Sargan p 值			0.2160			
AR (1)						0.0000
AR (2)						0.3040
Hansen p 值						0.1660
控制变量	Y	Y	Y	Y	Y	Y
行业	Y	Y	Y	Y	Y	

---

① 基于经纬度计算的两点之间距离近似为: $C = \sin(LatA) \times \sin(LatB) + \cos(LatA) \times \cos(LatB) \times \cos(LonA - LonB)$, $Distance = R \times arccos(C)$。$LonA$、$LatA$ 分别为 A 点的经度和纬度,同理 $LonB$、$LatB$ 分别为 B 点的经度和纬度,R 为赤道半径,取平均距离 $R = 6371km$。测算出企业所在地与港口之间的距离后,利用海关贸易数据库与工业企业数据库的匹配信息测算行业所在地与港口的平均距离 $lndis$, $lndis = \ln[(\sum_{i}^{n}(C_i))/n]$,其中,$n$ 为企业数量,c_i 为经纬度测算的企业所在地距离港口的距离。

续表

变量	（1）	（2）	（3）	（4）	（5）	（6）
	lnwelfare	lnwelfare	lnwelfare	lnofdi	lnwelfare	lnwelfare
年份				Y	Y	
N	3676	2736	3642	4161	4127	2248

注：括号里报告的为 t 统计量，***、**、* 分别代表 1%、5%、10% 显著性水平下显著，L 为相应变量的滞后一期。

　　另外，考虑到行业内部是否进行对外直接投资可能具有自我选择效应，因此本书根据行业是否对外直接投资构造虚拟变量（wofdi），有对外直接投资行为的行业为 1，否则为 0。参考余淼杰等（2016）的处理方法，进行 Heckman 两步法回归，第一步首先根据 wofdi 作为因变量，加入行业的平均年限，估计出逆米尔斯比（imr），第二步以行业实际对外直接投资强度（lnofdi）对 imr 以及相关控制变量进行回归，回归结果见表 5-7 第（4）列，然后以第二步得到的对外直接投资的拟合值（yhat）作为自变量，再次回归，回归结果见表 5-7 第（5）列。本书还采用系统两步 GMM 回归来处理可能存在的内生性问题，回归结果见表 5-7 第（6）列。相关的回归结果表明，lnofdi 或 yhat 的系数显著为正，研究结论保持稳健。

　　在目前贸易成本（主要是关税）下降带来贸易福利提升的不确定性越来越严重的情况下，研究中国对外开放的另一条"腿"——对外直接投资具有重要的理论意义与现实意义。本书正是在这种背景下，研究对外直接投资如何促进中国的贸易福利上升以及对外直接投资促进贸易福利上升的机制问题。通过构建包含企业对外直接投资的一般均衡模型，从理论上证明了企业对外直接投资的行为加剧市场竞争强度进而促进行业贸易福利上升。并利用中国工业企业数据库、海关贸易数据库、产品层面的关税数据库以及企业对外直接投资名录的匹配数据验证了本部分的核心命题：对外直接投资促进行业贸易福利。并且从机制上验证了对外直接投资加剧市场竞争强度，进而促进贸易福利，企业对外直接投资时东道国的工资缺口以及东道国的科技水平是对外直接投资影响贸易福利的两个重要渠道。

　　通过研究可以得到以下政策含义：第一，在双边贸易自由化或者多边贸易自由化受阻时，基于关税下降带来的贸易成本下降从而促进贸易福利上升的路径依赖的不确定性加剧，因此可以考虑在未来对外开放策略多向对外直接投资转移，对外直接投资与出口是外向型战略的"两条腿"，这"两条腿"之间既有联系也各有自身的发展规律，两种对外开放的方式共同推动中国贸易福利上升，共同促进中国对外贸易发展与经济增长。第二，从本书的研究来看，企业在对外直接投资时，应重点关注劳动力具有更大比较优势或者科技水平更高的东道国，在中国经济发展的过程中，还应重点关注民营经济在中国经济发展中所起到的重要作用，对外开放、对内改革是中国经济发展的两个重要方式，为民营经济创造更好的市场环境是未来中国经济发展与改革需要重点关注的问题之一。

5.4　多产品、产品质量异质性与贸易自由化

5.4.1　单一企业异质性模型的概览

异质性企业贸易理论在近十几年取得了丰硕的成果，其中，以梅里兹（2003）为代表的异质性企业贸易理论在理论层面已经取得了许多突破：梅里兹等（2008）在二次拟线性效用函数与规模报酬不变的假设下，证明了市场规模与市场竞争强度之间的关系，得出市场竞争强度影响社会福利与产品多样性的机制，即市场规模越大、市场竞争强度越高，社会福利与产品多样性也越高；并且在双边贸易模型中证明了国家之间采取非对称的贸易政策时，社会福利的变化将不对等。梅耶尔等（2014）在梅里兹模型的基础之上，将企业生产单一产品的假设拓展到多产品模型，其主要结论与梅里兹等（2008）基本一致。与此同时，我们也发现，在异质性企业贸易理论发展的过程中，对异质性企业贸易理论的批判与调整也在同时进行。阿克拉基斯等利用阿明顿模型证明了，国际贸易社会福利的变化只需要在国内支出份额及贸易弹性的充分统计下就足够，其提供的一般化的模型包含了李嘉图模型、克鲁格曼模型以及梅里兹模型，并证明了适用性（以下简称 ACR 模型）。梅里兹（2015）对 ACR 模型进行回应，提出了梅里兹模型相较于克鲁格曼模型①具有更强的稳定性，并且梅里兹模型的微观参数结构能够对企业行为进行更好的解释，这是 ACR 模型所不具备的。芬斯特拉（2014）利用一个更为一般化的 r 阶二次平均支出方程（r 趋向于 0 时为超越对数函数），对异质性企业理论的相关争议问题进行重新梳理，在内生价格弹性的基础上，证明了其结论与梅里兹模型之间的差异，

---

① 此后所说的梅里兹模型，专指梅里兹（2003）模型，虽然梅里兹（2015）与梅里兹（2003）的内在逻辑一致，但仍存在一些细节上的差异，克鲁格曼模型指克鲁格曼（1980）。

并对梅里兹模型进行了超越。从异质性企业贸易理论的发展历程来看，对异质性企业贸易理论的调整从价格弹性（需求层面）及生产率（或边际成本）的分布特征（生产层面）为切入点不断进行发展与超越，以弥补梅里兹模型可能存在的不足。

由于梅里兹模型在生产的技术特征上假设规模报酬递增，因此难以解释企业多产品生产的问题，而多产品生产又更加符合贸易实践。基于此，梅耶尔等（2014）在梅里兹等（2008）的基础上利用二次拟线性效用函数，并在生产层面假设规模报酬不变，将异质性企业贸易理论拓展到多产品模型，解决了企业生产多产品条件下市场规模与临界边际成本（其倒数为市场竞争强度）、产品多样性及社会福利之间的关系。安东尼亚德斯（2015）在梅里兹等（2008）的基础上发展了一个产品质量异质性模型，内生了产品质量选择、价格加成以及临界边际成本，并将产品质量异质性纳入一般均衡的分析框架，探讨了社会福利与产品多样性等国际贸易理论的基础问题。国内对于多产品及产品质量异质性的研究还主要集中在经验研究层面：钱学峰（2013）利用中国工业企业数据库与中国海关进出口数据库，研究了中国企业出口情况，得出企业多产品出口主导了中国贸易发展的结论，并且对出口的广延边际与集约边际进行了探讨；彭国华等（2013）探讨了中国多产品出口及核心竞争力之间的关系，某种程度上，利用了中国企业层面的数据完成了对梅耶尔（2014）关于多产品假设的验证；施炳展（2013）首次测算了中国企业出口的产品质量水平，探讨了企业产品质量水平、产品质量高低与企业出口状态之间的关系以及本土企业质量水平与外资企业之间的差异等相关问题。

从国内外相关研究来看，异质性企业贸易理论目前在多产品与产品质量异质性的探讨方面还主要是单向进行（异质性企业贸易理论中关于多产品与产品质量异质性的探讨目前还主要处于单向研究），将多产品与产品质量异质性结合在一起进行分析的文献还相对较少。马诺娃等（2013）将多产品与产品质量结合在一起，并在 CES 效用函数与线性效用函数假设下进行比较分析，利用中国的数据库验证了相关结论，但是在其分析中，只解决了企业出口选择的相关问题，而在多产品、产品质量异质性条件假设下，没有研究产品多样性与社会福利等国际贸易理论的基础问题。国内学者在这个问题上的研究目前还主要处于经验研究方面，不再赘述。本书正是出于这方面的考虑，充分考虑目前国际贸易理论的进展情况，从理论上构建了多产品、产品质量异质性条件下的异质性企业贸易模型，用以解释在此背景下的企业最优质量选择、进入与退出以及社会福利的相关议题，并利用海关贸易数据库与工业企业数据库的匹配数据验证相关命题。

出于对前述单一异质性模型的考量，本书构建了一个产品质量及多产品条件下的异质性企业贸易模型，该模型可以用来解释企业的质量选择、企业的进入与退出、社会福利增长机制以及贸易自由化的相关问题。研究发现：企业的边际成本会抑制企业的产品质量升级，同时企业的"多元化"生产方式也会导致企业的产品质量降低，本部分利用工业企业数据库（2000～2006 年）与海关贸易数据库（2000～2006 年）的对接数据库验证了相关的命题。更大的市场规模意味着更激烈的市场竞争强度，贸易自由化对区域贸易安排是有利的，但是这种安排所导致的最终结果却可能是不对称的，具体表现为国家或者集团总有提高贸易壁垒的冲动；短期均衡与长期均衡的分析结果也有所差异。

本节将主要探讨以下问题：企业的最优质量选择问题；封闭经济均衡与开放经济均衡的问题（对称分析、非对称分析、短期分析与长期分析）；对相关多重异质性模型的实证分析。

5.4.2　企业的最优质量选择

5.4.2.1　消费均衡

本部分在利用奥塔维亚诺等（2002）、梅里兹和奥塔维亚诺（2008）的二次拟线性效用函数的基础上，结合梅耶尔等（2014）的多产品假定以及安东尼亚德斯（2015）的产品质量异质性模型进行拓展。其中典型消费者均衡由式（5－36）表示：

$$U_{\max} = q_0 + \alpha \int_{i \in \vartheta} q_i di + \varsigma \int_{i \in \vartheta} z_i q_i di - \frac{1}{2}\beta \int_{i \in \vartheta} (q_i)^2 di - \frac{1}{2}\gamma (\int_{i \in \vartheta} q_i di)^2$$

$$st: q_0 + \int_{i \in \vartheta} p_i q_i di = I \qquad (5-36)$$

其中，q_0 与 q_i 分别代表消费者消费的标准化产品（价格为 1）与多样性产品的消费量，ϑ 为差异化产品集。相对于梅里兹等（2008）以及梅耶尔等（2014）的模型不同的是，该效用函数附加了产品质量偏好参数 ς，消费者的效用随质量偏好参数的增大而增大。α 与 γ 代表差异化产品与标准化产品之间的替代方式，β 代表多样性产品内部的差异化水平，st 为约束方程。利用式（5－36）可以求得消费者的需求函数为：

$$p_i = \alpha - \beta q_i + \varsigma z_i - \gamma Q^c \qquad (5-37)$$

其中，$Q^c = \int_{i \in \vartheta^*} q_i di$ 为消费水平的衡量方式，ϑ^* 是 ϑ 的子集，代表可

获得的多样性产品，$p_a = (\int p_i d_i)/N$ 为平均价格，$z_a = (\int z_i d_i)/N$ 为平均质

量的衡量方式，N 为产品多样性，式（5 – 37）可以进一步化简为：

$$Q^c = \frac{N(\alpha - p_a + \varsigma z_a)}{\beta + N\gamma} \qquad (5-38)$$

将式（5 – 38）代入式（5 – 37）进一步化简可以得到：

$$Q = Lq_i = \left(\frac{\alpha}{N\gamma + \beta} - \frac{p_i}{\beta} + \frac{\varsigma_i}{\beta} - \frac{\varsigma N\gamma}{N\gamma + \beta} \frac{z_a}{\beta} + \frac{N\gamma}{N\gamma + \beta} \frac{p_a}{\beta} \right) L \qquad (5-39)$$

式（5 – 39）暗含了一个右侧极值（R. H. S），令 $Q = 0$，得到 $RHS = \frac{\alpha\beta + N\gamma p_a - N\gamma \varsigma z_a}{N\gamma + \beta} + \varsigma_i = p_r$，另外式（5 – 39）实际上也是对 CES 效用函

数的一个改进，它表明了在二次效用函数的假设下，需求的价格弹性不再

是一个常数（$\sigma = 1/(\rho - 1)$），而是受右侧价格与产品价格的影响，因此

某种程度上讲，需求的价格弹性被内生了。实际上，目前很多文献已经

对 CES 效用函数的常弹性假设进行了修正，以使得这种修正更加符合国

际贸易理论的发展与贸易实践，在较早的迪克西和斯蒂格利茨（1977）

关于常弹性的表述中，实际上假设了产品多样性趋于无穷大，而产品多样

性本身又是需要内生解决的问题之一，这样一来，假设与求解的思路

实际上是矛盾的。因此，国际贸易理论在需求方面也在不断地做出改

进，例如，芬斯特拉（2014）为了避免这种情况而采用了更为一般的 r

阶二次平均支出函数，对异质性企业贸易理论的微观基础及相关结果进

行了重新梳理。

5.4.2.2 生产均衡

对于生产的技术特征我们采用梅里兹等（2008）、奥塔维亚诺等

（2002）的一些基本假设，同时结合安东尼亚德斯（2015）的产品质量异

质性与梅耶尔等（2014）的多产品假定，其中梅耶尔等（2014）多产品

假定建立在企业生产规模报酬不变的基础上，否则无止境的规模报酬递增

将迫使企业生产单一产品。因此我们在相关文献研究的基础上，将异质性

企业贸易理论在产品质量异质性、多产品上进一步进行拓展，假设企业生

产的技术特征为：

$$TC = qc\omega^{-m} + q\delta z + \theta z^2 \qquad (5-40)$$

其中，m 为单个企业生产的多样性产品数，$0 < \omega < 1$，c 为企业生产

的边际成本参数，对边际成本参数的加成由系数 ω^{-m} 表示，随着企业生产的多产品种类的增加，企业的边际成本将呈现阶梯式上涨，在临界边际成本参数变得更小时，[1] 企业的生产将越来越趋近于其核心生产能力（$m = 0$）。第二项 $q\delta z$ 表示企业生产的单位成本随着企业生产的产品质量的增加而增加，这个是显而易见的。同时第三项 θz^2 保证总成本函数对于产品质量而言是凸的性质，为了表述方便我们将 $RHS = \dfrac{\alpha\beta + N\gamma p_a - N\gamma\, \varsigma z_a}{N\gamma + \beta} + \varsigma z_i = p_r$ 的右侧值 p_r 分解为 $p_r = c_D + \varsigma z_i$，其中 c_D 为临界边际成本参数，其倒数代表市场竞争强度。利用式（5-38）、式（5-39）及右侧值的表达式，可以求出企业在利润最大化条件下的最优选择为：

$$q = \frac{L}{2\beta}(c_D + \varsigma z - c\omega^{-m} - \delta z) \qquad (5-41)$$

第一步，假设企业生产价格采用完全的价格加成方式，即 $p = (p_r + MC)/2$，其中 MC 为边际成本，利用式（5-41）与企业价格表达式可以得到企业生产的利润表达式为：

$$\pi = \frac{L}{4\beta}(c_D + \varsigma z - c\omega^{-m} - \delta z)^2 - \theta z^2 \qquad (5-42)$$

第二步，企业会选择最优的质量水平 z 以最大化式（5-42），利用式（5-42）可以得到企业最优的质量水平式（5-43）：

$$z^* = \frac{L(\varsigma - \delta)(c_D - c\omega^{-m})}{4\beta\theta - L(\varsigma - \delta)^2} \qquad (5-43)$$

令 $\chi = \dfrac{L(\varsigma - \delta)}{4\beta\theta - L(\varsigma - \delta)^2}$，则有 $z^* = \chi(c_D - c\omega^{-m})$，将式（5-43）代入式（5-42）可以得到：

$$\pi = \frac{L}{4\beta}(c_D - c\omega^{-m})^2[1 + (\varsigma - \delta)\chi] \qquad (5-44)$$

其中，χ 衡量了企业生产的质量差异化的范围，对企业而言，质量差异化的范围受到偏好参数、市场规模的影响，由 χ 的表达式很容易验证，χ 与市场规模正相关，即市场规模越大企业所面临的质量差异化的选择越大；χ 与产品差异化参数 β 反相关，与质量差异化参数 ς 正相关。另外，从最优的质量选择 z^* 来看，z^* 对相关变量求一阶微分得到命题 1。

命题 1：企业最优的质量选择与企业所面临的边际成本参数 c 反相关，

① 此后，我们将临界边际成本参数的倒数统一为市场竞争强度，关于市场竞争强度的更多解释见梅里兹等（2008）、梅耶尔等（2014）以及安东尼亚德斯（2015）的研究。

与单个企业生产的多样性产品反相关。

总体上来讲，目前国内外的文献对异质性企业贸易理论在多产品与产品产量方面的研究还比较单一，本部分试图将多产品与产品质量异质性结合起来进行分析，研究在多产品与产品质量异质性的联合影响下，市场竞争强度、产品多样性与社会福利之间的关系。

5.4.3 多产品生产事实、产品质量异质性与均衡分析

5.4.3.1 封闭经济均衡

在进行均衡分析之前，我们首先要对企业生产的边际成本参数 c 做出假定，假设企业的边际成本参数服从帕累托分布，即分布函数为：

$$G(c) = \left(\frac{c}{c_m}\right)^k \qquad (5-45)$$

其中，$c \in [0, c_m]$，沿用梅耶尔等（2014）的做法，$1/c$ 可作为生产率参数，c_m 为边际成本参数的最大值，另外该分布函数也表明帕累托分布函数是无上界的，如果得到内生的临界边际成本参数 c_D 的话，则企业的进入概率为 $G(c_D)$。

如果我们给定一个产品多样性的值 s，则可以得到企业的产品多样性的分布特征由式（5-46）决定：

$$P(M>s) = p(m+1>s) = p(c>c_D\omega^{s-1}) = 1 - \left(\frac{c_D}{c_m}\right)^k \omega^{(s-1)k}$$
$$(5-46)$$

我们想说明的问题是，就单个企业而言，生产的产品多样性在给定产品多样性的情况下，其生产情况服从一个特殊的指数分布。

假设企业进入的沉没成本为 f_e，则临界边际成本参数在多产品、产品质量异质性条件下将由式（5-47）决定：

$$\int_0^{c_D} \left(\sum_{c\omega^{-m} \leq c_D}^{+\infty} \pi(c)\right) g(c)dc - f_e = 0 \qquad (5-47)$$

式（5-47）决定了临界生产率参数 c_D，在多产品假定下令 $v = c\omega^{-m}$，在 c 服从帕累托分布的假设下，附加多产品条件产品多样性的平均成本为：

$$v_a = \frac{1}{G(c_D)\phi}\int_0^{c_D} cg(c)\phi dc = \frac{k}{k+1}c_D \qquad (5-48)$$

其中，$\Theta = \dfrac{1}{1-\omega^k}$，利用式（5 - 42）以及 $p_a = \dfrac{1}{2}(c_D + v_a + \varsigma z_a + \delta z_a)$
很容易求得产品多样性的值：

$$N = \frac{2\beta(\alpha - c_D)}{r(c_D - v_a) + rz_a(\varsigma - \delta)} \tag{5 - 49}$$

参照梅里兹（2003、2015）的相关做法，将社会福利表示为 $W = w/p_a$，利用式（5 - 43）可以得到 $z_a = \chi(c_D - v_a)$，结合式（5 - 45）、式（5 - 47）、式（5 - 48）可以求出临界边际成本参数、产品多样性及社会福利的表达式分别分：

$$c_D = \left\{ \frac{2\psi}{L\Theta[1 + (\varsigma - \delta)\chi]} \right\}^{\frac{1}{k+2}} \tag{5 - 50}$$

$$N = \frac{2(k+1)\beta(\alpha - c_D)}{rc_D[1 + (\varsigma - \delta)\chi]} \tag{5 - 51}$$

$$W = \frac{1}{c_D} \frac{2k + 2}{2k + 1 + (\varsigma + \delta)\chi} \tag{5 - 52}$$

其中，$\psi = \beta f_e(k+1)(k+2)c_m^k$，基于上述分析我们得到命题 2。

命题 2：在其他参数保持不变的情况下，市场竞争强度（临界边际成本参数的倒数）与市场规模正相关，并且考虑多产品与产品质量异质性的情况下，市场竞争强度会更大。[①] 如果考虑其他条件不变，社会福利与产品多样性也会更大。

5.4.3.2　开放经济均衡

在开放经济均衡分析中，我们将分为两部分进行分析，第一部分为双边贸易，在双边贸易中，又可以分为对称性分析与不对称分析；第二部分为多边贸易，多边贸易又可以在对称性分析与不对称分析两个框架中进行研究。我们将沿用梅耶尔等（2014）、奥塔维亚诺（2008）以及安东尼亚德斯（2015）的分析框架并对其进行拓展，并探讨在开放经济均衡中，在产品质量异质性、多产品分析框架下的市场竞争强度、产品多样性与社会福利的分析与单一异质性模型分析的差异。

（1）双边贸易自由化。假设有两个国家分别为：国家 l、国家 f。从国家 l 到国家 f 的冰山成本为 τ_{lf}（相应的，国家 f 到国家 l 的冰山成本为 τ_{fl}，同时 $\tau_{ii} = 1$），国内市场与出口市场相对独立，因此企业在国内市场与国

[①]　由于 $\Theta > 1$，$[1 + (\varsigma - \delta)\chi] > 1$，因此本部分所得到的市场竞争强度要大于梅耶尔等（2014）的多产品分析框架以及安东尼亚德斯（2015）的分析框架。

外市场的上界值符合以下条件：

$$c_{Dl} = \sup(c: \pi_{Dl} > 0) = p_{rl}$$
$$\tau_{lf} c_{xl} = \sup(c: \pi_{xl} > 0) = p_{rf} \qquad (5-53)$$

其中，c_{Di} 为 i 国的临界边际成本参数，c_{xi} 为 i 国出口的临界边际成本参数，p_{ri} 为 i 国价格的右侧值。参照梅耶尔等（2014）及安东尼亚德斯（2015）的做法，可以证明，企业在 l 国出口利润为：①

$$\pi_{xl} = \frac{L_f}{4\beta} [1 + (\zeta - \delta)\chi_f] (c_{D2} - \tau_{lf} c\omega^{-m})^2 \qquad (5-54)$$

利用式（5-44）企业在国内的利润表达式以及自由进入条件可以得到：

$$\int_0^{c_{Dl}} \left(\sum_{c\omega^{-m} \leq c_{Dl}} \pi_{Dl}(c) \right) g(c) dc + \int_0^{c_{xl}} \left(\sum_{c\omega^{-m} \leq c_{xl}} \pi_{xl}(c) \right) g(c) dc - f_e = 0$$

$$(5-55)$$

$$\int_0^{c_{Df}} \left(\sum_{c\omega^{-m} \leq c_{Df}} \pi_{Dl}(c) \right) g(c) dc + \int_0^{c_{xf}} \left(\sum_{c\omega^{-m} \leq c_{xf}} \pi_{xf}(c) \right) g(c) dc - f_e = 0$$

$$(5-56)$$

式（5-55）与式（5-56）表示 l 国与 f 国对称，两式联立可以求得开放经济条件和双边贸易情况下，两国的临界边际成本参数分别为：

$$c_l = B_l^{\frac{1}{k+2}} \left(\frac{1 - \tau_{lf}^{-k}}{l_l - l_l \tau_{lf}^{-k} \tau_{fl}^{-k}} \right)^{\frac{1}{k+2}}, \quad c_f = B_f^{\frac{1}{k+2}} \left(\frac{1 - \tau_{fl}^{-k}}{l_f - l_f \tau_{lf}^{-k} \tau_{fl}^{-k}} \right)^{\frac{1}{k+2}} \qquad (5-57)$$

其中，$B_i = 2\beta c_m^k f_e (k+1)(k+2)(1-\omega^k)/[1 + (\varsigma - \delta)\chi_i]$，由 c_l 的表达式可以得出：市场竞争强度与市场规模（l）正相关，这与封闭经济的分析一致，基于式（5-51）和式（5-52）的特征，我们仍然无法准确地描述产品多样性、社会福利与市场规模之间的关系，因此我们只能分析，贸易自由化对市场竞争强度及相关变量的影响。显然，若假设贸易成本是对称的，即双边贸易安排完全一致，则有 $\tau_{lf} = \tau_{fl}$，进而有 $c_l = B_l^{\frac{1}{k+2}} \left(\frac{1}{l_l + l_l \tau^{-k}} \right)^{\frac{1}{k+2}}$，在这种对称的双边贸易自由化安排下，经济由封闭经济向开放经济的转变将使得社会福利变大，同时也容易证明在开放经济

---

① 为了简化后文的分析，我们并未采用安东尼亚德斯（2015）中出口导致的产品质量损失的假定，因此产品质量的选择范围在国家之间是对称的，只受国家规模的影响，冰山成本只会导致数量的损失，并不导致质量的损失。

中，社会福利将随着可变贸易成本（冰山成本）的增加而增加。[①] 从式（5-57）也可以看出，无论是对于对称的区域经济一体化总体贸易成本的安排还是对于双边贸易中的单边主义，经济体或者一个国家或地区都有降低贸易成本的冲动。事实上，对于二次拟线性效用函数框架下的异质性企业贸易理论而言，这个结论是与梅里兹（2003）相一致的。[②] 这意味着，区域贸易安排某种程度上是不稳定的，集团内的成员或者成员组织总有降低贸易成本的冲动，显然这种影响是不对称的：降低贸易成本的成员或组织的社会福利增加，造成其他成员或组织社会福利的损失。

（2）非对称分析。在非对称分析中，我们假设国家之间冰山成本均为非对称的，并且每个国家都有 T 个贸易伙伴，其他相关的假设与双边贸易分析一致，对于国家 l 而言，该国的临界边际成本参数（市场竞争强度的倒数）由以下方程构成的线性方程组决定：

$$\int_0^{c_{Dl}}\Big(\sum_{c\omega^{-m}\leqslant c_{Dl}}^{+\infty}\pi_{Dl}(c)\Big)g(c)dc + \int_0^{c_{lf}}\Big(\sum_{c\omega^{-m}\leqslant c_{lf}}^{+\infty}\pi_{lf}(c)\Big)g(c)dc$$

$$+\cdots\int_0^{c_{lT}}\Big(\sum_{c\omega^{-m}\leqslant c_{lT}}^{+\infty}\pi_{lT}(c)\Big)g(c)dc = f_e$$

$$\int_0^{c_{Df}}\Big(\sum_{c\omega^{-m}\leqslant c_{Df}}^{+\infty}\pi_{Df}(c)\Big)g(c)dc + \int_0^{c_{fl}}\Big(\sum_{c\omega^{-m}\leqslant c_{fl}}^{+\infty}\pi_{fl}(c)\Big)g(c)dc$$

$$+\cdots\int_0^{c_{fT}}\Big(\sum_{c\omega^{-m}\leqslant c_{fT}}^{+\infty}\pi_{fT}(c)\Big)g(c)dc = f_e$$

$$\cdots$$

$$\int_0^{c_{Tl}}\Big(\sum_{c\omega^{-m}\leqslant c_{Tl}}^{+\infty}\pi_{Tl}(c)\Big)g(c)dc + \int_0^{c_{Tf}}\Big(\sum_{c\omega^{-m}\leqslant c_{Tf}}^{+\infty}\pi_{Tf}(c)\Big)g(c)dc$$

$$+\cdots\int_0^{c_{DT}}\Big(\sum_{c\omega^{-m}\leqslant c_{DT}}^{+\infty}\pi_{DT}(c)\Big)g(c)dc = f_e \tag{5-58}$$

其中，c_{Di} 为 i 国的国内临界生产率参数，c_{ij} 为 i 国出口到 j 国的出口临

[①] 假设开放经济的社会福利为 W_o，封闭经济的社会福利为 W_a，显然在开放经济中，由于 $\left(\dfrac{1}{l_l + l_l\tau^{-k}}\right)^{\frac{1}{k+2}}$ 小于 1，因此开放经济的市场竞争强度更大，导致开放经济的社会福利也更大（式（5-52）），并且易证 $dW_o/d\tau < 0$。

[②] 尽管梅里兹（2003、2015）对于社会福利与可变贸易成本关系的结论是：社会福利与可变贸易成本反相关，同时也可以证明当可变贸易成本降到充分低的时候，这个关系会发生反转。

界生产率参数。利用克莱默法则可以求出任意国 i 的临界边际成本参数 c_i：

$$c_i = \left(\frac{B_i}{L_i}\right)^{\frac{1}{k+2}} (|J_i|/|J|)^{\frac{1}{k+2}} \qquad (5-59)$$

其中，$|J| = \begin{vmatrix} 1 & \cdots & \phi_{1j} & \cdots & \phi_{1T} \\ \phi_{21} & \cdots & \phi_{2j} & \cdots & \phi_{2T} \\ & & \cdots & & \\ \phi_{T1} & \cdots & \phi_{Tj} & \cdots & \phi_{TT} \end{vmatrix}$，$\phi_{ij} = \tau_{ij}^{-k}$，$|J_i|$ 为用 $(1, 1,$

$1\cdots1)^T$，替换 $|J|$ 的第 i 列的余子式，$|J|$ 为非对称地衡量开放经济贸易自由度的行列式，式（5-59）中 i 国的临界边际成本参数决定表明，一国的临界边际成本参数以及该国市场竞争强度的决定也要受到其贸易伙伴的影响。就临界边际成本参数而言，假定别国市场规模不变的情况下，本国的市场竞争强度随国家规模的增加而增加。市场规模一方面使得临界边际成本参数变小，另一方面又使得产品质量的选择范围变大，因此，市场规模对社会福利以及产品多样性的影响与封闭经济一样，都是不确定的。就可变贸易成本对相关变量的影响我们可以得到命题3。①

命题3：就一个完全一体化的区域集团而言，降低贸易成本会导致国家的市场竞争强度提高，社会福利与产品多样性也会同时增加；若可变贸易成本相同的国家联合采取行动对某一国家提高可变贸易成本，将使得该国市场竞争强度、社会福利与产品多样性降低，而采取贸易壁垒策略的国家在一定的条件下，其市场竞争强度、社会福利与产品多样性同时提高。

命题3实际上指出了特惠贸易安排无论是在双边贸易自由化还是在区域贸易自由化的基础上，关税等贸易壁垒的变化所引起的可变贸易成本的变动，进而这些变化对市场竞争强度、社会福利以及产品多样性的影响都是非对称的。以上的一般均衡分析，实际上还证明了另外一个问题，在一定条件下，一国总有动力或者冲动提高本国的相对可变贸易成本从而提升本国的社会福利，并且这种分析不需要借助博弈论的分析框架就可以体现。

（3）短期与长期的均衡分析。在开放经济均衡中，沿用梅里兹等（2008）对短期与长期的相关假设，即在短期中，不存在企业的进入退出，或者说，短期内行业内部对外是隔离的，短期内可变贸易成本、市场规模

---

① 证明见附录2。

都是不变的，i 国产品多样性与潜在进入者之间的关系为：

$$\sum_{j=1}^{T} \Theta\left(\frac{\tau_{ji}^{-1}c_{ii}}{c_m}\right)^k N_{ej} = M_i \tag{5-60}$$

式（5-60）利用了 $M(v)/N_e = H(v)$，$H(v) = \sum_{0}^{\infty} G(\omega^m v)$，其中

$H(v)$ 衡量了进入者的平均产品多样性，由于 $M_i = \dfrac{2(k+1)\beta(\alpha-c_{ii})}{rc_{ii}[1+(\varsigma-\delta)\chi]}$，在

短期内，相较于进入者，市场规模与可变贸易成本具有更强的刚性。很容易验证，任意贸易伙伴的进入者数量的增加将导致本国市场临界边际成本降低，从而市场竞争强度增强，导致一些低生产率的企业退出市场。

长期均衡中，市场规模、可变贸易成本都是可变的，市场进入者的数量本身是需要内生解决的问题，式（5-60）实际上可以拓展为包含了 T 个方程、T 个未知数组成的线性方程组，其解决方式仍然可以参照求解临界边际成本的方式，可以求出任意国家的进入者数量为：

$$Ne_i = |\kappa_i| / |\kappa| \tag{5-61}$$

其中，$|\kappa| = \begin{vmatrix} \Theta c_{11}^k c_m^{-k} & \Theta c_{11}^k c_m^{-k}\phi_{21} & \cdots & \Theta c_{11}^k c_m^{-k}\phi_{T1} \\ \Theta c_{22}^k c_m^{-k}\phi_{12} & \Theta c_{22}^k c_m^{-k} & \cdots & \Theta c_{22}^k c_m^{-k}\phi_{T2} \\ & & \cdots & \\ \Theta c_{TT}^k c_m^{-k}\phi_{1T} & \Theta c_{TT}^k c_m^{-k}\phi_{2T} & \cdots & \Theta c_{TT}^k c_m^{-k} \end{vmatrix}$，$|\kappa_i|$ 为用

$(M_1, M_2, \cdots, M_T)^T$ 替代 $|\kappa|$ 的第 i 列的余子式，由进入者的表达式可知，对于长期均衡而言，企业的临界边际成本在企业的自由进入条件决定后，还要受到一国的市场规模、可变贸易成本以及企业生产的质量参数影响。并且在非对称的情况下，一国的临界边际成本参数也要受到任意贸易伙伴的市场规模、可变贸易成本的影响。进而在长期均衡中，由于企业的自由进入与退出，进入者的数量也被内生决定了，由于我们已经在非对称分析中内生了临界边际成本参数，因此各国进入者的数量也与市场规模、可变贸易成本以及产品质量参数相关。

（4）数值模拟。参照梅里兹等（2015）、尹斯斯等（2016）以及贝纳德（2007）的研究结果，本部分对数值模拟的假设取 $\alpha=5$（保证产品多样性的正解），$\gamma=1$，$\varsigma=2$，$\delta=1$，$fe=1$，$\beta=1$，$k=4.2$。主要变量的区间选择 $L\in(1, 4)$（保证参数模拟时临界生产率参数的正值），$\tau\in(1, 4)$。在上述参数及变量的假设下，我们得到数值模拟的结果见图 5-5。

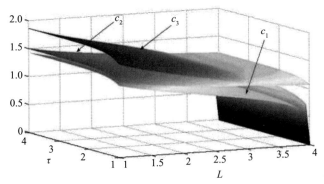

图 5 - 5　临界边际成本、市场规模与可变贸易成本

其中，c_1 分别代表临界边际成本参数，c_2 为只考虑多产品条件下（梅耶尔等，2004）的临界边际成本，c_3 为只考虑产品异质性（Antoniades，2015）条件下的临界边际成本参数、产品多样性与社会福利。从图 5 - 5 来看，在考虑产品质量异质性与多产品情况下，临界边际成本最低，即市场竞争强度最大，关于市场竞争强度的比较在前文已有说明，不再赘述。另外，在获取临界边际成本的条件下，产品多样性、社会福利与冰山成本（可变贸易成本）反相关。本部分对梅耶尔等（2014）的数值模拟，也符合其证明结果，但是，对安东尼亚德斯（2015）（以下简称 A 模型）的数值模拟结果却出现较大差异，原因在于 A 模型在进行数值模拟时，考虑到市场规模对产品多样性、社会福利的影响将产品质量的选择范围 χ 设置为参数，因此很容易验证市场规模与产品多样性、社会福利正相关。但是，正如本部分所证明的那样，市场规模一方面使得临界边际成本参数变小，另一方面又使得产品质量的选择范围变大，因此就产品多样性分析而言，市场规模对产品多样性的分析是不确定的。

上述数值分析的结果说明了这样一个事实：在产品质量异质性及产品多样性并存的情况下，短期内，若考虑市场规模的刚性，则社会福利及产品多样性的增加只能来源于贸易开放度的增加；在长期，随着市场规模的变动，尽管市场竞争强度会随着市场规模的增加而增加，但是产品多样性、社会福利的变化却是不定的。在上述参数的假设下，① 甚至出现了社会福利、产品多样性与市场规模反相关的情况，这与 A 模型以及梅耶尔等（2014）的分析结果出现了差异。在理论上，按照异质性企业贸易理论的

---

① 读者可以自己验证，在不同的参数设置下，社会福利、产品多样性与市场规模之间的关系会随着参数空间的选择而出现差异。

分析框架，如果仅考虑成本因素（主要指冰山成本）对社会福利或产品多样性的影响时，其分析结论基本一致，即贸易自由化（冰山成本或者贸易开放度矩阵行列式的值降低）会促进社会福利增加，但是由于异质性企业贸易理论在微观层面不断改进与批判，事实上，关于贸易成本、市场规模与社会福利之间关系的分析也越来越复杂，甚至结果也出现了差异性。[①]而关于市场规模与社会福利之间的关系分析，尽管在梅里兹模型中，产品多样性、社会福利与市场规模正相关的关系恒成立，但是在进行多重异质性分析时，结果也可能发生偏转。在本部分的研究中，由于要内生企业的质量选择，产品多样性、社会福利与市场规模之间的关系变得愈加复杂。在本部分的参数选择中，由于市场规模一方面提升了市场竞争强度，另一方面却导致了产品质量选择范围的增加（其倒数变小），[②] 因此产品多样性、社会福利的变化不确定。在实践中，我们认为，尽管一国的市场范围很大，其产品质量的选择范围相应也很大，但是这并不一定促使企业进行更高的产品质量选择，我们注意到 $z^* = \chi(c_D - c\omega^{-m})$，对于单个企业而言，市场规模会提供临界边际成本参数，从而提高企业的产品质量选择。但是，企业的产品质量选择仍然受到企业自身的边际成本参数与多产品的影响，具体而言，企业的边际成本参数越大或者企业生产更多的产品时，企业会趋于更低的质量选择，实际上也指出了，在多产品及产品质量多假设条件下，在本研究的分析框架内，我们并不能得到社会福利、产品多样性与市场规模存在某种必然的联系。其他参数都在不同程度上对分析的结果产生影响，在本部分的数值模拟中，相关消费者偏好参数或者各国生产技术特征的差异是有可能导致社会福利的分析结果发生反转的。

5.4.4 多产品生产事实、产品质量异质性与中国企业实际表现

5.4.4.1 数据来源

本部分的数据来源于中国工业企业数据库（2000～2006 年）、海关贸易数据库（2000～2006 年）、中国专利数据库（2000～2006 年）的匹配

---

① 例如芬斯特拉（2014）采用 r 阶二次平均支出方程的形式，在有上界的帕累托分布的假定下，其社会福利的增加方式出现了与梅里兹模型不一样的结果，在其社会福利的表达式中，包含了赫芬达尔指数项，由于产品多样性的增加导致赫芬达尔指数变小，社会福利随赫芬达尔指数的降低而降低。即使沿着梅里兹模型本身的假设，我们也可以证明，在两国开放经济中，产品多样性将随着冰山成本的降低而降低，而社会福利随冰山成本的降低而增加的结果有可能发生反转。

② 见式（5–51）。

数据。

企业出口的多样性信息由海关贸易数据库的八位产品代码获取，根据海关贸易数据库提供的每一笔进出口信息可以获得企业出口的产品多样性，根据企业出口的产品数量、价格以及目的地国别信息可以测算企业产品质量。另外，根据企业的进出口价值、进出口数量、贸易方式、进出口的国别信息、港口信息等能获得更多的关于企业进出口的贸易信息。

企业生产层面的信息由中国工业企业数据库提供，该数据库提供了企业生产相关指标的测算依据，如企业的生产率、企业的年限、企业的规模、企业的所有制信息等。对于任意年份的企业生产信息而言，企业样本唯一，本部分在勃兰特等（Brandt et al., 2012）的基础上对中国工业企业数据库进行处理。

中国专利数据库提供了企业或者发明人在创新方面的相关信息，这些信息主要有申请人信息、申请号、公开号、主分类号与分类号。其中，公开号的前三位是"CNX"，X 为创新产品的分类信息，数字 1 位发明专利、数字 2 位实用新型专利、数字 3 位外观设计专利。以此为依据可进行进一步的创新产品分类分析。企业在同一年内，可能存在高频度的专利申请，因此需要将企业或发明人的专利申请信息汇总到年度范围内。专利数据库最终处理后，将其变为企业（发明人）-年份维度，样本唯一。

在对上述数据库处理后，主要以企业中文名称 - 年份为匹配条件。首先，将海关贸易数据库与工业企业数据库按照企业 - 年份匹配；然后，将匹配信息与中国专利数据库按照企业（发明人）- 年份匹配从而获取企业的专利信息；最后，汇总的样本包含了企业的生产信息、贸易信息以及创新信息。按照上述处理方式，得到最后的匹配数据 194965 个，删掉那些只出现一年的样本，最后企业样本量为 167826 个，企业数量为 70470 个。

5.4.4.2 指标测度

（1）产品质量测度。本部分采用坎德瓦尔等（Khandelwal et al., 2013）对出口产品质量的测量方法，衡量企业出口产品质量。企业产品质量的衡量方式见式（5-62）：

$$\ln(x_{ijkt}) = -\sigma\ln(p_{ijkt}) + \chi_k + \chi_{jt} + \xi_{ijkt} \qquad (5-62)$$

其中，i 为企业，j 为企业出口目的地，k 为产品（采用八位码进行回归分析），p 为企业出口的单价。x_{ijkt} 为企业 i 出口到目的地 j 的产品 k 的数量，p_{ijkt} 为企业 i 出口到目的地 j 的产品 k 的单价，χ_k 为产品 k 的固定效应，χ_{jt} 为国家 - 时间固定效应。对式（5-62）进行回归分析，并提取残差

ξ_{ijkt}。由于消费者对某产品的购买量与价格和质量相关，则残差项 ξ_{ijkt} 为企业出口产品质量的替代指标。同时，为了便于分析，本部分将产品质量进行标准化处理：

$$rquality_{ikt} = \frac{qualitity_{ikt} - qualitity_{ikt}^{\min}}{qualitity_{ikt}^{\max} - qualitity_{ikt}^{\min}} \qquad (5-63)$$

$rquality_{ikt}$ 为进行标准化处理后的企业出口产品质量，$qualitity_{ikt}^{\min}$、$qualitity_{ikt}^{\max}$ 分别为某年某产品代码下的最低产品质量和最高产品质量，$qualitity_{ikt}$ 为回归得到的产品质量。经过这种处理方式后，企业出口产品质量没有单位，可以加总运算，便于比较。在海关贸易数据库按照这种方式提取出每一笔交易信息的出口质量后，将估计期内的样本均值作为企业出口质量的替代指标。

同时，为了进行稳健性分析，还采用了奥尔等（Auer et al.，2009）的方法，即将单位价格去均值和去标准差来核算企业产品质量。其具体方法为：

$$rquality_{ikt}^1 = \frac{p_{ijkt} - ap_{ikjt}}{sd_{ijkt}} \qquad (5-64)$$

其中，$rquality_{ikt}^1$ 为去均值和标准差后的产品质量，ap_{ikjt} 为出口到 j 国的所有产品 k 的均价，sd_{ijkt} 为这一组合的所有企业出口单价的标准差。$rquality_{ikt}^1$ 实际上是一个标准化后的单位价值，作为企业产品质量的替代指标，同理，对 $rquality_{ikt}^1$ 也按照最大最小值法进行标准化处理。

根据回归方法测算的企业产品质量的均值变化趋势见图 5-6。总体来看，企业产品质量在 2000~2003 年期间稳步下降，2004 年才有所回升，而且回升的幅度较平缓。

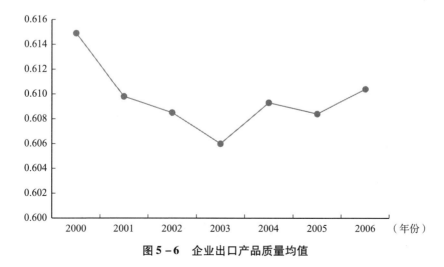

图 5-6　企业出口产品质量均值

（2）企业的产品多样性。本部分以企业出口的八位码产品种类的对数值作为企业产品多样性的替代指标。即企业出口的产品多样性为：

$$\ln goods = (1 + goods) \qquad (5-65)$$

其中，$goods$ 为企业在海关报关时，出口的八位码产品种类。企业出口的产品多样性的均值变化趋势见图 5-7。总体来看，企业出口的产品多样性除了在 2000~2001 年间有所下降外，其余年份基本保持上升的趋势。

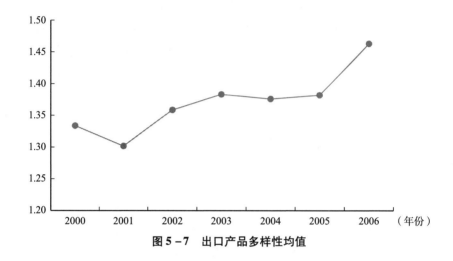

图 5-7　出口产品多样性均值

另外，为了较直观地观测产品质量与企业产品多样性之间的关系，本部分做了产品质量与企业生产种类之间的关系拟合图 5-8。从企业产品质量与企业出口产品多样性之间的拟合图来看，企业的产品质量与企业产品多样性之间呈现出负相关的关系，具体关系将在回归部分进一步研究。

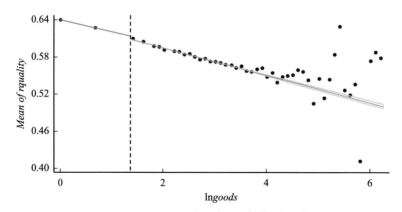

图 5-8　出口产品质量与产品质量之间的拟合

注：垂直虚线为出口产品多样性的均值。

在基础回归中，本部分加入了以下控制变量：（1）企业成立年限（lnage），以企业成立时间的对数值作为替代变量；（2）企业成立年限的平方项（lnage2）；（3）企业所处行业的市场竞争程度（hi），以赫芬达尔指数作为市场竞争强度的替代指标；（4）赫芬达尔指数的平方项（hi2）；（5）资本密集度（lnkl），企业资本对数值与劳动对数值的比值作为资本密集度的替代指标；（6）资本密集度的平方项（lnkl2）；（7）企业对美国的进口份额（usim），以企业对美国的进口占其总进口的份额作为替代指标；（8）企业对美国的出口份额（usex），以企业对美国的出口占其总出口的份额作为替代指标；（9）企业进口广度（impartner），以企业进口的来源地的对数值作为企业进口广度的指标；（10）企业出口广度（expartner），以企业出口目的地的数目的对数值作为企业出口广度的替代指标。

（3）描述性统计。基准回归相关指标的描述性统计见表 5 - 8。

表 5 - 8 描述性统计

变量名	样本量	均值	标准差
rquality	167826	0.609	0.096
rquality[1]	167826	0.498	0.104
lngoods	167653	1.382	1.014
lnage	167771	2.046	0.693
lnage2	167771	4.667	3.039
hi	167826	0.018	0.033
hi2	167826	0.001	0.012
lnkl	167826	3.668	1.355
lnkl2	167826	15.29	10.04
usim	167826	0.053	0.183
usex	167826	0.165	0.293
impartner	167826	0.759	0.894
expartner	167826	1.518	1.113

5.4.4.3 回归分析

（1）基准回归。

在上述分析的基础上，本部分基准回归模型设计如下：

$$rquality_{ijt} = \alpha_i + \lambda_t + \beta \ln goods + \eta X_{ijt} + \varepsilon_{ijt} \tag{5-66}$$

其中，下标 i、j、t 分别代表企业、行业和年份。α_i 和 λ_t 分别代表企业和年份固定效应，X_{ijt} 为与企业产品质量相关的固定效应，ε_{ijt} 为扰动项。

（2）基准回归分析。

本部分的基准回归结果见表 5 - 9。第（1）、（2）列为不加入控制变量的回归结果，第（3）、（4）列为不考虑企业贸易伙伴以及与美国之间的交易的回归结果，第（5）、（6）列为考虑企业与美国之间的交易份额以及企业进出口贸易伙伴数量的回归结果。从回归结果来看，无论是否考虑双向固定效应，企业的出口产品种类回归系数始终显著为负，表明企业的出口产品多样性与企业出口产品质量显著负相关。这与本部分的理论假设相一致。

表 5 - 9   基准回归

变量	（1） rquality	（2） rquality	（3） rquality	（4） rquality	（5） rquality	（6） rquality
lngoods	-0.0163 *** (-61.91)	-0.0166 *** (-61.96)	-0.0166 *** (-62.17)	-0.0166 *** (-62.12)	-0.0156 *** (-53.31)	-0.0157 *** (-53.42)
lnage			0.00656 *** (5.72)	0.00429 *** (3.63)	0.00729 *** (6.33)	0.00459 *** (3.88)
lnage2			-0.0013 *** (-4.24)	-0.0009 *** (-3.09)	-0.0013 *** (-4.37)	-0.0010 *** (-3.35)
hi			-0.0146 (-1.29)	-0.0119 (-1.05)	-0.0172 (-1.52)	-0.0121 (-1.07)
hi2			0.0193 (0.70)	0.0129 (0.46)	0.0220 (0.80)	0.0116 (0.42)
lnkl			0.000142 (0.23)	-0.000140 (-0.23)	0.000158 (0.26)	-0.000145 (-0.24)
lnkl2			-0.00010 (-1.06)	-0.0000857 (-0.99)	-0.0001 (-1.05)	-0.0001 (-1.00)
usim					0.000376 (0.38)	0.000422 (0.43)
usex					0.0137 *** (13.59)	0.0136 *** (13.45)
impartner					0.00486 *** (13.08)	0.00490 *** (13.21)

续表

变量	(1) rquality	(2) rquality	(3) rquality	(4) rquality	(5) rquality	(6) rquality
expartner					-0.00361 *** (-12.45)	-0.00388 *** (-13.17)
企业固定效应	Y	Y	Y	Y	Y	Y
年份固定效应	N	Y	N	Y	N	Y
常数项	0.632 *** (1660.20)	0.638 *** (1124.57)	0.626 *** (391.07)	0.636 *** (373.51)	0.623 *** (385.95)	0.634 *** (368.59)
N	167653	167653	167598	167598	167598	167598

注：括号里报告的为 t 值，* 、** 、*** 分别代表10%、5%和1%显著性水平下显著。

控制变量的回归结果表明，企业的成立年限与企业产品质量呈倒 U型，即产品质量随企业成立年限先增加后下降。市场竞争强度以及资本密集度对企业产品质量的影响不显著。中国企业对美国的出口份额增加能够显著提升企业出口产品质量。另外，从企业进出口的广度来看，进口来源地的增加会提高企业出口产品质量，但是出口目的地的增多反而会降低企业出口产品质量。

（3）稳健性检验。

①分样本检验：不同所有制、不同加工贸易份额回归结果。在该部分，我们将按照以下两种方式进行分样本检验：一是企业所有制不同的分样本检验，将企业所有制划分为本土企业与外资企业进行分样本检验，回归结果分别为表5－10 第（1）、（2）列；二是企业加工贸易份额大小的分样本检验，按照加工贸易份额大小，将样本划分为高加工贸易份额企业和低加工贸易份额企业，① 回归结果分别为表5－10 第（3）、（4）列。回归结果表明，出口产品多样性对企业出口产品质量的抑制作用，在外资企业表现得更为明显，对高加工贸易份额的企业影响也更大，这与中国的实际贸易情况相符合。实际上，在中国，外资企业从事加工贸易往往占有很大的比重，这类企业生产会有大量的简单再加工出口行为，相较于那些专注一般贸易的企业而言，其产品质量更容易受产品多样性影响。

---

① 企业加工贸易份额均值为 0.6008，企业加工贸易份额大于 0.6 为高加工贸易份额企业，低于 0.6 为低加工贸易份额企业。

表 5 – 10   不同所有制、不同加工贸易份额的分样本检验

变量	(1) rquality	(2) rquality	(3) rquality	(4) rquality
ln$goods$	−0.0132 *** (−30.54)	−0.0192 *** (−45.74)	−0.0196 *** (−48.28)	−0.0177 *** (−23.25)
lnage	0.000204 (0.12)	0.0107 *** (5.80)	0.00674 *** (3.91)	0.00720 ** (2.18)
ln$age2$	0.000142 (0.35)	−0.00233 *** (−3.58)	−0.00186 *** (−3.84)	−0.000812 (−1.03)
hi	−0.0626 *** (−3.57)	0.0270 * (1.78)	0.0249 * (1.68)	0.00497 (0.19)
$hi2$	0.133 *** (3.06)	−0.0825 ** (−2.29)	−0.0709 ** (−1.97)	0.00388 (0.06)
lnkl	−0.000397 (−0.41)	0.000108 (0.13)	−0.000331 (−0.43)	−0.000197 (−0.09)
ln$kl2$	−0.000140 (−1.01)	−0.000233 ** (−1.96)	−0.000153 (−1.31)	0.0000250 (0.10)
$usim$	0.00140 (1.13)	−0.00245 (−1.45)	−0.000655 (−0.31)	−0.00138 (−0.71)
$usex$	0.0179 *** (12.79)	0.00782 *** (5.10)	0.00820 *** (5.64)	0.0128 *** (4.83)
$impartner$	0.00361 *** (6.17)	0.00583 *** (11.79)	0.00571 *** (13.03)	0.00234 *** (2.77)
$expartner$	−0.000826 * (−1.93)	−0.00902 *** (−21.07)	−0.0139 *** (−34.87)	0.000899 (1.08)
企业固定效应	Y	Y	Y	Y
年份固定效应	Y	Y	Y	Y
常数项	0.636 *** (242.93)	0.634 *** (258.21)	0.656 *** (281.23)	0.602 *** (100.04)
N	84310	83288	67673	45706

注：括号里报告的为 t 统计量，*** 、** 、* 分别代表1%、5%、10%的显著性水平下显著。

②分样本检验：不同经济带回归结果。在该部分分样本检验中，将全部样本划分为东部、中部、西部以及东北部进行分样本回归。相关回归结果分别对表 5 – 11 第 （1）~（4）列，回归结果表明，总体而言，出口

产品种类增加均会一定程度降低平均产品质量；从差异性影响来看，出口
产品种类对平均出口质量的影响效应，东部最小，中部次之，西部和东北
部影响较大。核心变量回归系数在 1% 显著性水平上显著，表明本部分的
核心结论具有稳健性。

表 5 -11　　　　　　　　不同经济带的分样本检验

变量	(1)	(2)	(3)	(4)
	rquality	rquality	rquality	rquality
lngoods	-0.0148 *** (-48.39)	-0.0158 *** (-10.12)	-0.0227 *** (-11.21)	-0.0243 *** (-17.20)
lnage	0.00387 *** (3.10)	-0.00176 (-0.32)	0.0227 *** (2.95)	0.00660 (1.12)
lnage2	-0.000839 *** (-2.58)	0.000543 (0.42)	-0.00503 *** (-2.83)	-0.000906 (-0.63)
hi	-0.0190 (-1.60)	0.0945 (1.49)	0.0190 (0.26)	0.0358 (0.64)
hi2	0.00586 (0.20)	-0.164 (-1.00)	0.160 (0.92)	-0.0186 (-0.15)
lnkl	-0.000109 (-0.17)	-0.00301 (-1.00)	0.00548 (1.41)	-0.00245 (-0.76)
lnkl2	-0.000109 (-1.19)	0.000347 (0.82)	-0.000988 * (-1.93)	0.000387 (0.90)
usim	0.00000989 (0.01)	-0.00234 (-0.51)	0.00785 (1.35)	0.00508 (1.07)
usex	0.0124 *** (11.76)	0.0189 *** (3.79)	0.0253 *** (3.87)	0.0225 *** (4.06)
impartner	0.00490 *** (12.83)	0.00508 ** (2.16)	-0.0000756 (-0.03)	0.00805 *** (4.22)
expartner	-0.00450 *** (-14.72)	0.00562 *** (3.65)	-0.00247 (-1.23)	-0.00310 * (-1.91)
企业固定效应	Y	Y	Y	Y
年份固定效应	Y	Y	Y	Y
常数项	0.633 *** (352.29)	0.639 *** (74.92)	0.622 *** (52.03)	0.644 *** (73.03)
N	145635	7472	6206	8285

注：括号里报告的为 t 统计量，*** 、** 、* 分别代表 1%、5%、10% 的显著性水平下显著。

（4）异质性影响。

①生产率和创新的异质性影响。在这一部分，本书区分了企业生产率以及企业创新是否会对研究产生异质性影响，在莱文森等（Levinsohn et al.，2003）的基础上测算企业生产率。并将企业生产率以均值为标准区分为高生产率企业（高于均值5.2）和低生产率企业（低于均值5.2）。企业的创新数据在中国工业企业数据库与海关贸易数据库匹配的基础上，与中国专利数据库再次对接，并获取企业创新数据，根据创新数据的统计，并将企业的专利创新情况分为总的专利水平（*inno*），发明专利（*inno1*），实用新型专利（*inno2*）以及外观设计专利（*inno3*）。① 相关回归结果见表5－12，第（1）列为高生产率企业生产率与企业产品多样性交叉项的回归结果，第（2）为低生产率企业生产率与企业产品多样性交叉项回归结果，第（3）～（6）列分别对应创新水平与产品多样性交叉项的回归结果。回归结果表明，高生产率会强化多样性生产对企业产品质量的降低效应，但是这种作用只会出现在高生产率企业中，低生产率企业没有非线性的影响。研究表明，那些高生产率的企业更应当专注于核心生产，打造其核心竞争力。另外，企业全要素生产率（*TFP*）回归系数显著为正，表明企业出口产品质量与生产率正相关（或与边际成本反相关），与本书的理论研究相一致。从创新的回归结果来看，除了外观设计外，发明专利、实用新型专利均导致企业产品质量升级；从交叉项回归结果来看，只有发明专利造成了企业出口多样性对产品质量的进一步削弱，意味着那些进行发明专利创造的企业如果不专注于其一种或若干种核心产品，培育核心竞争力的话，将导致企业出口产品平均质量的进一步下降。

表5－12　　　　　　　　　　生产率和创新的异质性影响

变量	（1）	（2）	（3）	（4）	（5）	（6）
	rquality	*rquality*	*rquality*	*rquality*	*rquality*	*rquality*
ln*goods*	－0.0144 *** （－22.28）	－0.0170 *** （－27.04）	－0.0157 *** （－53.44）	－0.0156 *** （－53.40）	－0.0157 *** （－53.44）	－0.0157 *** （－53.42）
TFP	0.00605 *** （10.42）	0.00528 *** （12.78）				

---

① $inno = \ln(1 + patent)$，$inno1 = \ln(1 + patent1)$，$inno2 = \ln(1 + patent2)$，$inno3 = \ln(1 + patent3)$，*patent*、*patent1*、*patent2*、*patent3* 分别为专利数据库报告期内企业的总创新数量、发明专利创新数量、实用新型专利创新数量以及外观设计专利创新数量。

续表

变量	(1)	(2)	(3)	(4)	(5)	(6)
	rquality	rquality	rquality	rquality	rquality	rquality
$TFP \times \ln goods$	-0.000817** (-2.30)	0.00000730 (0.02)				
inno			0.000810* (1.74)			
$inno \times \ln goods$			0.000274 (0.74)			
inno1				0.00340*** (3.31)		
$inno1 \times \ln goods$				-0.00138* (-1.81)		
inno2					0.00157** (2.19)	
$inno2 \times \ln goods$					0.000525 (0.90)	
inno3						0.000120 (0.19)
$inno3 \times \ln goods$						0.000218 (0.44)
企业固定效应	Y	Y	Y	Y	Y	Y
年份固定效应	Y	Y	Y	Y	Y	Y
控制变量	Y	Y	Y	Y	Y	Y
常数项	0.610*** (105.85)	0.618*** (148.72)	0.634*** (368.54)	0.634*** (368.57)	0.634*** (368.57)	0.634*** (368.57)
N	71427	63357	167598	167598	167598	167598

注：括号里报告的为 t 统计量，***、**、*分别代表1%、5%、10%的显著性水平下显著。

②市场化程度的异质性影响。在这一部分，主要关注市场化程度是否会造成多产品生产对出口产品质量影响的异质性。市场化指数（market index）来自王樊纲等（2011）的研究。本部分将市场化指数与出口产品种类交叉项加入回归分析中。相关回归结果表明（见表 5 – 13），市场化程度越高，出口产品种类对平均质量的影响越大，即那些市场化程度较高的地区，其生产结构越容易受影响，过于追求多样性生产往往对核心生产

力造成明显的负面影响，最后更加容易导致平均出口产品质量的下降。核心变量及交叉项回归结果均显著，表明本部分的核心结论具有稳健性。

表 5-13　　　　　　　　　　市场化程度的异质性影响

变量	(1) rquality	(2) rquality	(3) rquality	(4) rquality	(5) rquality	(6) rquality
lngoods	-0.0136 *** (-20.65)	-0.00855 *** (-9.61)	-0.0116 *** (-16.26)	-0.00875 *** (-9.82)	-0.0112 *** (-15.67)	-0.00731 *** (-8.15)
lngoods × market index	-0.000304 *** (-4.46)	-0.000957 *** (-9.43)	-0.000574 *** (-7.44)	-0.000944 *** (-9.29)	-0.000524 *** (-6.75)	-0.000998 *** (-9.84)
lnage			0.00770 *** (6.66)	0.00409 *** (3.46)	0.00823 *** (7.09)	0.00436 *** (3.69)
lnage2			-0.00116 *** (-3.85)	-0.000875 *** (-2.90)	-0.00120 *** (-3.97)	-0.000946 *** (-3.13)
hi			-0.0198 * (-1.75)	-0.00947 (-0.83)	-0.0217 * (-1.92)	-0.00953 (-0.84)
hi2			0.0274 (0.99)	0.00866 (0.31)	0.0291 (1.05)	0.00714 (0.26)
lnkl			0.000191 (0.31)	-0.000126 (-0.21)	0.000201 (0.33)	-0.000130 (-0.21)
lnkl2			-0.0000883 (-1.02)	-0.0000860 (-0.99)	-0.0000884 (-1.02)	-0.0000868 (-1.00)
usim					0.000406 (0.41)	0.000528 (0.54)
usex					0.0140 *** (13.86)	0.0138 *** (13.67)
impartner					0.00485 *** (13.08)	0.00497 *** (13.41)
expartner					-0.00338 *** (-11.57)	-0.00387 *** (-13.15)
企业固定效应	Y	Y	Y	Y	Y	Y
年份固定效应	N	Y	N	Y	N	Y
常数项	0.632 *** (1654.18)	0.635 *** (973.68)	0.623 *** (376.71)	0.633 *** (365.59)	0.620 *** (371.07)	0.631 *** (360.51)
N	167653	167653	167598	167598	167598	167598

注：括号里的为 t 统计量，*** 、 ** 、 * 分别代表1%、5%、10%的显著性水平下显著。

（5）变量的替代检验。

本部分的主要回归均是在坎德瓦尔等（2013）的基础上，采用回归的方式测算的企业出口产品质量。接下来，将采用奥尔等（Auer et al.，2009）去均值、去标准差的方式测算产品质量 $rquality^1$。回归结果见表 5 - 14，可知采用新的测算方式测算的产品质量，产品多样性回归系数仍然显著为负，生产率造成的产品多样性对产品质量的异质性影响依然存在，表明本部分的回归结果稳健。

表 5 - 14　　　　　　　　　　变量的替代性检验

变量	(1) $rquality^1$	(2) $rquality^1$	(3) $rquality^1$	(4) $rquality^1$
ln$goods$	-0.00126 *** (-5.47)	-0.00158 *** (-6.22)	-0.00139 ** (-2.53)	-0.00107 * (-1.91)
$TFP \times$ ln$goods$			-0.000741 ** (-2.46)	0.000321 (0.91)
TFP			0.00270 *** (5.47)	0.00148 *** (4.01)
lnage		0.00119 (1.16)	0.00195 (0.74)	0.00253 (0.92)
ln$age2$		-0.000272 (-1.04)	-0.000496 (-0.87)	0.00000305 (0.00)
hi		0.0252 ** (2.56)	0.0138 (0.84)	0.0271 (1.56)
$hi2$		-0.0649 *** (-2.71)	-0.0458 (-1.14)	-0.0302 (-0.73)
lnkl		0.0000140 (0.03)	-0.000858 (-0.62)	0.0000164 (0.02)
ln$kl2$		-0.0000238 (-0.32)	0.000271 (1.57)	-0.0000970 (-0.62)
$usim$		0.000349 (0.41)	-0.000486 (-0.35)	0.00236 (1.54)
$usex$		0.000849 (0.97)	-0.000621 (-0.39)	-0.000571 (-0.39)

续表

变量	(1)	(2)	(3)	(4)
	$rquality^1$	$rquality^1$	$rquality^1$	$rquality^1$
impartner		0.000963 *** (3.00)	0.00115 ** (2.11)	−0.000153 (−0.27)
expartner		0.000457 * (1.79)	−0.0000639 (−0.14)	−0.000340 (−0.77)
企业固定效应	Y	Y	Y	Y
年份固定效应	Y	Y	Y	Y
常数项	0.493 *** (1003.99)	0.490 *** (329.07)	0.476 *** (97.19)	0.481 *** (129.63)
N	167653	167598	71427	63357

注：括号里报告的为 t 统计量，*** 、** 、* 分别代表 1%、5%、10% 的显著性水平下显著。

(6) 内生性检验。

为了解决产品多样性的内生性问题，本部分采用了工具变量回归方式，为此，需要找到一个合适的工具变量，这个工具变量与企业出口产品多样性相关，但又具有较强的外生性。根据企业出口的特征，选取企业所在城市与企业出口报关的港口距离作为工具变量，原因有二：其一，企业的出口行为会受到地理距离的影响，企业所在城市到港口所在地的距离不仅会影响其运费，而且由于企业出口的多样性，在运输途中每一种产品的保管方式也不一样。地理距离的远近，不仅造成基于距离或者交通方式的费用，还会由于需要多样性的保管方式，进一步提升企业的费用，因此企业与港口之间地理距离会对企业出口产品多样性产生影响。其二，企业所在城市到港口的距离具有不变性，因此具有较强的外生性。

在测算企业地理距离时，本部分根据企业所在城市的经纬度，以及企业报关港口经纬度来测算企业地理距离。因此，本部分选取企业所在城市与港口的平均距离（lnadis）以及按照对应产品出口份额的合成工具变量（lnsdis）。

基于地理距离企业出口多样性的工具变量为：

$$lnadis_{it} = \ln\left[\left(\sum dis_{ikpt}\right)/fre\right] \qquad (5-67)$$

$$lnsdis_{it} = \ln \sum_{k=1}^{n} (sale_{ikt}dis_{ikpt}) \qquad (5-68)$$

其中，下标 i、k、p、t 分别表示企业 i、企业出口的产品 k、企业出口的港口 p 以及时间 t。dis 为企业所在地到港口的地理距离，fre 表示企业出口的频次，$sale$ 表示企业出口的产品 k 占总出口的比重。企业出口的平均距离和按照份额加权的距离变化趋势见图 5 - 9，总体上来看，企业的所在地与港口之间的距离有缓慢上升的趋势，这与中国的产业结构转移相关，沿海城市的生产空间逐渐减少，随着内地经济的发展，企业总公司或分公司开始加大向内地转移的力度，导致企业的平均出口距离呈上升趋势。

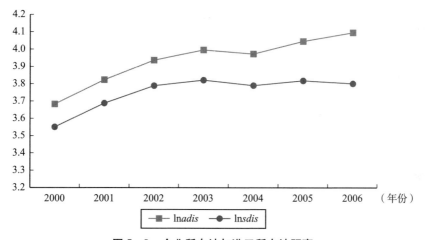

图 5 - 9   企业所在地与港口所在地距离

除了采用上述工具变量之外，本部分还采用企业出口产品多样性变量的滞后 1 期以及滞后 3 期分别作为工具变量。同时，基于面板数据的结构特征，还采用系统两步 GMM（System Two-step GMM）进行内生性检验。相关回归结果见表 5 - 15，第（1）列是 lnsdis 作为工具变量的回归结果，第（2）列是 lnadis 作为工具变量的回归结果，第（3）、（4）列分别为 lngoods滞后 1 期和滞后 3 期作为工具变量的回归结果，第（5）列为 System Two-step GMM 的回归结果。回归结果表明，lngoods 系数均显著为负，本部分的研究结论稳健。

表 5 – 15   内生性检验

变量	(1) IV (lnsdis)	(2) IV (lnadis)	(3) IV (l. lngoods)	(4) IV (l3. lngoods)	(5) SYS Two-step GMM
lngoods	- 0.0105 * (- 1.75)	- 0.0115 ** (- 2.37)	- 0.0254 *** (- 9.59)	- 0.0210 ** (- 2.52)	- 0.0121 *** (- 4.34)
L. rquality					- 0.389 *** (- 22.43)
L. lngoods					- 0.00202 * (- 1.86)
TFP	0.00550 *** (12.60)	0.00555 *** (14.02)	0.00577 *** (19.26)	0.00482 *** (8.96)	0.00432 *** (3.87)
LM statistic	240.47	369.51	1105.85	103.16	
F statistic	241.32	371.57	1123.69	103.57	
AR (1)					0.000
AR (2)					0.178
Sargan test					0.267
企业	Y	Y	Y	Y	N
年份	Y	Y	Y	Y	Y
控制变量	Y	Y	Y	Y	Y
N	91690	91690	99672	34529	68137

注：括号里报告的为 t 统计量，*** 、** 、* 分别代表 1%、5%、10% 的显著性水平下显著。

5.4.5 小结

随着异质性企业贸易理论的深入发展，其分析框架已经可以解释很多国际贸易理论亟须解释的问题，本部分构建的产品质量及多产品条件下的异质性模型解释了以下几个问题。

企业更高的边际成本参数以及多产品的生产方式，都会抑制企业的产品质量升级，在实践中这也是很容易理解的，企业的边际成本很高，将使得企业没有更多的动力进行产品质量升级；多产品假设的条件下，企业生产的产品种类越多，使得企业将过多的精力分散在其余产品上，平均质量水平下降，最终迫使企业回归到核心产品的生产上。也就是说，企业的生产率不仅对企业的出口选择行为产生影响，也对企业的质量选择行为产生影响，企业的核心生产力提高会提高企业的产品质量。另外，本部分的研究也表明"多元化"的生产方式，无益于企业的产品质量提升。

更高的市场规模意味着更加强烈的市场竞争强度，市场竞争更加激烈，但是在本部分参数空间的选择下，并不能简单地认为市场规模越大，社会福利与产品多样性就越高。实际上，更加强烈的市场竞争强度，使得优胜劣汰机制发挥到淋漓尽致，甚至会将企业的竞争推到垄断的地步，因此，异质性企业的垄断竞争假设会出现背离。贸易自由化对区域贸易安排是有利的，但是如果这种贸易协定不够强硬，则各国总有单方面提高贸易壁垒的冲动，因此，贸易自由化在贸易实践中总是不对称的。当区域贸易集团对本国所设置的贸易壁垒最初并不是很高时，提高本国的贸易壁垒对区域贸易集团是有利的，当本国的贸易壁垒本身就很高时，对本国进行贸易制裁就会使区域贸易集团内部国家的福利受损。现实的贸易实践往往表现为区域贸易集团内部贸易壁垒参数（$\tau_{ij}^{-k} = a$，约等于 0.077）很小，而对第三国（本国）的贸易壁垒如果不是特别大，将会使区域贸易集团总有对第三国（本国）提高贸易壁垒的冲动。随着双边协定与多边协定的发展，尽管区域贸易集团对第三国设置的贸易壁垒有减弱的趋势，但是在这种背景下，同时也会造成这种贸易安排不稳定甚至周期性贸易制裁现象的出现。

本部分的研究主要是将多产品生产的事实、产品质量的选择同时纳入异质性企业贸易理论分析框架，并在此基础上为异质性企业贸易理论提供一个新的福利增长的路径分析。目前对于企业产品质量的研究还主要基于实证层面，实际上，对于从边际成本参数到产品质量再到企业出口，可能存在更加复杂的机制，而只研究出口产品质量升级的相关层面可能忽视了产品质量的内在决定机制。因此，同时考虑多产品与产品质量层面的企业选择效应，成为新的研究内容。

5.5 贸易自由化、企业异质性与中国的企业创新

5.5.1 贸易自由化与企业创新相关文献综述

进口贸易自由化是否影响企业的创新表现以及其影响机制如何？目前，学界对这个问题进行了广泛的研究，从进口贸易自由化对企业创新数

量的影响角度来看，目前还没有得到统一的结论。中国已经成为世界上最大的出口国家，在出口量上，中国在加入 WTO 之后，出口一直保持着强劲势头，2002～2017 年中国出口的平均增长率为 13.8%。① 中国目前还存在着劳动力的比较优势，这些较为低廉的产品进入国外市场必然会引起当地的市场竞争强度加剧，进而引起包括企业在专利申请、R&D 投入以及其他技术方面的变迁。然而，对中国市场而言，相应的进口贸易自由化是否也会引起类似的反应，是一个值得关注的话题，也就是说，中国企业的进口贸易自由化是否会引起企业专利申请量的变化？如果不是，又会引起企业在哪些创新方面的变革？

　　近些年，关于进口贸易自由化与企业创新之间关系的研究较多。许多学者从不同角度研究了进口贸易自由化与企业创新之间的关系。布卢姆、德拉卡和里宁（Bloom，Draca and Reenen，2016）利用欧盟 12 个国家的面板数据研究了中国进口贸易自由化对这些国家在专利、IT、R&D 以及 TFP 等方面的创新表现的影响。他们的研究指出，中国的进口贸易自由化加剧了当地的市场竞争程度，使得企业的创新活动增加，同时对中国的进口会使得劳动力市场再配置，劳动力资源会倾向于更高的科技水平以及更具创新能力的前沿企业。奥特尔、多恩、汉森、皮萨诺和舒（Autor，Dorn，Hanson，Pisano and Shu，2016）研究了来自中国的进口贸易自由化如何影响美国的创新。他们的研究更加直接，即随着来自中国的贸易竞争加剧，美国企业（国内和国外的）的专利申请大幅下降。这两种声音代表了针对中国贸易竞争的两种不同的"竞争－创新"的机制。

　　在理论上，解释这种"竞争－创新"关系的研究也有很多，达斯古塔和斯蒂格利茨（Dasgupta and Stiglitz，1980）指出那些市场竞争程度更强的市场意味着更低的平均利润、更低的价格加成从而导致该市场具有更低的创新投入，进而拥有更低的创新水平。阿基翁、布卢姆、邦德尔、格里菲斯和豪伊特（Aghion，Bloom，Bundell，Griffith and Howitt，2005）的研究结果表明，竞争和创新之间存在倒 U 型的关系，原因在于，先行者与追随者在创新活动上具有不同的表现。在产业发展初期，竞争会促使领导者逐步追加投资从而增加创新产出，与此同时，追随者会降低创新的动机。不仅是企业的进口贸易自由化带来技术变迁，出口需求的变化也会引起企业创新活动的变化，阿吉翁等（2018）用异质性企业贸易理论的相关框架

① 数据来源于国家统计局。

研究了出口需求冲击对企业创新的影响，研究指出，企业出口会影响企业创新活动，并且这种影响有显著的异质性。市场规模的变化对所有企业的创新活动都具有正向影响，总体来说，出口冲击会对高生产率企业的创新动机有放大效应，相反，低生产率企业会在这种加剧的市场竞争环境中，降低创新动机。事实上，随着异质性企业贸易相关研究的发展，异质性企业贸易理论为企业层面的创新与贸易活动提供了分析框架，企业的进入与退出、贸易自由化等加剧了市场竞争强度，竞争效应增强使得低生产率企业退出，高生产率企业存活，多产品生产的企业也会在激烈的市场竞争环境中，将产品生产向核心产品靠拢，这一系列的竞争事实都与企业的创新活动息息相关（Melitz，2003；Mayer，Melitz and Ottaviano，2016；Melitz，2017；Mayer，Melitz and Ottaviano，2014）。

事实上，国内也有很多学者做了进口贸易自由化与企业创新之间的研究，如田巍等（2014）研究了中间品贸易自由化与企业研发之间的关系，研究表明进口贸易自由化显著促进了企业的研发水平；盛斌等（2017）研究了进口贸易自由化与企业出口技术复杂度之间的关系，研究表明出口贸易自由化显著提升了企业出口技术复杂度，并且验证了企业的研发创新是进口贸易自由化促进企业技术复杂度提升的重要渠道；陈维涛等（2018）检验了进口贸易自由化通过企业研发投入进而推动企业全要素生产率提升；耿晔强等（2018）研究了中间品贸易自由化与企业创新之间的关系，并采用新产品产值以及研发投入指标对其结论进行验证；孙一平等（2017）从企业创新角度研究了中间品贸易自由化对工资水平的影响，并利用新产品产值以及研发数据对结论进行验证。通过对相关文献关系的整理，我们发现，尽管有很多学者在贸易自由化与企业创新之间的关系方面进行了许多研究，但是大多数基于 R&D 指标以及新产品产值指标来衡量企业的创新，但是以这两种指标来衡量企业的创新均有一定程度的缺陷。首先，R&D 只代表了企业的创新投入，尽管与创新投入高度相关但仍然不能准确代表创新产出（李兵等，2016），从本书的研究来看，存在大量的企业进行了大量研发投入但是仍无法形成企业创新产出，当然也存在一部分企业研发投入很低（甚至为 0）但是却能形成专利产出。其次，采用专利数据作为企业创新产出的另一个好处是可以保证企业创新衡量指标的连续性（Liu et al.，2016），新产品产值作为企业创新指标的替代也具有一定的缺陷，主要原因在于学界、理论界对于该指标缺乏准确的定义（李兵等，2016），新产品产值可以是新产品更新换代，可以是营销包装变更，也可以是改变生产经营策略拓展的新领域（李兵等，2016）。最后，需要指出的是，由于中国的市场体制与国外不完全一样，中国的本土企业与外资企业在各方面的表现也有显著的区别。一方面，中国在加入 WTO 之后，采取了一系列的政策措施鼓励外资进入中国市场；另一方面，中国政府也确实设置了一些政策壁垒，禁止外资企业在某些行业的投资或者对投资份额的限制。正是由于这些壁垒的存在也确实激发了一些矛盾。2019 年 3 月 15 日，中国通过了《中华人民共和国外商投资法》，进一步扩大外商投资的领域，同时加强在知识产权方面的保护。中国对外开放逐步扩大的同时，本土企业与外资企业差异性也一直存在，自然联想到以下几个问题：在中国，企业的进口贸易自由化对专利申请是否有影响？如果有，这种影响是否存在本土企业与外资企业的差异性？企业的进口贸易自由化对企业创新的影响是否有其他衡量方式？

　　基于上述问题，本部分在中国专利数据库、中国海关贸易数据库、中国工业企业数据库以及联合国贸易和发展会议的贸易分析信息系统（TRAINS）提供的产品层面关税信息的匹配数据基础上，研究了在中国的本土企业与外资企业在面临进口贸易自由化时，对企业创新的影响。同时，为了进一步拓展本部分的研究主旨，我们还将贸易自由化对企业的创新数量的影响扩展到对企业创新质量的影响，研究企业进口贸易自由化如何影响企业的创新质量，以及进口贸易自由化对本土企业与外资企业的差异性影响。本部分的主要研究结论是：企业的进口贸易自由化对企业的专利申请数量影响不显著，即企业进口贸易自由化程度与企业专利申请没有太大关系，但是进口贸易自由化对企业创新质量有显著的影响，研究表明企业面临的贸易自由化程度越高，越有利于企业创新质量的升级。而且进口贸易自由化对外资企业创新质量的提升作用显著高于本土企业，经测算，进口贸易自由化对外资企业的推动作用大约是本土企业促进作用的 2~3 倍。同时，本部分还进行了区分企业加工贸易份额高低、替换解释变量和被解释变量的稳健性检验，并研究了企业面临的贸易自由化对创新的影响是否存在生产率的异质性效应，最后利用 2SLS、系统两步 GMM 以及 Heckman 两步法进行内生性检验。

　　本部分可能存在的贡献是：第一，本部分是对竞争与企业创新之间关系的相关文献的补充（Bloom, Draca and Reenen, 2016；Aghion, Bloom, Bundell, Griffith and Howitt, 2005；Aghion, Bloom, Bundell, Griffith and Howitt, 2005；Aghion, Bergeaud, Lequien and Melitz, 2018），这些文献大

多是基于国外市场对中国企业的进口角度，研究中国的进口贸易自由化引起的本国市场创新活动的变化，事实上，由于中国的市场情况与国外有所差异，以及各国在创新上明显的差异性，各国的贸易活动引起的本土市场的企业创新表现可能存在显著差异。因此，研究中国企业的进口贸易自由化对中国本土企业与外资企业的差异性影响具有一定的贡献。

第二，本部分是进口贸易自由化对企业创新活动相关的替代变量衡量的文献补充，不仅研究了企业进口贸易自由化对包含企业发明专利、实用新型以及外观设计专利在内的创新申请数量的影响，还研究了进口贸易自由化对企业创新质量的影响。本部分对创新质量的衡量采用了知识宽度的衡量方式，基本回归中主要采用了企业每一个发明专利、实用新型专利以及外观设计专利分类号个数衡量对应的专利或外观设计的宽度，根据企业每年申请的频率核算企业的平均知识宽度作为企业创新质量的替代指标。之所以选择该指标作为创新质量的衡量指标，原因在于，企业每一个专利的分类号，不仅衡量了包含该专利的主分类号在内的主要知识宽度，而且还包含了跨领域的知识宽度。同时，与相关的研究一致，本部分对知识宽度衡量的创新质量不仅利用了分类号数量衡量企业的创新质量，我们也借鉴了企业的赫芬达尔指数构建的技术等级衡量的创新质量进行稳健性分析（Aghion，Akcigit，Bergeaud and Blundell，2019）。

第三，本部分的研究能够揭示企业贸易自由化对企业创新数量以及创新质量影响的异质性。中国是世界上最大的出口国，而加工贸易是中国对外贸易的一个重要组成部分，加工贸易是对原材料、原配件等材料的再加工出口行为，以加工贸易为主的企业实际上对进口贸易自由化的反应并不敏感。区分企业加工贸易的高低是对相关文献的重要补充，另外基于异质性企业贸易理论的发展，研究进口贸易自由化对企业创新活动的影响是否存在生产率上的异质性也具有重要的意义。此外，我们还研究了企业的中间品进口贸易自由化、最终品进口贸易自由化以及资本品进口贸易自由化对企业创新活动的差异性影响。

本部分的安排如下：首先，介绍中国的企业创新、贸易自由化以及相关制度背景；其次，构建一个包含贸易自由化水平的异质性企业模型，用来解释贸易自由化水平与企业创新之间的关系；再次，介绍本部分数据的来源、整理与匹配，相关指标的测算与描述性统计分析；接下来，进行基本回归分析和稳健性检验；最后，是本部分的研究结论。

5.5.2　相关制度背景介绍

根据世界知识产权组织 2018 年发布的《2018 年世界知识产权指标》统计测算，2017 年中国国家知识产权局受理的专利申请量为 138 万件，是美国的两倍多。事实上，从 2011 年开始，中国的专利申请量已经连续 7 年位居世界第一。中国在加入 WTO 之后专利申请数量呈现出井喷态势，很大程度上与地方政府的政策支持相关，中国专利数量的疯狂增长，有一部分原因是非市场因素的推动，甚至有些地方政府已经将专利申请量作为政府绩效的考核指标。伴随着中国专利申请量飞速上升的同时，中国的专利质量却进展缓慢，从中国专利数据的结构来看，以 2010 年为例，属于技术复杂度相对较高的发明专利的占比大约只有 26.9%，而技术复杂度相对较低的实用新型专利和外观设计专利占比超过 70%。另外，从国际上来看，根据 2018～2019 年度全球百强创新企业的榜单来看，中国大陆只有 3 家企业上榜，侧面表明中国的企业创新的国际影响力还远远不够。中国的专利数量增长与质量进步呈现出不对称的现象，事实上，在中国的创新发展的路径上，在国际上中国目前还处于追赶的地位，某种程度上来讲，基于中国的创新环境与创新结果来看，中国已经是创新大国，但是还在向创新强国的道路上奋进。从外资企业与本土企业在专利申请上的情况来看，本土企业与外资企业在专利申请上存在显著差异，以 2014 年《中国有效专利年度报告》为例，本土企业在专利申请结构上十分不均衡，科技含量高的发明专利只有 17.6%，而在华外商投资企业的发明专利在其有效专利总量中占比为 79.9%。总体上来看，中国的专利申请存在数量与质量的不均衡，以及专利申请内部结构的不均衡。

自中国于 2001 年加入 WTO 一直到现在，中国的对外开放程度不断扩大。根据本书测算，企业层面的贸易自由化，以加权关税为例，企业的进口关税水平从 2001 年的 14.614 下降到 2010 年的 6.229，下降幅度达到 57.38%。按照联合国网站提供的国民经济核算体系（SNA）与按经济大类（BEC）的对应规则，进行简单汇总后，可以进一步测算得到，中间品关税下降了 61.4%，消费品关税下降了 46.91%，资本品关税下降了 64.79%。中国在加入 WTO 之后在进口贸易自由化上做了大量改善，企业竞争也越来越激烈。事实上，从中国加入 WTO 开始，中国的关税一直处于下降的趋势，即使在 2008 年金融危机导致全球贸易保护主义抬头时，中国的进口关税仍然保持相对下降的趋势。在改革开放 40 多年的进程中，中国不断拓宽开放领域，对内改革与对外开放同时进行，双管齐下完善开放体制的深度与广度，在外商直接投资领域，《外商投资产业指导目录》经历了多个版本的修改与完善，这些版本的修改与完善都体现了中国对外开放的领域扩大和内容深化。2021 年修订的《外商投资准入特别管理措施（负面清单）》以及 2020 年正式施行的《外商投资法》，更进一步为未来的对外开放提供了具体规范与制度保障。

中国已经成为世界第一货物贸易大国，中国的进口与出口都会对世界产生一定的影响，一些文献表明中国的进口贸易自由化会对国外市场产生差异性影响，甚至有些研究表明中国的进口贸易自由化会对本国创新产生不利影响，这些研究也为逆全球化的一些政策措施提供了理论依据。本部分的研究将聚焦：在中国逐步扩大开放的过程中研究企业进口贸易自由化与企业创新活动之间的关系，同时区分中国的本土企业与中国的外资企业，研究企业进口贸易自由化对这两类企业的异质性影响，并进行相关的稳健性检验。

5.5.3 包含企业异质性、贸易自由化的均衡模型

5.5.3.1 消费和生产均衡

本部分在阿吉翁等（2018）的基础上，构建一个包含贸易自由化的简单模型研究贸易自由化与企业创新之间的关系。消费层面的效用函数由式（5-69）表达：

$$\max_{q_i \geq 0} \int_0^M \left(\alpha q_i - \frac{\beta q_i^2}{2} \right) di$$

$$st : \int_0^M p_i q_i di = 1 \qquad (5-69)$$

式（5-69）为一个典型的次效用函数（sub-utility），其中，q_i 为多样性产品的消费量，p_i 对应消费品的产品价格，M 为产品多样性，收入水平标准化为 1，α、β 均大于 0。在上述消费者效用函数和约束条件下，得到消费者反需求函数为：

$$p_i = \frac{\alpha - \beta q_i}{\lambda} \qquad (5-70)$$

其中，λ 为拉格朗日乘子，代表收入的边际效用。为了简化分析，将该乘子设为常数，企业在边际成本为 c 的情况下，其利润表达式为 $\pi_i = L(p_i - c_i)q_i$，其中 L 为市场规模，企业面临的市场环境为垄断竞争。开放经济条件下，企业边际成本为 $\tau c (\tau > 1)$，τ 为可变贸易成本（如关税）。

在上述需求函数以及利润表达式下，企业的最大化利润表达式为：

$$\pi_i = \frac{L(\alpha - \lambda \tau c_i)^2}{4\beta\lambda} \qquad (5-71)$$

5.5.3.2　创新决定

企业创新最主要的原因是为了降低边际成本（或者提高价格加成），企业层面的生产技术面临以下两种异质性，其一，企业具备不同的边际成本或者生产率水平；其二，基于生产率基础上的不同创新选择，即创新选择的异质性。为了简化分析，本部分将企业边际成本与企业创新之间的关系定义为：

$$c_i = \tilde{c}_i - k_i \qquad (5-72)$$

其中，$\tilde{c}_i$ 为基准边际成本，式（5-72）表明企业的创新会降低企业的边际成本，为了简化，本部分将单位创新带来的边际成本下降率设为 1（即 k_i 系数为 1，但是 k_i 恒小于 $\tilde{c}_i$）。企业创新产出的增加意味着创新投入的增加，如研究与开发费用（R&D），因此创新有一定的成本，假设企业的创新成本方程为：

$$TC(k) = k_0 + \gamma k + \eta k^2/2 \qquad (5-73)$$

其中，k_0 为企业创新的固定投入，γ、η 均大于 0，创新的成本表达式意味着创新的边际成本递增，即随着企业创新产出不断增加，一单位创新产出需要的成本更大。在存在创新成本的情况下，企业的利润表达式进一步转化为：

$$\pi_i = \frac{L(\alpha - \lambda \tau c_i)^2}{4\beta\lambda} - TC(k) \qquad (5-74)$$

由此，企业的创新决定的表达式由式（5-75）决定：

$$\frac{L\tau[\alpha - \lambda\tau(\tilde{c}_i - k)]}{2\beta} = \gamma + \eta k \qquad (5-75)$$

式（5-75）左边代表企业创新的边际收益，右边代表企业创新的边际成本，二者相等代表了均衡的创新产出。式（5-75）可以求出均衡的创新产出 k^*。根据 k^* 的表达式可以求出，在一定条件下有：

$$\frac{\partial k^*}{\partial \tau} < 0 \qquad (5-76)$$

据此，提出本部分的核心命题：贸易自由化会提高企业创新水平。后文将对此命题进行详细的论述。

5.5.4　数据来源、指标测算与描述性分析

本部分的数据来源于中国专利数据库、海关贸易数据库、中国工业企

业数据库以及联合国贸易和发展会议的贸易分析信息系统（TRAINS）提供的产品层面的关税数据。以企业的中文名称 – 年份作为匹配依据，数据年份跨度为 2000 ~ 2010 年。

5.5.4.1　中国专利数据

中国专利数据库包含了申请人、申请号、公开号、分类号以及主分类号等信息。本部分搜集的中国专利信息年份为 2000 ~ 2010 年，企业的专利时间信息为年 – 月 – 日。为了便于分析，我们将专利信息整理为年度信息，并分类汇总了企业的发明专利信息、实用新型专利信息、外观设计专利信息以及加总形式的信息。根据本部分需要研究的创新对象，将企业创新信息分为两种，一种为企业申请的专利数量，这个可以根据企业年度申请专利的数量直接得到。另一种根据知识宽度的测算方法来衡量企业的创新质量，企业创新质量的测算公式为：

$$quality_{ip} = \frac{\sum\limits_{p=1}^{n_1} int\left(\dfrac{发明专利分类号的字符长度_p}{主分类号长度_p}\right)}{n_1} \tag{5-77}$$

$$quality_{iu} = \frac{\sum\limits_{u=1}^{n_2} int\left(\dfrac{实用新型专利分类号的字符长度_u}{主分类号长度_u}\right)}{n_2} \tag{5-78}$$

$$quality_{ia} = \frac{\sum\limits_{a=1}^{n_3} int\left(\dfrac{外观设计专利分类号的字符长度_a}{主分类号长度_a}\right)}{n_3} \tag{5-79}$$

其中，$quality_{ip}$ 为企业 i 根据知识宽度测算的发明专利的创新质量，n_1 为企业 i 发明专利的个数，分子为企业申请的每一个专利对应的发明专利的知识宽度加总，int 为企业 i 对应的每一个专利的知识宽度取整。[1] 与发明专利的创新质量测算类似，可以得到实用新型专利的创新质量为 $quality_{iu}$，外观设计专利的创新质量为 $quality_{ia}$。同理，可以根据各个类型的创新知识宽度测算得到企业的平均创新质量为 $quality_{iav} = \dfrac{\sum int(width)}{n}$，分子为企业创新的总宽度，分母为企业的创新总量。之所以采用专利知识宽度作为创新质量的替代指标原因在于，以这种方式衡量的产品质量不仅包含

---

[1]　之所以取整原因在于，我们在 Stata 14.0 里处理字符型数据时，分类号之间有分号连接，如某企业的某项专利分类号为 H01M8/04；H01M8/00；F24H1/00，字符型长度为 26，主分类号为 H01M8/04 长度为 8，该专利的实际长度为 int(26/8) = 3。

了企业专利跨领域的知识宽度，也包含了主分类号在内的本领域的专业化的知识宽度。① 同时，为了进行稳健性检验，本部分也采用了阿吉翁（2019）等按照构造赫芬达尔指数的方法，构造专利创新质量，具体测算方法为 $quality_i = 1 - \sum \omega_{ip}^2$，$\omega_{ip}$ 为每一种大组类别专利的占比，由于外观设计专利的分类号与主分类号基本一致，该方法衡量的专利质量不包含外观设计专利。根据本部分的测算，企业层面的专利申请数量和创新质量见图 5 - 10 和图 5 - 11。

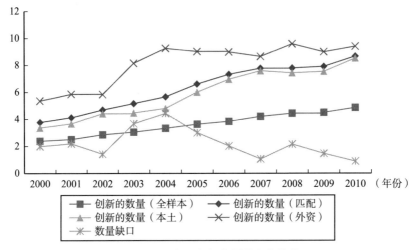

图 5 - 10　企业创新数量的变化趋势

　　由于专利数据库的申请人包含企业、个人以及高校等机构，而本部分匹配的数据是在工业企业数据库基础上得到的数据，这类企业均为规模以上工业企业（全部国有企业和年主营业务收入 500 万元以上的非国有工业企业、法人企业），该类企业的创新实力较强，因此相对于专利数据库中的普通个人或者科研机构而言，其创新数量相对较多。因此，从图 5 - 10 来看，匹配样本的企业平均专利申请量高于全样本的平均专利申请量，但是两种样本的趋势基本一致。另外，从本土企业与外资企业的专利申请数

----

① 以两种类型的发明专利的分类号为例：C12N15/29；C12N15/82；A01H1/00；A01H5/00；C07H21/04 和 A61K31/352；A61K41/00；A61P35/00；A61P17/00，根据国家知识产权局对专利的划分标准（部 - 大类 - 小类 - 大组 - 小组），如果仅以大组作为分类信息，则第一种专利和第二种专利的技术层级均为 4 种，宽度一样。但是按照本部分的划分标准，第一种专利的宽度为 5，第二种专利的宽度为 4，第一种创新的质量相对较高。原因在于，第一种专利的前两个分类号在小组上具有差异性（/29 和/82），这种差异性体现了该专利在小组层面上的进一步专业化。

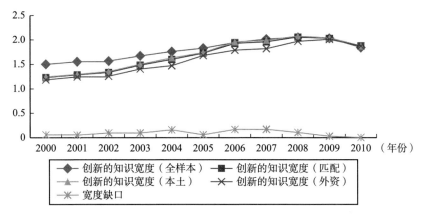

图例:
- ◆ 创新的知识宽度（全样本）
- ■ 创新的知识宽度（匹配）
- ▲ 创新的知识宽度（本土）
- ✕ 创新的知识宽度（外资）
- ✳ 宽度缺口

图 5 – 11　企业创新质量的变化趋势

量来看，外资企业的专利申请数量比本土企业高，[①] 而且在 2002～2004 年专利申请数量差异缺口越来越大，此后这种差距越来越小，总体上来看，外资企业的申请数量在加速上升之后又呈现出缓慢下降的趋势，而本土企业始终保持上升趋势，同时两种类型的企业专利申请量在 2008 年金融危机发生后都产生了一定的波动。

图 5 – 11 显示了创新质量的趋势，从全样本与匹配样本来看，二者的创新质量趋势都是逐渐上升，直到 2008 年金融危机才开始下降。从本土企业与外资企业的差异来看，本土企业的创新质量稍高于外资企业的创新质量，[②] 但是在 2008 年之后二者之间的差距基本消失，本土企业与外资企业之间的创新质量在中国基本一致，本土企业与外资企业之间的创新差距呈 M 型。事实上，本土企业创新质量的发展背后大部分也有外资的影子，外资企业的背后也多少有本土企业的影子，完全的外商独资（外商出资额占比 100%）企业在本部分的研究中占比只有 10% 左右，不能简单地认为本土企业一定比外资企业创新表现好，伴随着中国对外资的限制领域逐步

[①]　外资企业在中国的加工贸易中发挥了重要作用，加工贸易是对原材料、原配件的再加工出口行为，这种类型的贸易活动的创新活动主要是外观设计，因此其进行了大量的外观设计专利申请，所以总体上表现为外资企业申请数量大于本土企业申请数量。在本部分的匹配数据中，外资企业的总体加工贸易份额为 0.4128，是本土企业从事加工贸易份额（0.1968）的两倍还多，表明本部分的数据结构与相关的贸易实践是一致的。

[②]　正如我们对创新数量的分析，由于大量外资企业从事加工贸易，加工贸易企业本身对发明专利这类较高水平的创新活动没有更多的需求，外资企业大量从事加工贸易导致这类企业的创新活动主要以外观设计为主，进而在本部分的数据分析中呈现出本土企业创新质量略高于外资企业。另外，由于外资企业从事加工贸易的份额是本土部分企业的两倍多，而二者之间的质量差异却并不是很大，恰恰从侧面反映外资企业的创新质量不是很低。

开放的过程中，本土企业与外资企业的创新质量都在逐步上升，而且这种差距也在逐渐缩小。

5.5.4.2　海关与关税数据

本部分采用企业层面的加权进口关税作为企业进口贸易自由化的指标，基于企业的多产品进出口事实，单一行业层面的指标很难反映每个企业在面临贸易进口冲击时的异质性影响，因此本部分选择将企业的进口关税，按照企业进口量的权重加权平均获取企业的加权关税。同时，为了进一步分析分类别的关税变化对企业创新的影响，本部分还采用联合国网站提供的 HS2002 - BEC4 - SNA 对应关系，汇总企业层面的进口中间品关税、消费品关税以及资本品关税。

企业的关税信息由海关贸易数据库与联合国贸易和发展会议的贸易分析信息系统（TRAINS）提供的关税信息合并整理得到，由于加工贸易免税或者出口退税，本部分进口贸易与关税的对应关系只保留一般贸易信息。首先，将各个年份的 HS 产品代码统一到 HS2002，然后将海关数据的产品代码与 TRAINS 的产品代码匹配获得产品层面的关税信息，同时可以获取 HS2002 与 BEC4 之间的对应关系从而获得企业进口的产品属于哪种类别。然后，按照企业进口的各个产品类别的权重汇总企业层面的加权关税。由企业层面的贸易自由化衡量进口贸易自由化的相关指标见式（5 - 80）~ 式（5 - 83）。

$$wtariff_{it} = \sum Y_{ist} tariff_{ist} \tag{5-80}$$

$$itariff_{it} = \sum Y_{ist} itariff_{ist} \tag{5-81}$$

$$ftariff_{it} = \sum Y_{ist} ftariff_{ist} \tag{5-82}$$

$$ctariff_{it} = \sum Y_{ist} ctariff_{ist} \tag{5-83}$$

其中，$wtariff_{it}$ 为企业 i 的加权关税，Y_{ist} 为企业进口产品的对应份额，$tariff_{ist}$ 为进口产品的关税值。同理，$itariff_{it}$、$ftariff_{it}$、$ctariff_{it}$ 分别为企业对应的中间品关税、消费品关税与资本品关税。按照上述匹配方式与贸易自由化的测度，得到企业层面的加权关税与各个类别的关税信息见图 5 - 12。从企业层面的关税变化趋势来看，中国于 2001 年加入 WTO，此后关税一直处于下降的趋势，尤其是 2002 年出现了大幅削减。本部分匹配的关税数据趋势与全样本的关税数据趋势基本保持一致。

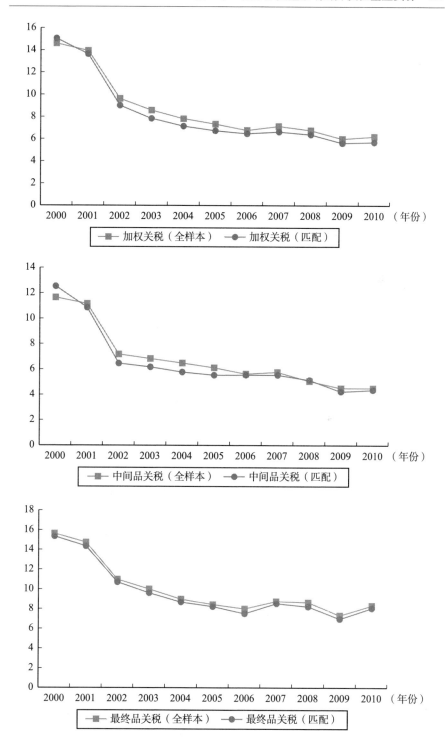

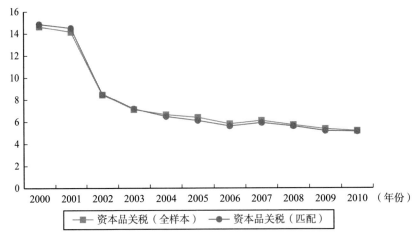

图 5 - 12　企业层面的关税信息

本部分数据整体的匹配方法为：首先，将海关贸易数据库的海关产品代码由 HS8 位码统一为 HS6 位码，然后与 TRAINS 提供的中国进口所有产品六位码的关税信息按照产品代码对接。同时，联合国网站提供了 HS 产品代码与广义经济分类（BEC）之间的对应关系，[①] 据此对企业进口产品进行分类。在将企业的月度信息加总为年度信息后，企业面临的关税为对接的各个类别的关税按照进口价值加权平均后的结果，具体测算方式见公式（5 - 80）~（5 - 83）。其次，中国专利数据库提供了个人、企业以及相关研究机构等在内的每年所有的创新信息，我们将企业的月度创新信息整理为年度信息，可以获取企业每种创新类型的数量，并且可以计算企业的创新知识宽度。最后，本部分以中国工业企业数据库作为主数据库，按照企业中文名称 - 年份作为匹配依据，将中国工业企业数据库、海关贸易数据库以及中国专利数据库对接，并获取同时包含企业生产、创新、贸易和关税信息在内的匹配数据，见图 5 - 13。最终得到匹配的制造业样本总量为 24916，其中本土企业样本量为 15545，外资企业样本量为 9371，企业数量为 12775，数据结构为非平衡面板数据。[②] 另外，本部分的回归中还加入了 3 个控制变量：（1）企业全要素生产率（TFP），全要素生产率采用 L - P 方法进行测算；（2）企业规模（Size），采用企业的固定资产净值

---

① 联合国经济社会司提供的经济统计分类数据，其中广义经济分类（BEC）的版本是 Rev. 4，HS 代码统一为 2002 版本，具体参见 https：//unstats. un. org/unsd/trade/classifications/correspondence-tables. asp。

② 本研究整体的匹配顺序见图 5 - 13。

作为企业规模的代表；（3）企业成立年限（*Age*）。同时，在回归时，加入行业、企业固定效应。

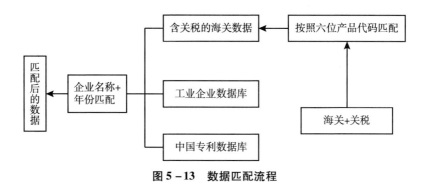

图 5 − 13　数据匹配流程

5.5.4.3　描述性统计

在进行了上述数据整理工作之后，根据前文的分析这里给出企业创新数量与创新质量的分行业描述性统计分析。从表 5 − 16 来看，大体上来说，各行业在整体上的创新数量和创新质量都有上升的趋势，传统制造业中的烟草制品业、纺织业、纺织服装鞋帽制造业、皮革毛皮羽毛（绒）及其制品业以及家具制造业的创新数量相对较高，但是这类传统制造业的创新数量主要集中在实用新型专利和外观设计专利上。医药制造业、金属制品业以及资源加工业等行业的创新质量相对较高，而恰恰这些行业对外商投资的限制性政策也较多，某种程度上这也是造成外资企业创新质量总体上不如本土企业的原因。

表 5 − 16　　　　　　　　　　分行业的创新情况与样本分布

行业	2000 ~ 2002 年 *quantity*	2000 ~ 2002 年 *quality*	2003 ~ 2006 年 *quantity*	2003 ~ 2006 年 *quality*	2007 ~ 2010 年 *quantity*	2007 ~ 2010 年 *quality*	样本累计 百分比（%）
农副食品加工业	2.854	1.136	2.941	1.545	4.430	1.833	1.96
食品制造业	5.441	1.053	5.141	1.406	6.272	1.846	4.39
饮料制造业	4.615	1.054	4.464	1.17	6.629	1.386	6.26
烟草制品业	3.446	1.255	4.549	1.383	11.489	2.021	6.49
纺织业	5.082	1.350	8.577	1.523	17.580	1.989	8.78
纺织服装、鞋帽制造业	5.401	1.135	14.32	1.281	27.988	1.522	9.51

续表

行业	2000~2002年 quantity	2000~2002年 quality	2003~2006年 quantity	2003~2006年 quality	2007~2010年 quantity	2007~2010年 quality	样本累计百分比（%）
皮革毛皮羽毛（绒）及其制品业	4.033	1.254	8.76	1.448	14.702	1.746	10.05
木材加工及相关制品业	4.150	1.258	3.692	1.729	9.857	1.866	10.72
家具制造业	4.745	1.232	9.566	1.252	17.141	1.301	11.70
造纸及纸制品业	2.837	1.214	2.867	1.831	6.928	2.240	12.55
印刷业和记录媒介的复制	3.326	1.223	2.76	1.78	4.221	2.215	13.25
文教体育用品制造业	9.054	1.129	8.616	1.304	9.294	1.445	14.96
石油加工、炼焦及核燃料加工业	4.007	1.601	4.205	1.722	3.400	2.547	15.28
化学原料及化学制品制造业	3.473	1.447	4.278	1.897	3.947	2.479	22.21
医药制造业	3.149	1.534	3.379	2.801	4.716	2.969	27.90
化学纤维制造业	5.229	1.365	4.133	2.114	7.197	2.637	28.28
橡胶制品业	2.618	1.256	3.502	1.826	5.622	2.213	29.41
塑料制品业	3.193	1.264	3.772	1.758	5.182	2.308	32.77
非金属矿物制品业	5.517	1.349	4.555	1.735	5.811	1.894	36.33
黑色金属冶炼及压延加工业	6.409	1.433	9.856	1.784	14.904	2.070	37.34
有色金属冶炼及压延加工业	2.646	1.582	5.009	2.016	5.817	2.222	38.60
金属制品业	3.279	1.220	4.546	1.498	5.782	1.787	43.72
通用设备制造业	2.583	1.212	4.171	1.635	5.862	1.836	55.19
专用设备制造业	2.640	1.258	4.054	1.609	5.912	1.841	65.53
交通运输设备制造业	3.066	1.258	6.379	1.445	9.202	1.655	72.60
电气机械及器材制造业	1.736	1.578	8.525	1.754	8.066	2.031	83.81
通信设备、计算机及其他电子设备制造业	5.298	1.346	16.646	1.681	17.342	1.996	93.04
仪器仪表及文化、办公用机械制造业	6.985	1.327	3.778	1.639	5.451	1.731	98.18
工艺品及其他制造业	3.951	1.275	10.244	1.448	11.006	1.582	99.73
废弃资源和废旧材料回收加工业	6.357	1.181	3.4	2.29	2.833	3.170	100

注：本部分的行业分类按照 GB/T 4754—2002 行业标准分类。

对上述数据整理后，可以得到企业面临的贸易自由化与企业创新申请数量之间关系的散点图以及模拟曲线，分别见图5－14和图5－15。从图5－14可以看出，贸易自由化与企业创新数量之间可能不存在明显的相关性，而企业的创新质量与企业贸易自由化（此处以加权关税进行衡量）之间有明显的反相关关系，即进口贸易自由化与企业创新数量无关，但是会促进企业创新质量改善。我们将在后文进一步进行回归分析。

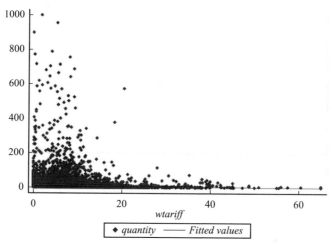

图5－14　贸易自由化与企业创新数量之间的关系

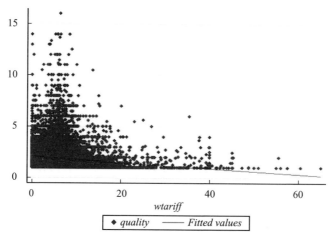

图5－15　贸易自由化与企业创新质量之间的关系

5.5.5　回归分析与稳健性检验

5.5.5.1　回归结果与分析

在上述数据整理与指标测度的基础上，进行固定效应回归，回归结果见表5－17。第（1）列为企业创新数量的回归结果，第（2）列为企业创新质量的回归结果，第（3）列为本土企业创新数量的回归结果，第（4）列为外资企业创新数量的回归结果，第（5）列为本土企业创新质量的回归结果，第（6）列为外资企业创新质量的回归结果。总体上来看，贸易自由化对企业创新数量没有太大的影响，进一步的，对本土企业与外资企业都没有影响。贸易自由化对企业创新质量有显著的促进作用，即企业层面的贸易自由化能够推动企业创新质量的改进，而且贸易自由化对外资企业的促进作用大约是对本土企业促进作用的两倍。本部分的研究有别于相关关于贸易自由化与企业创新之间关系的研究，即对中国而言，企业的进口贸易自由化没有数量效应，也就是说企业进口竞争强度加剧，或者说贸易自由化程度加深对于企业的创新数量没有显著的拉动作用。可能的原因在于，中国的企业专利申请数量有很大的政策支持因素，地方政府为了政绩可能出台一系列的政策支持搞创新数量竞赛。在短期，政策支持力度加强会促进企业创新活动的数量效应，但是质量效应的提升却很难通过这种政策拉动。贸易竞争促使中国的市场走向世界，本部分的数据显示，只进口不出口的企业占比很少，大部分具有进口行为的企业都会进行出口，进口贸易自由化强度的加剧会迫使企业在进口的过程中，进一步改进生产技术水平，推动企业创新质量升高，从而有利于企业产品走向世界。

表5－17　　　　　　　　　　　　基本回归结果

变量	(1)	(2)	(3)	(4)	(5)	(6)
	quantity	*quality*	*quantity*	*quantity*	*quality*	*quality*
wtariff	−0.0893 (−0.39)	−0.008 *** (−3.36)	−0.077 (−0.24)	−0.227 (−1.34)	−0.007 *** (−2.69)	−0.011 ** (−1.99)
TFP	4.054 ** (2.03)	0.068 *** (3.35)	6.876 ** (2.06)	1.363 (1.34)	0.056 ** (2.02)	0.075 ** (2.31)
Size	7.947 *** (3.31)	0.139 *** (5.74)	9.189 ** (2.47)	6.697 *** (4.71)	0.158 *** (5.13)	0.112 ** (2.46)
Age	0.258 (1.08)	0.008 *** (3.18)	0.277 (0.85)	0.140 (0.73)	0.005 ** (2.01)	0.019 *** (3.06)

续表

变量	(1) *quantity*	(2) *quality*	(3) *quantity*	(4) *quantity*	(5) *quality*	(6) *quality*
_cons	−109.5 (−0.94)	−0.379 (−0.32)	−107.5 (−0.70)	−74.13* (−1.84)	0.289 (0.23)	0.0955 (0.07)
行业固定效应	Y	Y	Y	Y	Y	Y
企业固定效应	Y	Y	Y	Y	Y	Y
N	14848	14848	9727	5121	9727	5121

注：括号里报告的为 t 统计量，***、**、* 分别代表1%、5%、10%显著性水平下显著。

从控制变量的回归结果来看，总体上来讲，企业生产率的提升对企业创新数量和创新质量都有促进作用，对数量的提升效应显著高于对质量的提升效应。这一结论符合异质性企业贸易理论的相关结论，即生产率高的企业边际成本较低，在各方面都比生产率低的企业表现好，企业的规模也显著提升了企业的创新活动，在中国大规模企业具有更强大的资金优势与融资渠道优势，大企业更有能力和动力进行创新活动。企业的成立年限有助于质量的改进而对创新数量影响不大。可能的原因在于，企业的生产经营活动不仅具有个体异质性，同时企业所处的行业也有异质性，而且企业的成立年限与企业所处行业的生命周期也密切相关，例如，棉纺、火电等行业属于衰退期，而集成电路、被动元件等行业还处于成长期，处于不同类型行业的企业创新活动与企业年限之间的关系也会不同，造成企业的成立年限与企业申请的专利数量关系不大，但是随着企业成立年限的增加，企业会不断改进生产技术设备、生产线等促进企业创新质量的升高。

5.5.5.2 稳健性检验

（1）区分加工贸易份额的检验。加工贸易指对原材料、原配件、元器件等材料，利用本国的生产条件加工再出口的行为，加工贸易在中国免税或者可享受出口退税，因此这类企业对关税变化的敏感性不高。加工贸易在中国是非常重要的贸易模式，无论是结构上还是对外贸易的量上都占有重要地位，在这一部分我们将以企业加工贸易份额高低划分企业样本，进行分样本回归，研究贸易自由化对企业创新活动是否存在加工贸易份额上的异质性影响。本部分以加工贸易份额0.3（本部分的数据显示企业的加工贸易份额均值为0.282）为样本划分标准。相关的回归结果见表5-18，第（1）列为企业创新数量的回归结果，第（2）列为企业创新质量的回归结果，第（3）列为本土企业创新数量的回归结果，第（4）列为外资企业创新数量的回归结果，第（5）列为本土企业创新质量的回归结果，第（6）列为外资企业创新质量的回归结果。回归结果显示，加工贸易份额高的企业对以进口关税衡量的贸易自由化变化不敏感，即贸易自由化对加工贸易份额高的企业无论是在创新数量上还是质量上都没有显著影响。贸易自由化对低加工贸易份额的企业的创新质量具有显著影响。而对所有类型的企业的创新数量均无显著影响，说明本部分的回归结果稳健。

表 5 - 18　　　　　　　　　区分加工贸易份额高低的回归结果

变量	（1）	（2）	（3）	（4）	（5）	（6）
	quantity	*quality*	*quantity*	*quantity*	*quality*	*quality*
加工 > 0.3	- 0.009 （ - 0.08）	- 0.003 （ - 0.88）	0.014 （0.11）	- 0.134 （ - 0.49）	- 0.002 （ - 0.50）	- 0.000 （ - 0.06）
加工 < 0.3	- 0.129 （ - 0.28）	- 0.018 *** （ - 4.54）	- 0.229 （ - 0.35）	- 0.124 （ - 0.56）	- 0.020 *** （ - 4.15）	- 0.015 * （ - 1.77）
控制变量	Y	Y	Y	Y	Y	Y
行业固定效应	Y	Y	Y	Y	Y	Y
企业固定效应	Y	Y	Y	Y	Y	Y

注：括号里报告的为 t 统计量，*** 、** 、* 分别代表 1% 、5% 、10% 显著性水平下显著。

（2）改变创新质量衡量方式的检验。为了进一步验证本部分相关结论的稳健性，我们改变衡量企业的创新质量的方式，进一步回归分析。为此，我们将作两种方式处理，第一，我们放弃技术复杂度较低的外观设计，利用发明专利和实用新型专利数据对创新数量和创新质量重新衡量，相关的回归结果见表 5 - 19 第（1）~（6）列。其中，第（1）列为企业创新数量的回归结果，第（2）列为企业创新质量的回归结果，第（3）列为本土企业创新数量的回归结果，第（4）列为外资企业创新数量的回归结果，第（5）列为本土企业创新质量的回归结果，第（6）列为外资企业创新质量的回归结果。第二，我们根据赫芬达尔指数测算创新质量的方法重新测算创新质量，相关的回归结果为第（7）~（11）列，其中第（7）列为总样本企业创新质量的回归结果，第（8）列为高加工贸易份额企业创新质量的回归结果，第（9）列为低加工贸易份额企业创新质量的回归结果，第（10）列为本土企业创新质量的回归结果，第（11）列为外资企业创新质量的回归结果。

表 5-19　改变创新质量的回归结果

变量	(1)	(2)	(3)	(4)	(5)	(6)	(7)	(8)	(9)	(10)	(11)
	quantity	quality	quantity	quantity	quality	quality	quality	quality	quality	quality	quality
wtariff	-0.050* (-0.23)	-0.010*** (-3.63)	-0.052** (-0.17)	-0.120 (-0.93)	-0.009*** (-2.96)	-0.015** (-2.25)	-0.0016* (-1.78)	0.000 (0.29)	-0.006*** (-3.79)	-0.001 (-1.47)	-0.004** (-2.21)
TFP	3.557* (1.85)	0.072*** (2.95)	6.616** (2.05)	0.811 (1.06)	0.059* (1.80)	0.077* (1.94)	0.045*** (5.83)	0.036** (2.46)	0.047*** (4.75)	0.071*** (7.25)	0.024** (2.00)
_cons	-95.130 (-0.85)	-0.514 (-0.36)	-99.770 (-0.67)	-53.98* (-1.77)	0.862 (0.57)	-0.172 (-0.11)	-0.511 (-1.44)	-0.438 (-0.97)	0.029 (0.09)	0.236 (0.58)	0.104 (0.21)
控制变量	Y	Y	Y	Y	Y	Y	Y	Y	Y	Y	Y
行业	Y	Y	Y	Y	Y	Y	Y	Y	Y	Y	Y
企业	Y	Y	Y	Y	Y	Y	Y	Y	Y	Y	Y
N	14848	14848	9727	5121	9727	5121	12703	3446	9257	9183	4684

注：括号里报告的为 t 统计量，***，**，* 分别代表 1%、5%、10% 显著性水平下显著。

从回归结果来看，总体上，企业的创新质量与企业面临的关税负相关，而且在加工贸易份额低的企业中这种现象更为显著，贸易自由化对外资企业创新质量的推动作用高于对本土企业的推动作用，贸易自由化对企业专利申请量的影响仍然不显著。另外，从企业生产率回归结果来看，生产率显然也是影响企业创新活动的一个重要因素，高生产率的企业有能力申请更多的专利发明也有能力研发创新质量更好的专利。相关回归结果进一步说明本部分的回归结果稳健。

（3）改变贸易自由化衡量方式的检验。为了进一步研究分类别的关税对企业创新活动的影响，我们还将关税按照 BEC 与 SNA 的对应关系，将企业的进口关税划分为中间品关税（*itariff*）、消费品关税（*ftariff*）与资本品关税（*ctariff*）。相关的回归结果见表 5－20，第（1）列为企业创新数量的回归结果，第（2）列为企业创新质量的回归结果，第（3）列为本土企业创新数量的回归结果，第（4）列为外资企业创新数量的回归结果，第（5）列为本土企业创新质量的回归结果，第（6）列为外资企业创新质量的回归结果。回归结果表明，贸易自由化对企业创新数量的影响效应仍然微弱，除了中间品贸易自由化对外资企业专利申请数量有显著影响之外，其余回归均不显著。创新质量的回归结果表明资本品贸易自由化对创新质量的推动作用大于中间品贸易自由化的推动作用，消费品贸易自由化的回归结果不显著。外资企业资本品贸易自由化对创新质量的促进作用约是本土企业的两倍。从贸易实践来看，企业进口的资本品主要是一些大型的机器设备，这类产品的进口会直接改进企业的生产方式与管理方式。另外，前沿的机器设备的进口还会增加对高技术工种的需求从而进一步提升企业的创新质量。因此，资本品进口贸易自由化对创新质量影响比较直接、显著。回归结果表明，本土企业面临的贸易自由化对创新质量的改善主要来源于中间品贸易自由化，而外资企业面临的贸易自由化对创新质量的促进效应主要来源于资本品贸易自由化。

表 5－20　　　　　　　　　改变贸易自由化变量的回归结果

变量	(1)	(2)	(3)	(4)	(5)	(6)
	quantity	*quality*	*quantity*	*quantity*	*quality*	*quality*
itariff	−0.011 (−0.29)	−0.007 ** (−1.96)	0.036 (0.05)	−0.385 ** (−2.12)	−0.008 ** (−2.09)	−0.004 (−0.69)

续表

变量	(1) quantity	(2) quality	(3) quantity	(4) quantity	(5) quality	(6) quality
ftariff	−0.014 (−0.11)	−0.001 (−1.00)	−0.029 (−0.11)	0.003 (0.06)	−0.002 (−1.03)	−0.000 (−0.25)
ctariff	−0.180 (−0.37)	−0.012*** (−3.37)	−0.358 (−0.44)	0.067 (0.29)	−0.008* (−1.76)	−0.015** (−2.43)
控制变量	Y	Y	Y	Y	Y	Y
行业	Y	Y	Y	Y	Y	Y
企业	Y	Y	Y	Y	Y	Y

注：括号里报告的为 t 统计量，***、**、*分别代表 1%、5%、10% 显著性水平下显著。

（4）区域异质性的影响。为了进一步研究贸易自由化对企业创新水平的影响是否会由于企业所处区域的不同而造成差异性影响，本部分将企业所处地区按照东部、中部、西部以及东北地区划分后进行分样本回归，回归结果见表 5-21。第（1）、（3）、（5）、（7）列的回归结果显示，贸易自由化对企业创新数量的影响依然不显著，而第（2）列的回归结果显示，贸易自由化对企业创新质量的促进作用主要体现在东部地区。这可能与东部地区较高的市场化水平相关，贸易自由化水平能够通过完善的竞争体系反馈到企业的生产成本上，进而对企业的创新质量产生作用。

（5）生产率的异质性影响。为了研究企业的生产率是否对企业有异质性影响，我们将企业面临的贸易自由化与生产率的交叉项进行回归，为了一定程度上降低共线性，交叉项的回归做了去中心化处理，回归结果见表 5-22。第（1）列为企业创新数量的回归结果，第（2）列为企业创新质量的回归结果，第（3）列为本土企业创新数量的回归结果，第（4）列为外资企业创新数量的回归结果，第（5）列为本土企业创新质量的回归结果，第（6）列为外资企业创新质量的回归结果。从回归结果来看，企业的生产率对企业创新数量的影响具有显著的异质性，但是进口贸易自由化对创新数量的回归结果基本不显著，因此总体上无法断定企业生产率在进口贸易自由化对创新数量的非线性影响上是加速推动作用还是拖拽效应。企业进口贸易自由化对企业创新质量的影响不存在生产率的异质性影响，进口贸易自由化对创新质量的影响不会因生产率的大小产生非线性影响。

表 5 - 21　　　　区域异质性的影响

变量	(1) quantity	(2) quality	(3) quantity	(4) quality	(5) quantity	(6) quality	(7) quantity	(8) quality
utariff	-0.0854 (-0.32)	-0.00776*** (-3.12)	-0.142 (-0.40)	-0.000295 (-0.03)	-0.160 (-0.72)	-0.0156 (-1.31)	0.0987 (0.49)	0.00209 (0.19)
TFP	4.132* (1.74)	0.0668*** (2.98)	8.561*** (2.98)	0.0980 (1.05)	1.207 (0.86)	0.0471 (0.63)	1.468 (1.08)	0.0555 (0.73)
Size	9.378*** (3.21)	0.139*** (5.04)	3.069 (1.02)	0.222** (2.27)	4.805** (2.57)	0.0789 (0.79)	0.875 (0.54)	0.131 (1.44)
Age	0.351 (1.08)	0.0112*** (3.65)	0.117 (0.57)	0.000658 (0.10)	0.00713 (0.05)	-0.000703 (-0.09)	0.0745 (0.79)	0.00150 (0.28)
_cons	-120.0 (-0.94)	-0.348 (-0.29)	-77.24 (-1.56)	-2.678* (-1.66)	-54.37** (-1.99)	-0.0263 (-0.02)	-24.12 (-1.13)	-0.174 (-0.14)
行业	Y	Y	Y	Y	Y	Y	Y	Y
企业	Y	Y	Y	Y	Y	Y	Y	Y
N	12379	12379	913	913	947	947	609	609

注：括号里报告的为 t 统计量，***、**、* 分别代表 1%、5%、10% 显著性水平下显著。

表 5 - 22　　　　　　　　　　生产率异质性的影响

变量	(1)	(2)	(3)	(4)	(5)	(6)
	quantity	quality	quantity	quantity	quality	quality
wtariff	0.190 (0.80)	-0.010 *** (-3.92)	0.637 (1.39)	-0.212 * (-1.67)	-0.012 *** (-3.14)	-0.012 *** (-2.89)
TFP	4.609 *** (2.60)	0.079 *** (4.20)	7.482 ** (2.47)	1.530 * (1.72)	0.058 ** (2.24)	0.107 *** (3.64)
wtariff * TFP	-0.394 ** (-2.26)	0.001 (0.70)	-0.700 ** (-2.08)	-0.247 *** (-2.63)	0.004 (1.48)	-0.004 (-1.30)
_cons	-99.24 (-0.93)	-0.259 (-0.23)	-122.1 (-1.02)	-62.84 * (-1.65)	0.0720 (0.07)	-0.146 (-0.12)
控制变量	Y	Y	Y	Y	Y	Y
行业	Y	Y	Y	Y	Y	Y
企业	Y	Y	Y	Y	Y	Y
N	16301	16301	10459	5842	10459	5842

注：括号里报告的为 t 统计量，*** 、 ** 、 * 分别代表1%、5%、10% 显著性水平下显著。

（6）内生性检验。关税的变化可能是消费者利益集团、生产者利益集团与政府部门相互博弈的一个结果，因此关税可能是内生变量。同时，对于一些在进口中比较依赖国外先进技术设备，并进而通过学习效应推动创新的相关企业可能会对政府部门游说，设置较低的关税；而受到进口贸易自由化负向冲击的部门可能会游说政府部门设置较高的关税，实现产业保护的目的。另外，消费者部门可能为了获取更加低廉的商品，也会游说政府设置较低的关税。说明创新活动与进口贸易冲击可能存在逆向因果关系。因此，我们采用2SLS、系统两步 GMM 处理上述问题，相关回归结果见表 5 -23。第（1）列为企业创新数量的回归结果，第（2）列为企业创新质量的回归结果，第（3）列为本土企业创新数量的回归结果，第（4）列为外资企业创新数量的回归结果，第（5）列为本土企业创新质量的回归结果，第（6）列为外资企业创新质量的回归结果。在 2SLS 回归中，采用关税滞后一期作为工具变量，而 GMM 回归中，采用因变量和贸易自由化变量的滞后一期、滞后二期作为 GMM 式的工具变量，控制变量为 IV 式的工具变量。

表 5 – 23   内生性检验

变量		(1)	(2)	(3)	(4)	(5)	(6)
		quantity	*quality*	*quantity*	*quantity*	*quality*	*quality*
2SLS		1.081 (0.19)	-0.295 *** (-2.92)	-12.38 (-0.42)	-1.882 (-1.57)	0.811 (0.81)	-0.101 *** (-2.79)
Heckman	*wtariff*	0.083 (0.62)	-0.015 *** (-10.52)	-0.146 (-0.80)	0.309 ** (2.14)	-0.012 *** (-7.29)	-0.024 *** (-9.14)
	Mills lambda	-28.44 *** (-4.99)	0.089 (1.49)	-17.86 ** (-2.06)	-30.37 *** (-5.43)	0.171 ** (2.15)	0.030 (0.29)
SYS – GMM		-0.055 (-0.46)	-0.007 ** (-2.21)	-0.163 (-1.42)	-0.160 (-0.98)	-0.005 ** (-2.18)	-0.016 * (-1.92)

注：括号里报告的为 t 统计量，*** 、 ** 、 * 分别代表1% 、5% 、10% 显著性水平下显著。

在企业贸易现实中，有些企业可能并不进行创新，如果企业的创新活动并不是随机分布的话，则有可能存在样本选择偏差，因此本部分将采用Heckman 两步法处理样本选择偏差问题。我们认为企业的流动资产高低会决定企业是否进行创新，而一旦进行创新，企业的创新数量与创新质量可能与企业流动资产的关联度不是很大。经测算，企业创新数量与流动资产相关系数只有 0.12，创新质量与企业流动资产的相关系数只有 0.03，因此在回归中，将企业的流动资产作为只出现在选择方程而不出现在决定方程中的变量。

从回归结果来看，企业进口贸易自由化与创新数量之间仍然不存在显著关系，而进口贸易自由化与创新质量之间的回归结果，系数基本都显著为负。从第（2）列的回归结果来看，Heckman 回归的 mills 系数不显著，说明可能不存在选择性偏差问题，而且加权关税的系数显著为负，最后两列的回归结果也表明进口贸易自由化对企业的创新质量有显著的促进作用，对外资企业的推动作用是本土企业的两倍。GMM 回归的结果显示，整体而言，进口贸易自由化对外资企业的促进作用大约是对本土企业促进作用的 3 倍。

5.5.6 小结

本部分研究了中国的进口贸易自由化如何影响企业的创新数量以及创新质量，为了进一步区分异质性影响，我们重点研究了进口贸易自由化对本土企业以及外资企业的影响是否有差异性。研究表明：总体上来说企业面临的贸易自由化对中国的企业申请专利的数量没有影响，而对企业的创新质量有显著的影响，即企业面临的贸易自由化能够推动企业创新质量的升高，但是不能够由此带来创新数量的上升。其次，基于加工贸易本身的生产结构，以及对加工贸易的免税或者出口退税，进口贸易自由化对加工贸易份额较高的企业影响不大，而对低加工贸易份额的企业影响较大；从分类关税的回归结果来看，资本品进口贸易自由化对创新质量的影响大于中间品进口贸易自由化以及消费品进口贸易自由化对创新质量的影响；企业进口贸易自由化对创新质量的影响不存在生产率的异质性，生产率在进口贸易自由化对创新数量的影响上有非线性作用，但是由于进口贸易自由化对创新数量的方向不明确，因此总体上来说，生产率在进口贸易自由化对创新数量的影响方向上也是不明确的。最后，总体上来看，就贸易自由化对企业创新质量的影响结果来说，外资企业进口贸易自由化对创新质量的促进作用大于本土企业的促进作用。

　　本部分的研究有别于最近的一些研究，本部分的研究表明，基于中国的具体国情，企业的创新情况可能与欧美等国家不太一致，中国的专利申请数量不仅有市场的驱动，更有政策的拉动效应。伴随中国逐步对外开放与对内改革，中国市场逐渐融入世界市场，进口贸易自由化虽然没有对企业创新数量有显著影响，但是企业在进口的过程中，不断改进生产技术、吸收国外先进的管理经验，从引进、消化、吸收再创新到自主创新，创新质量一步步提高。从本部分数据结构来看，尽管中国对外商投资的领域或者比例有所限制，但是伴随着外商投资便利化措施的完善，外资企业的创新质量在本土一直处于上升的趋势，而且进口贸易自由化对外资企业创新质量的影响是本土企业的 2 ~ 3 倍，侧面表明中国的开放更具包容性。

第6章 研究结论、对策建议与研究展望

6.1 研究结论

本书从一般均衡的微观视角研究了国际贸易理论的发展与演进，在对国际贸易理论的一般均衡理论演进过程的分析中，本书发现需求价格弹性是否内生是国际贸易理论演进的一个重要技术脉络，通过对需求价格弹性内生与否这一核心问题的研究，梳理了整个国际贸易理论的发展过程，总结了异同，凸显了理论观点。然后，本书重点从"出口－生产率悖论"这一角度切入，深入系统地研究了梅里兹分析框架，并从梅里兹框架以及其他贸易理论出发对"出口－生产率悖论"进行解释。同时，从多变量影响的异质性企业角度对异质性企业贸易理论进行理论与实证方面的拓展。具体的，本书从"生产率－可变贸易成本"联合异质性、企业选择多元化、企业对外直接投资的贸易福利评估、多产品生产，产品质量异质性与贸易自由化、贸易自由化，企业异质性与中国的企业创新等方面，从企业多重异质性视角、多策略选择等角度对异质性企业贸易理论进行拓展与实证分析。

异质性企业跨国贸易受到多种因素的影响和制约，基于多变量的异质性企业贸易的福利效应是异质性企业贸易理论当下研究的重要方面，这里的多变量主要是指基于贸易实践的不断发展与深化，逐步加入新的变量以使得异质性企业贸易理论的发展更加符合贸易理论与实践的方法。由于异质性企业贸易理论使得贸易理论的发展更加微观化、细致化，从最开始考虑企业生产率的异质性到后来的产品质量异质性、消费异质性等，是一个不断发展的过程，本书正是基于异质性企业贸易理论的多变量影响企业选

择，进而对产品多样性以及社会福利产生影响的机制进行分析，并构建了基于多变量影响的异质性企业贸易模型，通过理论与实证相结合的方法对企业选择、产品多样性以及贸易福利增长机制问题进行研究，本书得到以下几个结论。

第一，异质性企业贸易理论的发展与批判实际上在同时进行，围绕着异质性企业贸易理论的产品多样性、社会福利增长机制及企业选择问题也一直处于争议之中，这种争议从需求价格弹性的内生性及梅里兹分析框架的不足角度进行了大量的探讨。本书从需求价格弹性是否内生这一核心脉络对国际贸易理论的一般均衡分析框架进行了全面梳理。

第二，本书对梅里兹的分析框架进行分析与拓展，发现在无上界的帕累托分布假设基础上，模型的均衡解面临一个强限制条件（$k+1-\sigma>0$），而在有上界的帕累托分布的假设基础上，限制条件将消失，某种程度上说明梅里兹模型本身具有一定的不稳定性。当然，从另一方面我们也可以认为，在无上界帕累托分布条件设置下，参数限制区间本来就是成立的。但是，对有无上界条件的设定至少说明了一点，即随着分布特征的设置不同，均衡解也会有所差异。

第三，本书对梅里兹分析框架的社会福利的分解证明：社会福利水平与国家规模正相关，开放经济的总的产品多样性却与贸易自由化程度反相关，而企业选择的加成指数对社会福利的增长与初始社会福利水平是正相关的。这样一来，社会福利的增长机制实际上产生了一个自由贸易的边界问题，即可变贸易成本并不一定是越小越好，更小的自由贸易壁垒将导致企业的选择效应消失，产生产品空间的拥挤效应（crowding effect）。事实上，梅里兹的异质性企业贸易理论的分析框架本来就导致了总的产品多样性的下降，在规模报酬递增的技术假设下（企业生产单一产品），有可能导致垄断竞争的理论假设条件消失，这样一来，异质性企业贸易理论一般均衡的假设基础在某些行业就有可能发生背离。

第四，对于企业的选择问题，本书拓展了一个生产率与可变贸易成本同时异质的模型，证明了企业的出口选择行为不仅与企业生产率相关也与企业所处的市场环境相关（可变贸易成本），企业的临界生产率受到临界可变贸易成本（代表企业所处市场环境的可变贸易成本的选择空间（τ_1））影响，并且社会福利也会受到 τ_1 影响。笔者认为，基于异质性企业贸易理论中生产的技术特征的综合性，要同时保持生产的固定成本、可变贸易成本、出口的固定成本等变量的同质性实际上在企业贸易实践中是有可能与理论相悖的。这样一来就存在以下两个问题，一是对企业而言，企业的出口选择行为需要满足 $\tau\,(f_2/f_1)^{1/(\sigma-1)}>1$；二是其他变量要保持同质。

第五，本书对"出口—生产率悖论"的尝试性解释并非否认异质性企业贸易理论的核心假定与结论，而是表明这一理论在适用性上需要注意研究样本的特殊性，通过比较研究对象与异质性企业贸易理论基本分析框架中完全市场经济条件的差异性，考虑模型假设、约束条件的调整。在此基础上，针对"出口—生产率悖论"的进一步研究可以尝试从以下几个方面进行创新：其一，考虑到"出口—生产率悖论"的解释很大程度上是对异质性企业贸易理论的补充与完善，因此对悖论存在性的探究可以随着异质性企业贸易理论本身的发展而不断深入，例如，基于近年来梅耶尔、安东尼亚德斯等学者发展完善的多产品、产品质量异质性的分析框架对悖论进行深入探讨。其二，对悖论存在的原因进行更加多元、广泛的探讨，跳脱出仅从贸易层面对企业出口问题进行分析的套路，尝试从贸易之外的制度性、政治性角度解释这些因素对企业选择的影响。其三，考虑到"出口—生产率悖论"在中国的广泛存在，尝试附加中国二元贸易、市场非一体化、制度非普遍性等特有因素改进基本的梅里兹分析框架，从而形成符合中国贸易实际的异质性企业贸易理论。

第六，本书在考虑企业多元化对外策略时，将企业对外直接投资的影响因素从邓宁的国际生产折衷理论中抽象出比较优势参数的概念，因此企业对外直接投资的影响因素转化为在所有权优势、内部化优势以及区位优势的基础上的一个综合性衡量的概念，本书认为要评估影响企业对外直接投资（OFDI）的因素，应该考虑影响企业对外直接投资动机的综合性指标。进一步的，此处企业对外直接投资的比较优势参数除了包含企业本身应当具有的比较优势之外，也含有企业在东道国投资设厂时东道国相较于母国所具有的比较优势。具体而言，除了考虑企业本身相较于其他国家的企业所具有的比较优势，例如企业所具有的技术优势、企业的资产规模以及管理能力优势等，企业在对外直接投资时，必然也要考虑到东道国优势，这里主要包括了劳动力优势、市场优势以及特惠的税收政策以及在基础设施建设方面的优势。在实践层面上，本书对比较优势参数的衡量也是可行的。实际上，对比较优势参数的衡量可以参考国内相关学者对于交易效率指标的衡量方式。此处，交易效率的概念较早源于杨小凯的新兴古典经济学对其进行的系统介绍。比较优势参数的确定，可以作为企业对外战略的一个替代策略，即企业除了在国内销售以及进行国际贸易之外，还可以直接在东道国投资设厂，事实上，在东道国投资设厂亦可以加剧国内市场的竞争压力，这主要是由于企业对外直接投资的结果会更进一步地增强市场竞争，降低国内市场的临界边际成本、增强市场竞争强度。

第七，由于企业具有多策略选择行为，一国或者一个地区的社会福利与产品多样性的分析也与以梅里兹等（2008）为代表的单一对外策略的分析有所差异。本书的分析还表明在贸易开放度系数降低（贸易壁垒参数增加）的假设下，企业如果进行对外直接投资，这种战略的实行在一定程度上可以对冲产品出口时贸易壁垒增加引起的临界边际成本上升以及社会福利下降的负面冲击。更为一般的情况是，本书在一般均衡分析框架的基础上得到的分析结论是社会福利与贸易壁垒（冰山成本或者称为可变贸易成本）之间始终相关，即随着贸易壁垒的降低，社会福利水平逐渐增加，这个效应对双边贸易自由化尤其显著。从国际贸易理论与实践的发展历程来看，自由贸易仍会是未来贸易实践发展的大方向，虽然不对称的贸易政策安排在短期内会有"以邻为壑"的情况出现，但是这种贸易政策显然在长期内难以维持。基于上述分析，笔者认为贸易保护主义难以在根本上撼动中国在国际贸易实践中的地位与作用。从长期来看，尽管贸易保护主义会呈现周期性现象，但是国外生产者利益集团、消费者利益集团以及政府之间的博弈的均衡点会充分考虑中国在世界贸易中的地位与影响。换言之，现实的贸易实践尽管会出现周期性的贸易保护主义，但是世界贸易的发展方向仍然是自由贸易。

第八，结合异质性企业贸易理论的相关核心结论，利用中国的数据库对相关结论实证分析。本书分析了中国的企业选择问题，中国的企业创新问题（创新数量、创新质量），中国企业出口的贸易福利问题，以及中国出口企业的产品质量问题。这些研究从多重异质性、多变量角度探讨了中国企业的出口表现问题，并对中国的具体贸易实践行为进行分析。在此基础上，针对中国企业在对外开放中的竞争行为、选择行为进行评价，针对性地提出相关政策建议。

6.2　对　策　建　议

基于本书的相关研究内容，提出以下对策建议。

第一，充分利用庞大的市场规模。异质性企业贸易理论的企业选择理论、产品多样性理论以及贸易福利的增长机制问题，可能会由于中国的多元市场、超大规模市场等因素呈现出与典型异质性企业贸易理论的经典结论不一致的情况。适当应用中国超大规模市场带来的竞争效应，是中国未来对外贸易深度发展的重要方式之一。从这个角度来看，实行人口增长政策、完善劳动力市场的规制，均能扩大市场规模，进而提高市场的竞争强度。

第二，进一步完善市场竞争机制。异质性企业贸易理论的福利增长机制的基本逻辑是，市场通过优胜劣汰的方式淘汰低生产率企业，使得高生产率企业存活，同时更高生产率的企业能够出口，经过这样一个过程，整个行业内的平均生产率提高，社会福利上升。从异质性企业贸易理论的福利增长机制来看，保持竞争机制的充分发挥，是贸易福利提升的重要保障。因此，政府应当进一步完善微观市场竞争机制，保证市场有序高效进行，从而使中国的贸易福利提升有高效的制度保障。

第三，深化对外开放的形式。在当前双边贸易自由化或者多边贸易自由化受阻的情况出现时，基于关税下降带来的贸易成本下降从而促进贸易福利上升的路径依赖的不确定性加剧，因此可以考虑在未来的对外开放策略选择时，鼓励企业多进行对外直接投资，实现对外直接投资与出口方式的完美互补。对外直接投资与企业出口这两种对外开放的形式既有联系也各有自身的发展规律，两种对外开放的方式共同推动中国贸易福利上升，共同促进中国对外贸易发展与经济增长。从本书的研究来看，企业在对外直接投资时，应重点关注劳动力具有更大比较优势或者具有更高科技水平的东道国，还应当重点关注民营经济在中国经济发展中所起到的重要作用，对外开放、对内改革是中国经济发展的两个重要方式，为民营经济创造更好的市场环境是未来中国经济发展与改革需要重点关注的问题之一。

第四，关注区域贸易政策的稳定性。本书的研究表明，在双边以及多边贸易自由化中，区域贸易政策具有一定程度的不稳定性，这主要表现在原本稳定的贸易集团内部，总有自发实行惩罚性关税的冲动，或者实行"以邻为壑"措施的政策导向。这就意味着，我们不仅要关注区域贸易自由化的规模问题，还要关注区域贸易自由化的稳定性问题，如何通过更加稳固的规则约束区域贸易集团内的所有成员国，是未来区域贸易自由化需要关注的议题。

第五，优化政府对企业相关政策支持的导向。从企业的多产品生产事实来看，企业的多产品生产种类越多，往往会导致企业平均产品质量的下降，这种分散的生产方式，往往导致企业难以集中优势资源进行核心产品的研发生产，难以实现企业在重要生产环节的突破性进展。因此，政府及相关部门在未来的产业、企业政策导向上，应当集中支持那些进行核心产品研发的产业、企业，以此来推动中国经济高质量发展。

第六，进一步扩大对外开放。本书的研究表明，基于中国的具体国情，企业的创新情况可能与欧美等国家不太一致，中国的专利申请数量不仅有市场的驱动，更有政策的拉动效应，"创新锦标赛"某种程度上造成中国的创新数量效应更多地依赖政策拉动。但是，贸易自由化能够推动中国创新质量的改善，是体现中国企业创新水平提升的更重要的标志。因此，进一步扩大对外开放战略，是实现创新驱动发展战略的重要保障。

6.3　研究展望

本书研究的启示在于，以梅里兹模型为代表的异质性企业贸易理论实际上在中国的适应性仍然需要探讨，基于中国大国效应的国内贸易的市场分割所导致的贸易成本的差异性是不容忽视的事实，另外基于中国本身贸易结构所产生的异质性与西方主要发达国家贸易实践的偏离也有待进行大量研究。本书的研究实际上还揭示了另外一个重要的事实，市场分割的存在导致的可变贸易成本的分布性与完全市场形成的同质性贸易成本的比较是模糊的，相关学者的研究也表明存在市场分割未必就一定对经济增长产生反作用。例如，陆铭、陈钊（2006）的研究表明分割市场对经济增长呈现出倒 U 型的特征，也就是说，市场分割在某种程度上对经济增长是具有促进作用的，这说明了国家层面的一体化与国内市场分割同时并存；陈敏等（2007）的研究也表明市场分割与经济开放程度的互动机制，指出经济开放程度对国内市场一体化的影响并非线性的，市场分割从某种程度上来讲也是市场经济本身发展的结果。本书最后尝试对异质性企业贸易理论在未来的发展进行简单的展望。

第一，异质性企业贸易理论关于企业选择方面的基础研究有待展开区别研究，尤其是针对中国所出现的"出口－生产率悖论"现象亟待从制度层面及非制度层面进行系统的解释。当然，对于企业选择理论在中国的适用性研究实际上也是对异质性企业贸易理论的补充，在这里，本书尝试从以下几个方面对该理论在未来的研究方向作一个展望：其一，对中国企业生产率分布性的理论研究，在梅里兹（2003）对生产率的分布特征研究时，假定了生产率服从伽马分布（帕累托分布属于伽马分布的一族），但是究竟这种分布特征是否符合中国企业生产率的现实情况或者在多大程度上符合还有待研究。其二，如何将异质性企业贸易理论与中国的贸易实践结合也是很值得研究的问题，例如，如何将中国的市场分割与非完全市场的相关特征与异质性企业贸易理论的相关问题结合在一起进行研究，从而得出是否存在与梅里兹（2003）的企业选择理论相背离的现象。其三，考虑到中国具体的贸易结构特征，如何抽象出具体变量对异质性企业贸易理论进行重新梳理，也就是说，是否可以形成符合中国实际的异质性企业贸易理论，在这种背景下，企业的选择是否也具有分布性与差异性还有待进行深入的研究。异质性企业贸易理论关于中国的贸易实践问题也会展开更加深入的探索。国内外已有很多学者对异质性企业贸易理论在中国的适用性问题进行了大量的研究，这部分研究主要集中在企业选择方面，因此出现了对"出口－生产率"现象的大量研究，部分研究得出中国的贸易实践整体上不服从异质性企业贸易理论的相关结论。例如，孙楚仁等（2013）从中国国有企业的垄断、中国的非完全市场以及效率损失角度解释中国贸易数据的回归参数并不满足异质性企业贸易理论在经典的无上界帕累托分布的假设。

第二，异质性企业贸易理论本身的拓展。相关的研究已经逐渐深入，国内外已有很多学者从消费者异质性、产品异质性、产品质量异质性或者将这些异质性结合起来进行分析，对异质性企业贸易理论进行拓展。这方面的研究主要是从异质性的多元性来对异质性企业贸易理论的相关结论进行重新梳理，如安东尼亚德斯（2015）从产品质量异质性与生产率异质性两个方面对异质性企业贸易理论的临界生产率、产品的价格加成以及生产率异质性进行深入研究，并得出与不包含产品质量异质性企业贸易模型之间的差异性，在其数值模拟中，还根据发展中国家与发达国家之间的不同进行模拟，未来在异质性的特征方面还有待进行更加深入的研究。

第三，异质性企业贸易理论与其他贸易理论之间的继承与发展。异质性企业贸易理论虽然在假设上对新贸易理论进行了批判与继承，但是随着贸易实践的多元化、更加细化的发展趋势，需要各种贸易理论进行相互补充，如异质性企业贸易理论虽然继承了新贸易理论规模报酬递增的假设，但是在随后的发展进程中，逐渐也放开了这个假设。梅里兹等（2008）就将规模报酬递增转化为规模报酬不变，随着对多产品展开研究，又假设了企业生产有限数量的产品，因此在理论上放弃了规模报酬不变与规模报酬递增的假设，取了一个折中的假设。另外，尽管异质性企业贸易理论以梅里兹（2003）的精巧的模型对贸易自由化等相关议题进行了逻辑论证，但是异质性企业贸易理论仍然在某些方面是缺乏的，如异质性企业贸易理论目前难以解释代表性企业的生产率的内生性是否与生产成本相关。异质性企业贸易理论目前能够内生临界生产率，但是大量的经验事实是，企业的成本包括固定成本是与企业生产率相关的。在这方面，以杨小凯的内生贸易理论为代表的新兴古典经济学从分工角度来对贸易的发生，贸易如何从国内贸易向区域贸易最终转变为国际贸易做出超边际的分析，实际上是对贸易理论的另一个补充，在这里企业的生产率本身是与成本相关的，而且企业生产率本身是需要内生解释的一个变量。此外，尽管异质性企业贸易理论是目前国际贸易理论研究的热点，但是从近几年的文献综述情况来看，传统贸易理论包括李嘉图模型以及两要素模型都在与时俱进不断做出调整，某种程度上来说，异质性企业贸易理论在未来可能也需要做出调整，将异质性企业贸易理论与比较优势等理论进行结合，适应贸易理论的新发展，因为就目前国际贸易理论的实践发展来看，尽管异质性企业贸易理论是主流，是对新贸易理论的继承与发展，但是传统贸易理论在比较优势理论以及禀赋理论方面仍然有生命力，对国际贸易实践仍然具有较强的解释力度。因此，未来有可能会将异质性企业贸易理论与其他贸易理论相结合来分析新问题或者对以前的问题进行深入探讨。

第四，对异质性企业贸易理论的批判与调整。从异质性企业贸易理论的研究进程来看，异质性企业贸易理论的发展在不断进行，与此同时也存在着对异质性企业贸易理论的调整与批判。对于异质性企业贸易理论的批判性研究主要基于以下两个层面的探讨：一是对于异质性企业贸易理论本身的理论贡献或者说对异质性企业贸易理论整体分析框架的批判，在这方面的研究中比较有影响力的是阿克拉基斯等发展的基于阿明顿模型的拓展，他们认为国际贸易只要在三个相关宏观层面条件的限制下，社会福利的变化便只与贸易弹性和国内支出份额相关，也就是说，社会福利的增加依赖国内产品支出份额、贸易弹性的充分统计，在此基础上，国际贸易的社会福利增长机制也被给定了，社会福利的增加便与具体的贸易理论形式毫无关系，并且证明了李嘉图模型、新贸易理论模型以及异质性企业贸易理论模型都符合其结论。二是对于异质性企业贸易理论微观结构的质疑，本质上来讲，这种批判或者是对异质性企业贸易理论在微观结构方面的调整某种程度上来说也是对异质性企业贸易理论的完善，具体来说，对微观结构的质疑焦点主要在于企业生产率的分布性特征，即企业生产率究竟服从帕累托分布还是其他抑或是在帕累托分布的基础上，服从无上界的帕累托分布还是有上界的帕累托分布以及这种分布性特征对异质性企业贸易理论的相关结论是否会产生本质的影响，根据对这一问题的研究，异质性企业贸易理论对微观结构的调整与超越也在逐渐深入和分化。例如，芬斯特拉（2014）在迪沃特（1976、1980）的支出函数的假设上，用一个一般化的消费者偏好理论作为其研究的基石，出于更实际的情况将生产率的概率密度函数调整为有上界的帕累托分布形式，进而对异质性企业贸易理论的相关结论进行重新证明与整理，证明了其与无上界帕累托分布模型之间的差异，也说明了异质性企业贸易理论在某些方面的不稳定性。黑德等（2014）舍弃了帕累托分布特征，利用一个对数正态分布实现企业生产率的分布提供了一个更好的估计，进而对异质性企业贸易理论的微观结构在分布特征上进行了进一步的调整。芬斯特拉（2014）和韦恩斯坦（2010）直接舍弃了企业生产率的分布特征并且验证了美国的贸易利得，梅里兹和雷丁（2015）出于对 ACR 模型的回应，在梅里兹（2003）的基础上，在原有异质性企业贸易理论的分析框架下，对异质性企业贸易理论的微观结构进一步完善，在无上界与有上界的帕累托分布基础上验证了以下命题：以梅里兹（2003）为代表的贸易开放导致的相对社会福利的增加幅度大于以克鲁格曼（1980）为代表的同质性企业贸易理论模型，同时在贸易开放的过程中异质性企业贸易理论在当贸易条件发生变化后表现出更稳定的特征，即贸易条件受到负面冲击时社会福利减小得更少，在贸易条件改善时社会福利增加得更多，另外也验证了以上结论即便是在有上界帕累托分布假设下仍然是成立的。目前，异质性企业贸易理论在企业选择、产品多样性以及社会福利方面的研究还处于不断的发展与争议之中，从国际贸易理论发展的实际需要角度来看，异质性企业贸易理论仍将展示出顽强的生命力，同时其理论也会不断地发展与完善，与此同时，围绕着异质性企业贸易理论的批判与调整也会随着国际贸易实践的需要而不断地调整与深化。

　　第五，异质性企业贸易理论与经济增长。目前对异质性企业贸易理论的探讨还主要集中在微观层面，主要是针对异质性企业贸易理论的几个主要议题，即企业选择、产品多样性与社会福利的探讨。由于异质性企业贸易理论在微观结构上的变量设置相对较多（主要是生产率的分布特征难以简化），因此难以动态化，并不能很好地对宏观经济以及经济增长的相关事实作出解释。但是，由于异质性企业贸易理论中生产率的内核作用，而生产率的波动对经济增长进而对宏观经济的诸多方面至关重要，因此迫切要求异质性企业贸易理论与经济增长的相关议题紧密结合形成新的研究热点。例如，比尔比伊、吉罗尼和梅里兹（2012）建立了一个宏观经济波动的分析框架，在其框架内包含了内生决定企业进入者、生产者数量的模型，进而分析商业周期。事实上，贸易历来与经济增长都是相关的，当然对于二者之间的关系，目前大多数学者还是持正相关的观点，也有些学者得出的结论是并无显著正相关的影响，虽然这不是本书要研究的重点，但是如何将贸易与经济增长的相关议题直接关联目前的研究还相对匮乏，杨小凯在开创新兴古典经济学时实际上是将经济增长与内生贸易理论结合在一起进行分析的，经济增长与贸易发展实际上成了一个硬币的两面，二者天然地结合在一起，在其进行的超边际的分析框架内，始终也没有将经济增长与贸易发展割裂开来进行研究，在其完全竞争的市场环境假设下，其效用函数的效用值即代表了典型消费者的效用大小，实际上也是实际收入的大小，因此贸易的发生、贸易由国内贸易向区域贸易再向国际贸易动态演进的过程中也自然伴随着经济增长与经济发展。经济增长与贸易增长是分工发展的两个方面而已，因此对于异质性企业贸易理论的研究是否也能实现向经济增长的过渡是未来异质性企业贸易理论的发展趋势之一，可以大胆地设想生产率的动态演进或者波动对经济周期造成怎样的影响或许也将会是未来具体研究的内容之一。

　　第六，从异质性企业贸易理论与中国的贸易理论和实践的角度可以看出，该理论现在与中国的贸易实践的联系十分紧密，"出口 – 生产率"这一命题的研究已经数不胜数，但是从相关的研究来看，始终缺乏对"异质性企业贸易理论在中国"这类命题的系统性梳理，这一命题将主要从理论与实证的角度同时对异质性企业贸易理论在中国的适用性做出回答。显然，国内外对于这一命题的实证解释居多，而系统性的理论解释还较少，异质性企业贸易理论本身的发展，同时伴随着该理论适应于中国贸易实践发展的外延拓展未来需要同时进行。

参 考 文 献

[1] 安虎森、皮亚斌、薄文广：《市场规模、贸易成本与出口生产率"悖论"》，载《财经研究》2013 年第 5 期。

[2] 包群、叶宁华、邵敏：《出口学习、异质性匹配与企业生产率的动态变化》，载《世界经济》2014 年第 4 期。

[3] 陈敏、桂琦寒、陆铭、陈钊：《中国经济增长如何持续发挥规模效应？——经济开放与国内商品市场分割的实证研究》，载《经济学（季刊）》2007 年第 1 期。

[4] 崔凡、邓兴华：《异质性企业贸易理论的发展综述》，载《世界经济》2014 年第 6 期。

[5] 樊纲、王小鲁、朱恒鹏：《中国市场化指数》，经济科学出版社 2011 年版。

[6] 高帆：《交易效率的测度及其跨国比较：一个指标体系》，载《财贸经济》2012 年第 5 期。

[7] 高越、李荣林：《异质性、分割生产与国际贸易》，载《经济学（季刊）》2009 年第 1 期。

[8] 黄赜琳、王敬云：《地方保护与市场分割：来自中国的经验数据》，载《经济体制改革》2006 年第 2 期。

[9] 蒋冠宏、蒋殿春：《中国对外投资的区位选择：基于投资引力模型的面板数据检验》，载《世界经济》2012 年第 9 期。

[10] 刘军：《企业异质性与 FDI 行为：理论研究进展综述》，载《国际贸易问题》2015 年第 5 期。

[11] 刘军、王恕立：《异质性服务企业、沟通成本与 FDI 动机》，载《世界经济》2015 年第 6 期。

[12] 刘文超、白永秀：《分工、交易效率与城乡二元经济转化》，载《当代经济科学》2011 年第 6 期。

[13] 李春顶、尹翔硕：《我国出口企业的"生产率悖论"及其解释》，载《财贸经济》2009 年第 11 期。

[14] 李春顶：《新－新贸易理论文献综述》，载《世界经济文汇》2010 年第 1 期。

[15] 李春顶：《中国企业"出口－生产率悖论"研究综述》，载《世界经济》2015 年第 5 期。

[16] 李建萍、张乃丽：《比较优势、异质性企业与出口"生产率悖论"——基于对中国制造业上市企业的分析》，载《国际贸易问题》2014 年第 6 期。

[17] 李磊、何青松：《中国企业逆向 OFDI 促进市场势力构建的机制分析》，载《经济体制改革》2012 年第 5 期。

[18] 梁会君、史长宽：《中国制造业出口"生产率悖论"的行业分异性研究》，载《山西财经大学学报》2014 年第 7 期。

[19] 陆铭、陈钊：《分割市场的经济增长——为什么经济开放可能加剧地方保护?》，载《经济研究》2009 年第 3 期。

[20] 刘晴、张燕、张先锋：《为何高出口密集度企业的生产率更低——基于固定成本异质性视角的解释》，载《管理世界》2014 年第 20 期。

[21] 邱斌、闫志俊：《异质性企业理论的研究综述——基于异质性出口固定成本的最新动态》，载《经济问题探索》2014 年第 10 期。

[22] 邱斌、闫志俊：《异质性出口固定成本、生产率与企业出口决策》，载《经济研究》2015 年第 9 期。

[23] 邱毅、郑勇军：《交易效率、运输成本、产业集群与中心市场的生成》，载《商业经济与管理》2010 年第 7 期。

[24] 祁春节、赵玉：《基于交易效率、分工和契约选择视角的农民增收问题研究》，载《经济评论》2009 第 5 期。

[25] 盛丹：《地区行政垄断与我国企业出口的"生产率悖论"》，载《产业经济研究》2013 年第 4 期。

[26] 隋月红、赵振华：《我国 OFDI 对贸易结构影响的机理与实证——兼论我国 OFDI 动机的拓展》，载《财贸经济》2012 年第 4 期。

[27] 孙少勤、邱斌、唐保庆、赵伟：《加工贸易存在"生产率悖论"吗?——一个经验分析与理论解释》，载《世界经济与政治论

坛》2014 年第 2 期。

[28] 汤二子、李影、张海英：《异质性企业、出口与"生产率悖论"——基于 2007 年中国制造业企业层面的证据》，载《南开经济研究》2011 年第 3 期。

[29] 汤二子、刘海洋：《中国出口企业"生产率悖论"存在性检验——来自 2005 - 2008 年中国制造业企业的证据》，载《国际经贸探索》2011 年第 11 期。

[30] 汤二子、刘海洋：《中国出口企业的"生产率悖论"与"生产率陷阱"——基于 2008 年中国制造业企业数据实证分析》，载《国际贸易问题》2011 年第 9 期。

[31] 徐建军、汪浩瀚：《生产补贴对企业出口的促进作用——基于剂量反应函数的实证分析》，载《国际贸易问题》2014 年第 4 期。

[32] 沈得芳、田朔：《生产性补贴对企业出口行为的影响——基于 Heckman 选择模型的实证分析》，载《经济问题探索》2015 年第 11 期。

[33] 徐蕾、尹翔硕：《贸易成本视角的中国出口企业"生产率悖论"解释》，载《国际商务》2012 年第 3 期。

[34] 行伟波、李善同：《地方保护主义与中国省际贸易》，载《南方经济》2012 年第 1 期。

[35] 杨汝岱、李艳：《区位地理与企业出口产品价格差异研究》，载《管理世界》2013 年第 7 期。

[36] 姚洋洋、李文秀、张少华：《交易效率对生产服务业发展的影响研究——基于 28 个发达国家面板数据的实证分析》，载《中国软科学》2015 年第 5 期。

[37] 尹斯斯、高云舒：《OFDI、市场竞争强度与国际贸易》，载《国际贸易问题》2016 年第 6 期。

[38] 殷德生、唐海燕、黄腾飞：《国际贸易、企业异质性与产品质量升级》，载《经济研究》2011 年第 9 期。

[39] 杨小凯：《发展经济学：超边际与边际分析》，社会科学文献出版社 2003 年版。

[40] 于春海、张胜满：《市场进入成本与我国出口企业生产率之谜》，载《中国人民大学学报》2013 年第 2 期。

[41] 朱希伟、金祥荣、罗德明：《国内市场分割与中国的出口贸易

扩展》，载《经济研究》2005 年第 12 期。

[42] 张纪凤、黄萍:《替代出口还是促进出口——我国对外直接投资与出口的影响研究》，载《国际贸易问题》2013 年第 3 期。

[43] 张为付:《影响我国企业对外直接投资因素研究》，载《中国工业经济》2008 年第 11 期。

[44] 赵红军、尹伯成、孙楚仁:《交易效率、工业化与城市化———一个理解中国经济内生发展的理论模型与经验证据》，载《经济学（季刊）》2006 年第 4 期。

[45] Anderson J. E., A Theoretical Foundation for the Gravity Equation. *American Economic Review*, Vol. 69, No. 1, March 1979, pp. 106 – 116.

[46] Antoniades A., Heterogeneous Firms, Quality, and Trade. *Journal of International Economics*, Vol. 95, No. 2, March 2015, pp. 263 – 273.

[47] Antràs P., Firms, Contracts, and Trade Structure. *Quarterly Journal of Economics*, Vol. 118, No. 4, November 2003, pp. 1375 – 1418.

[48] Arkolakis C., Costinot A., Donaldson D., Rodríguez – Clare A., The Elusive Pro – Competitive Effects of Trade. *Review of Economic Studies*, Vol. 86, No. 1, January 2019, pp. 46 – 80.

[49] Arkolakis C., Costinot A., Rodríguez – Clare A., New Trade Models, Same Old Gains? *American Economic Review*, Vol. 102, No. 1, February 2012, pp. 94 – 130.

[50] Armington P. S., A Theory of Demand for Products Distinguished by Place of Production. *Staff Papers (International Monetary Fund)*, Vol. 16, No. 1, January 1969, pp. 159 – 178.

[51] Arnold L. G., Existence of Equilibrium in the Helpman – Krugman Model of International Trade with Imperfect Competition. *Economic Theory*, Vol. 52, No. 1, January 2013, pp. 237 – 270.

[52] Baiman R., The Infeasibility of Free Trade in Classical Theory: Ricardo's Comparative Advantage Parable Has No Solution. *Review of Political Economy*, Vol. 22, No. 3, July 2010, pp. 419 – 437.

[53] Balassa B. A., *Trade Liberalization Among Industrial Countries*:

Objectives and Alternatives. New York: McGraw – Hill, 1967.

[54] Baldwin R. , Forslid R. , Trade Liberalization with Heterogenous Firms. CEPR Discussion Papers, 2004.

[55] Bernard A. B. , Bradford Jensen J. , Exceptional Exporter Performance: Cause, Effect, or Both? *Journal of International Economics*, Vol. 47, No. 1, January 1999, pp. 1 – 25.

[56] Bernard A. B. , Jensen J. B. , Exporters, Skill Upgrading, and the Wage Gap. *Journal of International Economics*, Vol. 42, No. 1, February 1997, pp. 3 – 31.

[57] Bernard A. B. , Jensen J. B. , Lawrence R. Z. , Exporters, Jobs, and Wages in U. S. Manufacturing: 1976 – 1987. *Brookings Papers On Economic Activity Microeconomics*, Vol. 1995, 1995, pp. 67 – 119.

[58] Bernard A. B. , Jensen J. B. , Schott P. K. , Falling Trade Costs, Heterogeneous Firms, and Industry Dynamics. NBER Working Paper, No. 9639, 2003.

[59] Bilbiie F. O. , Ghironi F. , Melitz M. J. , Endogenous Entry, Product Variety, and Business Cycles. *Journal of Political Economy*, Vol. 120, No. 2, April 2012, pp. 304 – 345.

[60] Borland J. , Yang X. K. , Specialization and a New Approach to Economic Organization and Growth. *The American Economic Review*, Vol. 82, No. 2, May 1992, pp. 386 – 391.

[61] Cheng W. , Sachs J. , Yang X. K. , An Inframarginal Analysis of the Ricardian Model. *Review of International Economics*, Vol. 8, No. 2, May 2000, p. 208.

[62] Clerides S. , Lach S. , Tybout J. , Is "Learning-by – Exporting" Important? Micro – Dynamic Evidence from Colombia, Mexico and Morocco. NBER Working Paper, No. 5715, 1996.

[63] Costinot A. , Donaldson D. , Ricardo's Theory of Comparative Advantage: Old Idea, New Evidence. *The American Economic Review*, Vol. 102, No. 3, May 2012, pp. 453 – 458.

[64] Demidova S. , Krishna K. , Trade and Trade Policy with Differentiated Products: A Chamberlinian – Ricardian Model. A Comment.

Journal of International Trade & Economic Development, Vol. 16, No. 3, September 2007, pp. 435 – 441.

[65] Diewert W. E. , Exact and Superlative Index Numbers. *Journal of Econometrics*, Vol. 4, No. 2, May 1976, pp. 115 – 145.

[66] Diewert W. E. , *Aggregation Problems in the Measurement of Capital.* Chicago: The University of Chicago Press, 1980, pp. 433 – 538.

[67] Dixit A. K. , Norman V. , *Theory of International Trade.* Cambridge: Cambridge University Press, 1980.

[68] Dixit A. K. , Stiglitz J. E. , Monopolistic Competition and Optimum Product Diversity. *American Economic Review*, Vol. 67, No. 3, June 1977, pp. 297 – 308.

[69] Eaton J. , Kortum S. , Technology, Geography, and Trade. *Econometrica*, Vol. 70, No. 5, September 2002, pp. 1741 – 1779.

[70] Feenstra R. C. , Restoring the Product Variety and Pro – Competitive Gains from Trade with Heterogeneous Firms and Bounded Productivity. NBER Working Paper, No. 19833, 2014.

[71] Feenstra R. C. , Weinstein D. E. , Globalization, Markups and U. S. Welfare. NBER Working Paper, No. 15749, 2010.

[72] Fujiwara K. , Shimomura K. , A Factor Endowment Theory of International Trade Under Imperfect Competition and Increasing Returns. *Canadian Journal of Economics*, Vol. 38, No. 1, February 2005, pp. 273 – 289.

[73] Gomory R. E. , A Ricardo Model with Economies of Scale. *Journal of Economic Theory*, Vol. 62, No. 2, April 1994, pp. 394 – 419.

[74] Grossman G. M. , Helpman E. , *Innovation and Growth in the Global Economy.* Cambridge: MIT press, 1991.

[75] Grubel H. , Lloyd P. J. , *Intra – Industry Trade: The Theory and Measurement of International Trade in Differentiated Products.* New York: Wiley, 1975.

[76] Grubel H. G. , Intra – Industry Specialization and the Pattern of Trade. *The Canadian Journal of Economics and Political Science/Revue Canadienne D'economique Et De Science Politique*, Vol. 33,

No. 3, May 1967, pp. 374 – 388.

[77] Head K. , Mayer T. , Thoenig M. , Welfare and Trade without Pareto. *The American Economic Review*, Vol. 104, No. 5, May 2014, pp. 310 – 316.

[78] Head K. , Ries J. , Heterogeneity and the Fdi Versus Export Decision of Japanese Manufacturers. *Journal of the Japanese and International Economies*, Vol. 17, No. 4, September 2003, pp. 448 – 467.

[79] Helpman E. , Krugman P. , *Market Structure and Foreign Trade : Increasing Returns, Imperfect Competition, and the International Economy.* Cambridge : MIT press, 1985.

[80] Helpman E. , Melitz M. J. , Yeaple S. R. , Export Versus Fdi with Heterogeneous Firms. *The American Economic Review*, Vol. 94, No. 1, March 2004, pp. 300 – 316.

[81] Kikuchi T. , Shimomura K. , Dao – Zhi Z. , On Chamberlinian – Ricardian Trade Patterns. *Review of International Economics*, Vol. 16, No. 2, May 2008, pp. 285 – 292.

[82] Krugman P. , Scale Economies, Product Differentiation, and the Pattern of Trade. *The American Economic Review*, Vol. 70, No. 5, December1980, pp. 950 – 959.

[83] Krugman P. , Intraindustry Specialization and the Gains from Trade. *Journal of Political Economy*, Vol. 89, No. 5, October 1981, pp. 959 – 973.

[84] Krugman P. , Increasing Returns and Economic Geography. *Journal of Political Economy*, Vol. 99, No. 3, June 1991, pp. 483 – 499.

[85] Krugman P. , Venables A. J. , Globalization and the Inequality of Nations. *The Quarterly Journal of Economics*, Vol. 110, No. 4, November 1995, pp. 857 – 880.

[86] Krugman P. R. , Increasing Returns, Monopolistic Competition, and International Trade. *Journal of International Economics*, Vol. 9, No. 4, November 1979, pp. 469 – 479.

[87] Manova K. , Credit Constraints, Heterogeneous Firms, and International Trade. NBER Working Paper, No. 14531, 2008.

[88] Marjit S. , Mandal B. , Roy S. , Trade Openness, Corruption and Factor Abundance: Evidence from a Dynamic Panel. *Review of Development Economics*, Vol. 18, No. 1, February 2014, pp. 45 – 58.

[89] Mayer T. , Melitz M. J. , Ottaviano G. I. P. , Market Size, Competition, and the Product Mix of Exporters. *The American Economic Review*, Vol. 104, No. 2, February 2014, pp. 495 – 536.

[90] Melitz M. J. , The Impact of Trade on Intra – Industry Reallocations and Aggregate Industry Productivity. *Econometrica*, Vol. 71, No. 6, November 2003, pp. 1695 – 1725.

[91] Melitz M. J. , Ottaviano G. , Market Size, Trade, and Productivity. *Review of Economic Studies*, Vol. 75, No. 1, January 2008, pp. 295 – 316.

[92] Melitz M. J. , Polanec S. , Dynamic Olley – Pakes Productivity Decomposition with Entry and Exit. *The Rand Journal of Economics*, Vol. 46, No. 2, April 2015, pp. 362 – 375.

[93] Melitz M. J. , Redding S. J. , Missing Gains from Trade? *The American Economic Review*, Vol. 104, No. 5, May 2014, pp. 317 – 321.

[94] Melitz M. J. , Redding S. J. , New Trade Models, New Welfare Implications. *American Economic Review*, Vol. 105, No. 3, March 2015, pp. 1105 – 1146.

[95] Murphy K. M. , Shleifer A. , Vishny R. W. , Industrialization and the Big Push. *Journal of Political Economy*, Vol. 97, No. 5, October 1989, pp. 1003 – 1026.

[96] Ng Y. , Zhang D. , Average – Cost Pricing, Increasing Returns, and Optimal Output: Comparing Home and Market Production. *Journal of Economics*, Vol. 90, No. 2, March 2007, pp. 167 – 192.

[97] Ottaviano G. , Tabuchi T. , Thisse J. , Agglomeration and Trade Revisited. *International Economic Review*, Vol. 43, No. 2, May 2002, pp. 409 – 435.

[98] Sachs J. , Yang X. , Zhang D. , Pattern of Trade and Economic Development in a Model of Monopolistic Competition. *Review of De-*

velopment Economics, Vol. 6, No. 1, February 2002, p. 1.

[99] Schumacher D., Siliverstovs B., Home – Market and Factor – Endowment Effects in a Gravity Approach. *Review of World Economics / Weltwirtschaftliches Archiv*, Vol. 142, No. 2, July 2006, pp. 330 – 353.

[100] Simonovska I., Waugh M. E., The Elasticity of Trade: Estimates and Evidence. *Journal of International Economics*, Vol. 92, No. 1, January 2014, pp. 34 – 50.

[101] Sun C., Tian G., Zhang T., An Application of the Melitz Model to Chinese Firms. *Review of Development Economics*, Vol. 17, No. 3, August 2013, pp. 494 – 509.

[102] Venables A. J., Trade and Trade Policy with Differentiated Products: A Chamberlinian – Ricardian Model. *Economic Journal*, Vol. 97, No. 387, September 1987, pp. 700 – 717.

[103] Yang X. K., Endogenous Vs. Exogenous Comparative Advantage and Economies of Specialization Vs. Economies of Scale. *Journal of Economics*, Vol. 60, No. 1, July 1994, pp. 29 – 54.

[104] Yang X. K., The Division of Labor, Investment and Capital. *Metroeconomica*, Vol. 50, No. 3, October 1999, p. 301.

[105] Yang X. K., Borland J., A Microeconomic Mechanism for Economic Growth. *Journal of Political Economy*, Vol. 99, No. 3, June 1991, pp. 460 – 482.

[106] Yang X. K., Heijdra B. J., Monopolistic Competition and Optimum Product Diversity: Comment. *The American Economic Review*, Vol. 83, No. 1, December 1993, pp. 295 – 301.

[107] Yang X. K., Shi H., Specialization and Product Diversity. *American Economic Review*, Vol. 82, No. 2, May 1992, p. 392.

[108] Yeaple S. R., A Simple Model of Firm Heterogeneity, International Trade, and Wages. *Journal of International Economics*, Vol. 65, No. 1, January 2005, pp. 1 – 20.

附　　录

附录1：

在梅里兹（2003）的分析框架中，总的产品多样性 $M_w = \left(\dfrac{L}{\sigma f_1}\right)\left(\dfrac{\varphi_w}{\varphi_1}\right)^{1-\sigma}$，在两国开放经济模型中，总的加权平均生产率为：

$$\varphi_w^{1-\sigma} = \frac{M}{M}(1+p_x)(\varphi_{1T}^{\sigma-1} + \tau^{1-\sigma}\varphi_{2T}^{\sigma-1}p_x)^{-1}$$
$$= (1+p_x)(\varphi_{1T}^{\sigma-1} + \tau^{1-\sigma}\varphi_{2T}^{\sigma-1}p_x)^{-1} \tag{1}$$

其中，$p_x = \tau^{-k}\left(\dfrac{f_2}{f_1}\right)^{\frac{k}{1-\sigma}}$，$\varphi_{1T}$ 为用国内临界生产率衡量的平均生产率，φ_{2T} 为用国外临界生产率衡量的平均生产率，$\varphi_{iT} = \left[\dfrac{1}{1-G(\varphi_i)}\displaystyle\int_{\varphi_i}^{\varphi_{\max}}\varphi^{\sigma-1}dG(\varphi)\right]^{\frac{1}{\sigma-1}}$，将 $G(\varphi)$ 的表达式以及临界生产率的表达式代入式（1）可以得到：

$$\varphi_{1T}^{\sigma-1} = \frac{k}{k+1-\sigma}\varphi_1^{\sigma-1} \tag{2}$$

$$\varphi_{2T}^{\sigma-1} = \frac{k}{k+1-\sigma}\varphi_2^{\sigma-1} \tag{3}$$

因此，$\left(\dfrac{\varphi_w}{\varphi_1}\right)^{1-\sigma} = (1+p_x)\left[\dfrac{k+1-\sigma}{k}\left(1+\dfrac{f_2}{f_1}p_x\right)^{-1}\right]$，再将相关表达式代入产品多样性表达式，可以得到：

$$M_w = L\left[1+\tau^{-k}\left(\frac{f_2}{f_1}\right)^{\frac{k}{1-\sigma}}\right]\Big/\left[\sigma\left(f_s\varphi_1^k\varphi_{\min}^{-k} + f_1 + f_2\tau^{-k}\left(\frac{f_2}{f_1}\right)^{\frac{k}{1-\sigma}}\right)\right] \tag{4}$$

对 M_w 可以进一步化简为 $M_w = \dfrac{L(k+1-\sigma)}{\sigma f_1 k}\dfrac{1+\tau^{-k}\left(\dfrac{f_2}{f_1}\right)^{\frac{k}{1-\sigma}}}{1+\tau^{-k}\left(\dfrac{f_2}{f_1}\right)^{\frac{k+1-\sigma}{1-\sigma}}}$，进行比

较静态分析可以得到 $\partial M_w / \partial \tau = \dfrac{L(k+1-\sigma)}{\sigma f_1 k} \dfrac{k\tau^{-k-1}\left(\dfrac{f_2}{f_1}\right)^{\frac{k}{1-\sigma}}\left(\dfrac{f_2}{f_1}-1\right)}{\left[1+\tau^{-k}\left(\dfrac{f_2}{f_1}\right)^{\frac{k+1-\sigma}{1-\sigma}}\right]^2} > 0$，即

可变贸易成本越低，总的产品多样性越小。而关于 M_w 与 f_1 的比较静态分析过于复杂，因此不再写出具体的形式，事实上，异质性企业贸易理论包括梅里兹模型在相关变量的比较静态分析中，也没有对企业生产的固定成本进行比较静态分析，主要原因是比较静态分析需要更加严格的参数空间限制，而企业生产的固定成本本身也不是异质性企业贸易理论要探讨的重点。

附录 2：

假设区域集团内部各国之间的可变贸易成本系数 $\tau_{ij}^{-k} = a$，集团对另一国（设为本国）的可变贸易成本系数为 b。

求解非对称的贸易开放度的矩阵行列式：

$$\begin{vmatrix} 1 & b & \cdots & b & b \\ b & 1 & a & \cdots & a \\ b & a & \ddots & & a \\ \vdots & \vdots & & \ddots & \vdots \\ b & a & a & \cdots & 1 \end{vmatrix}_n \tag{A1}$$

对上述行列式进行第一列展开：

$$\begin{vmatrix} 1 & b & \cdots & b & b \\ b & 1 & a & \cdots & a \\ b & a & \ddots & & a \\ \vdots & \vdots & & \ddots & \vdots \\ b & a & a & \cdots & a \end{vmatrix}_n = \left[(n-2)a+1\right](1-a)^{n-2}$$

$$\underbrace{-b^2(1-a)^{n-2}-\cdots-b^2(1-a)^{n-2}}_{n-1}$$

化简得：

$$\left[(n-2)a+1\right](1-a)^{n-2}-(n-1)b^2(1-a)^{n-2}$$
$$=(1-a)^{n-2}\left[1+(n-2)a-(n-1)b^2\right]$$

求解将第一列替换掉衡量贸易开放度的矩阵行列式：

$$\begin{vmatrix} 1 & b & b & \cdots & b \\ 1 & 1 & a & \cdots & a \\ 1 & a & \ddots & & a \\ \vdots & \vdots & & \ddots & \vdots \\ 1 & a & a & \cdots & 1 \end{vmatrix}_n \qquad (A2)$$

同样，对上述行列式进行第一行展开：

$$[(n-2)a+1](1-a)^{n-2}\underbrace{-b(1-a)^{n-2}-b(1-a)^{n-2}-\cdots}_{n-1}$$

化简得：

$$(1-a)^{n-2}[1+(n-2)a-(n-1)b]$$

因此，$|J_i|/|J| = [1+(n-2)a-(n-1)b]/[1+(n-2)a-(n-1)b^2]$，易证：$|J_i|/|J|$ 随 b 的变小（可变贸易成本系数变大）而变大，因此，当贸易集团对集团外某国（以下称本国）提高贸易成本时，本国临界边际成本参数变大，市场竞争强度变小，社会福利也变小。

同时，将 b 变为 a，进行对称性分析，易得 $|J_i|/|J| = 1/[1+(n-1)a]$，显然在区域贸易集团内部，提高可变贸易成本系数 a（降低可变贸易成本）将使得临界边际成本变小，市场竞争强度变大，社会福利提高。同理，对于行列式（A1），用 $(1, 1, 1, \cdots, 1)^T$ 替代第二列，可以得到区域贸易集团某一典型国家的临界边际成本系数 c_2，其取决于：

$$|J_i|/|J| = (1-b)/[1+(n-2)a-(n-1)b^2]$$

$d(|J_i|/|J|)/db > 0$，当且仅当 $b + \sqrt{1 - \dfrac{(n-2)a+1}{n-1}} > 1$（其中 a，$b < 1$），当 n 趋于无穷大，$b + \sqrt{1-a} > 1$ 成立。$b + \sqrt{1-a} < 1$ 时，有 $d(|J_i|/|J|)/db < 0$。

也就是说，当区域贸易集团对本国所设置的贸易壁垒系数（$\tau_{j1}^{-k} = b$）相对较大，而区域贸易集团本身的贸易壁垒系数（$\tau_{ij}^{-k} = a$，i，$j \neq 1$）相对较小时，提高本国的贸易壁垒对区域贸易集团是有利的，反之则反。在贸易实践中，梅里兹（2015）及相关作者估算的美国贸易壁垒系数约为 1.83，同时 $k = 4.25$，这样一来，除非对第三国（本国）的贸易壁垒很高，否则，对第三国的贸易制裁对贸易集团是有利的，当然，上述证明也说明了，区域贸易集团对第三国的贸易制裁是有自动限制作用的，一旦制裁过度，将会使区域贸易集团内的国家利益受损，"以邻为壑"变为"自作自受"。

图书在版编目（CIP）数据

基于多变量影响的异质性企业贸易理论及中国贸易实
践/尹斯斯著 . -- 北京：经济科学出版社，2024.3
国家社科基金后期资助项目
ISBN 978 - 7 - 5218 - 5178 - 6

Ⅰ.①基… Ⅱ.①尹… Ⅲ.①企业管理 - 出口贸易 -
研究 - 中国 Ⅳ.①F752.62

中国国家版本馆 CIP 数据核字（2023）第 184696 号

责任编辑：王　娟　李艳红
责任校对：蒋子明
责任印制：张佳裕

基于多变量影响的异质性企业贸易理论及中国贸易实践
JIYU DUOBIANLIANG YINGXIANG DE YIZHIXING QIYE
MAOYI LILUN JI ZHONGGUO MAOYI SHIJIAN

尹斯斯　著
经济科学出版社出版、发行　新华书店经销
社址：北京市海淀区阜成路甲 28 号　邮编：100142
总编部电话：010 - 88191217　发行部电话：010 - 88191522
网址：www. esp. com. cn
电子邮箱：esp@ esp. com. cn
天猫网店：经济科学出版社旗舰店
网址：http://jjkxcbs. tmall. com
北京季蜂印刷有限公司印装
710×1000　16 开　13 印张　213000 字
2024 年 3 月第 1 版　2024 年 3 月第 1 次印刷
ISBN 978 - 7 - 5218 - 5178 - 6　定价：58.00 元
（图书出现印装问题，本社负责调换。电话：010 - 88191545）
（版权所有　侵权必究　打击盗版　举报热线：010 - 88191661
QQ：2242791300　营销中心电话：010 - 88191537
电子邮箱：dbts@ esp. com. cn）